Brigitte Zimmermann

Mismatched SOCKS

Mustersocken stricken, kombinieren, verschenken

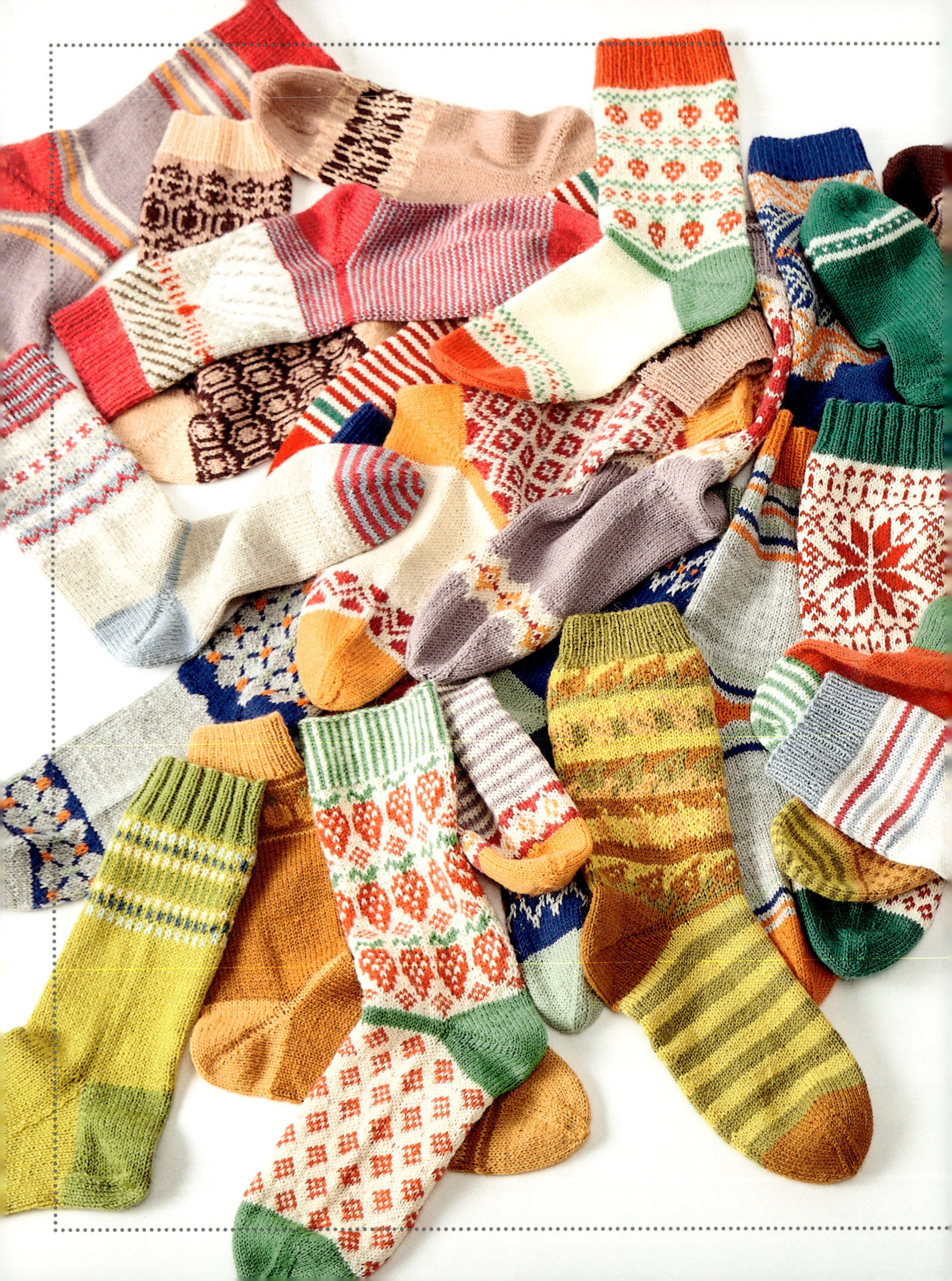

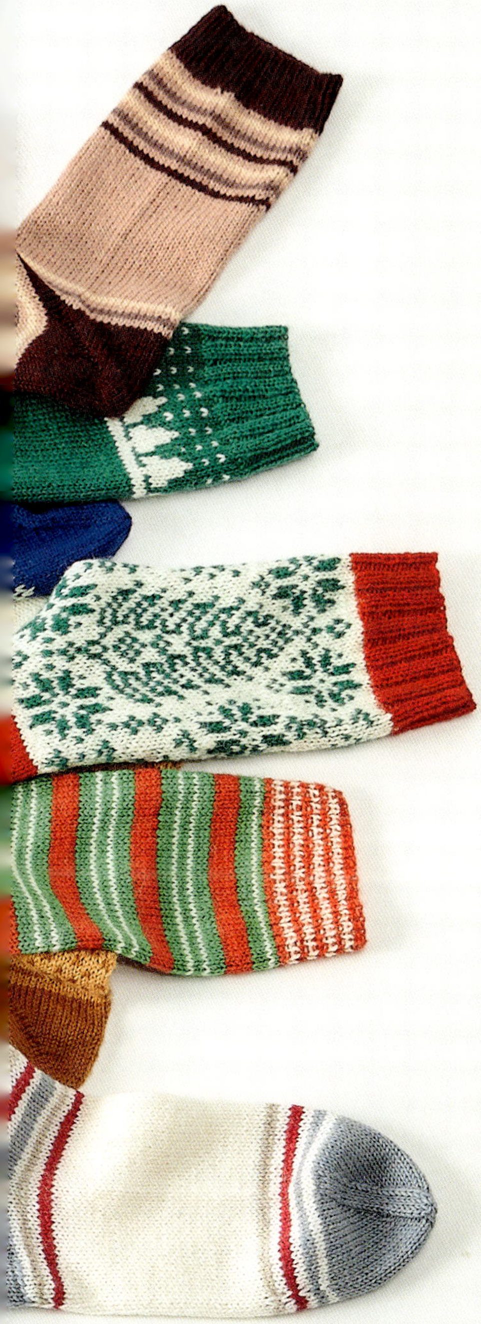

Ein Paar Socken muss aus zwei identischen Socken bestehen? Das war gestern!

Mit meinen neuen Sockendesigns kommt Abwechslung an die Füße. Die Idee ist ganz einfach: Zu unterschiedlichen Themen gibt es jeweils 4 verschiedene, aber dennoch zusammenpassende Designs, die sich allesamt wunderbar miteinander kombinieren lassen: plakative Motive, Bordüren und Ringel laden zum kunterbunten Mixen ein.

Weil sich die Mixmatched Socks natürlich auch als Geschenkidee eignen, gibt es zu jedem Motiv eine passende Banderole und einen Geschenkkarton zum Ausdrucken.

Also, was wird dein Favorit: der Burger mit Pommes, die großen und kleinen Muffins oder eher die grafischen Muster?

Ich wünsche dir bei all den Socken ganz viel Freude beim Nachstricken!

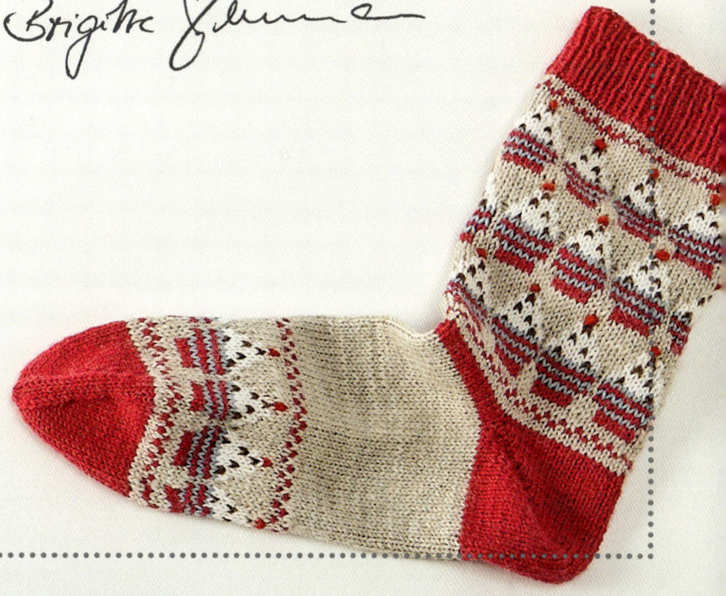

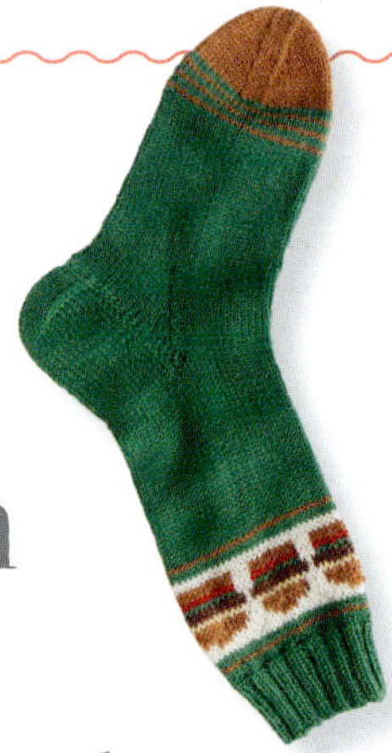

Socken für Gourmets

ZUCKERSÜSSE ERDBEEREN

CUPCAKES ZUM ANBEISSEN

SÜNDIGES FASTFOOD

Socken für Mustermixer

FLORALE ORNAMENTE

GENIALE GEOMETRIE

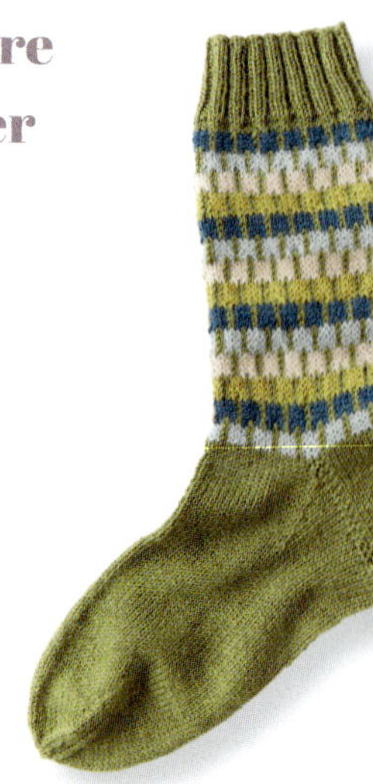

KLEINE MUSTER – GROSSE WIRKUNG

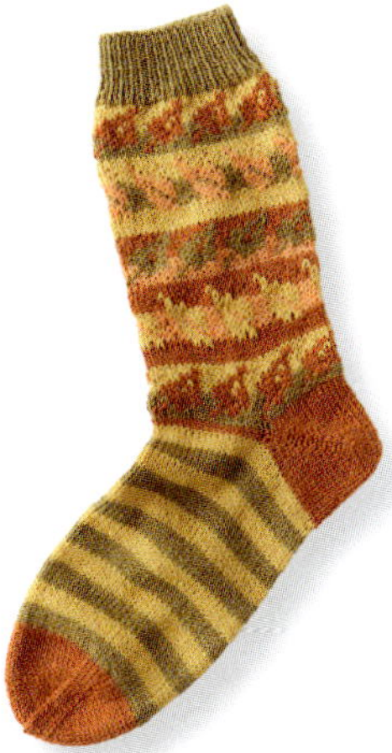

Socken für das ganze Jahr

FRÜHLING TRIFFT SOMMER

GEMÜTLICHE HERBSTZEIT

KUSCHELWARME WINTERLIEBE

Grund-anleitung

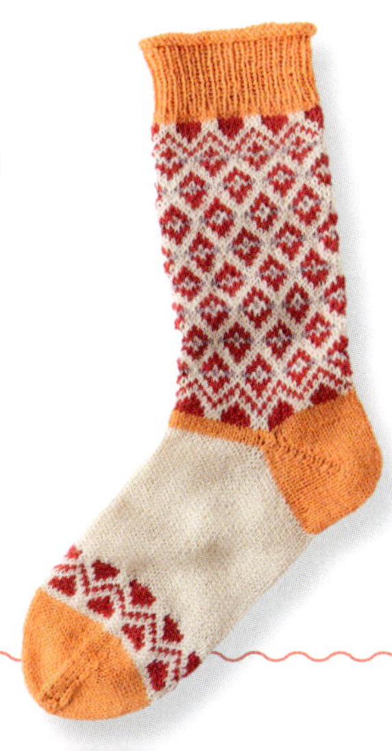

SOCKEN FÜR **GOURMETS**

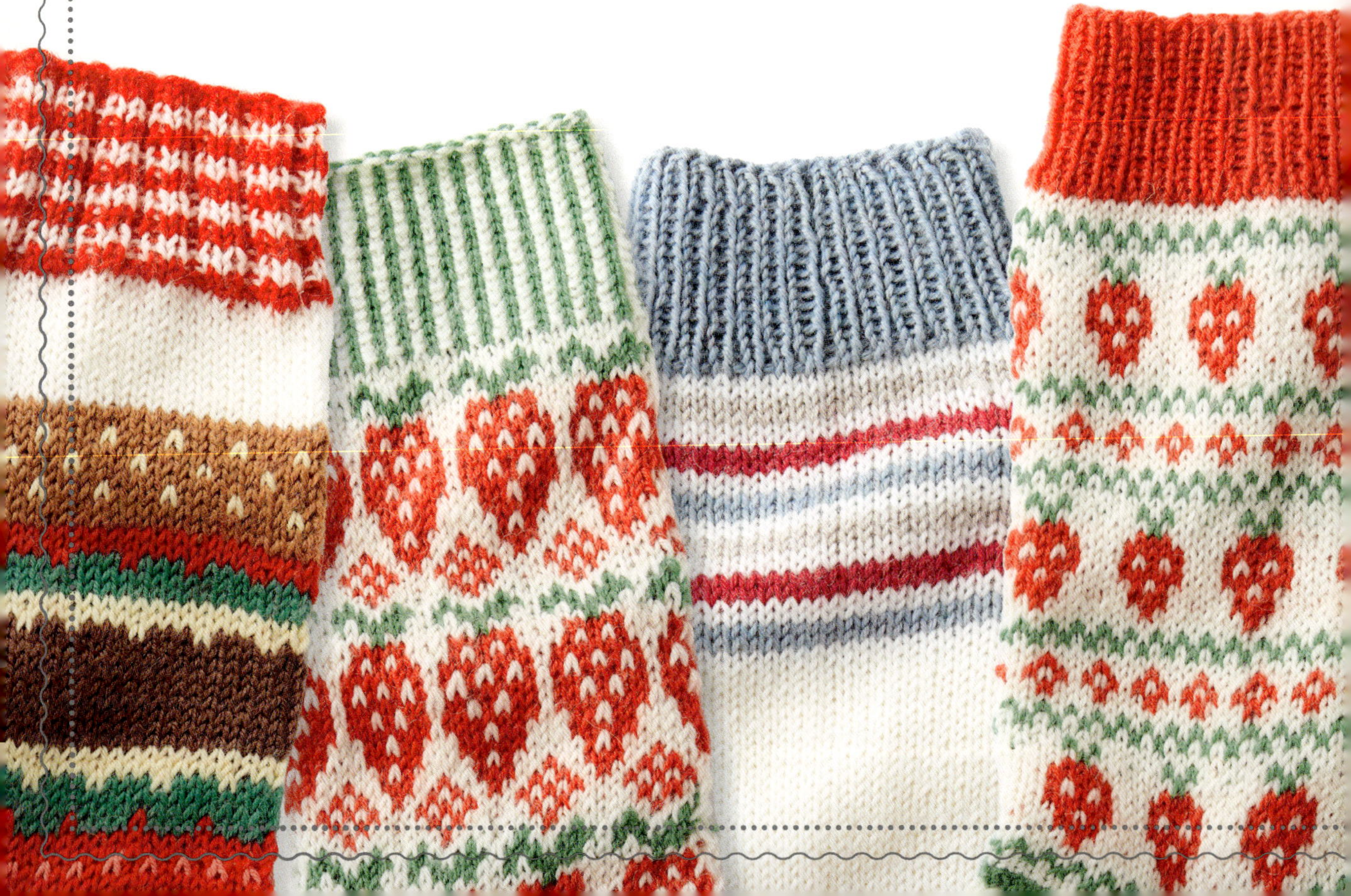

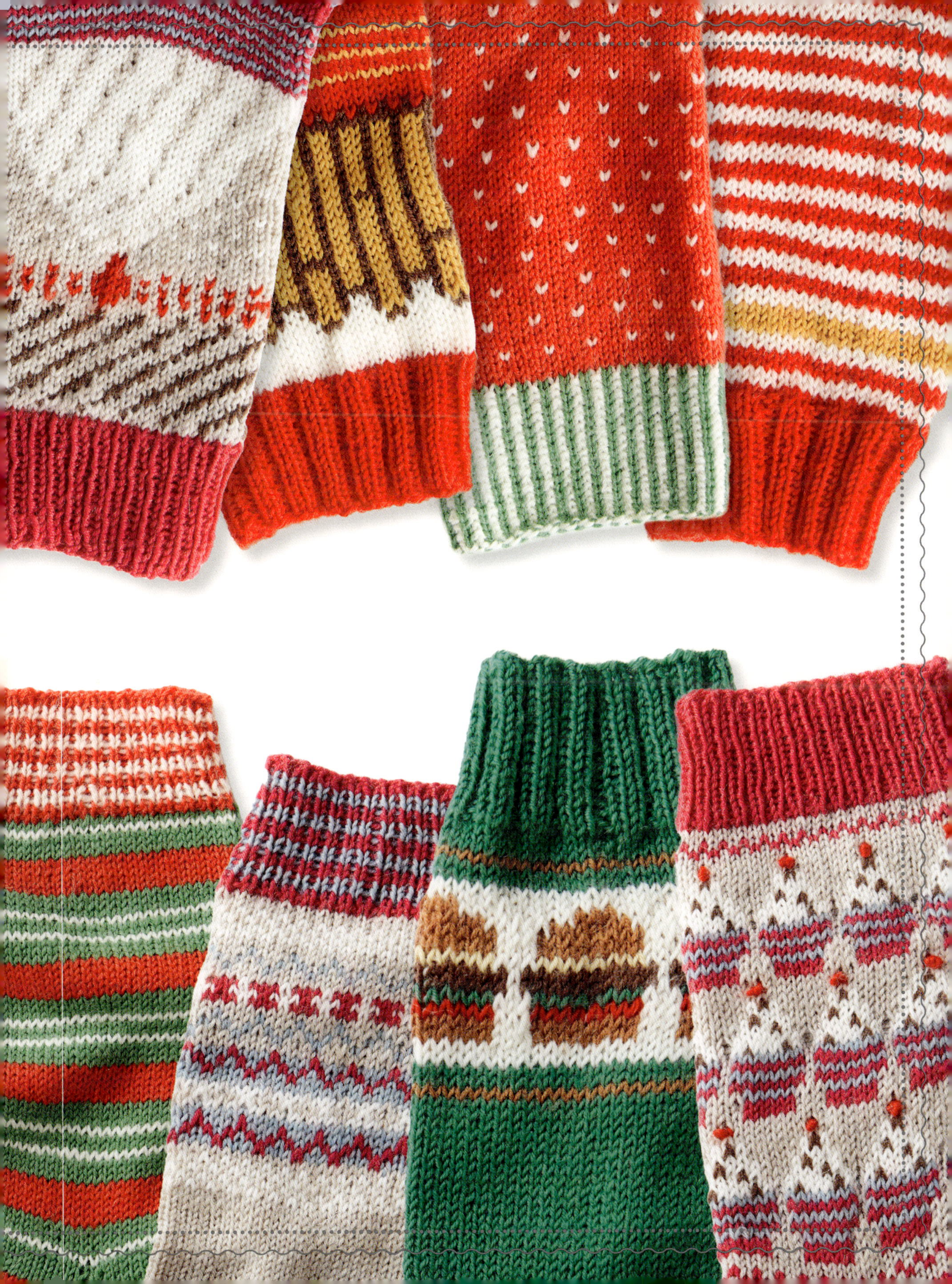

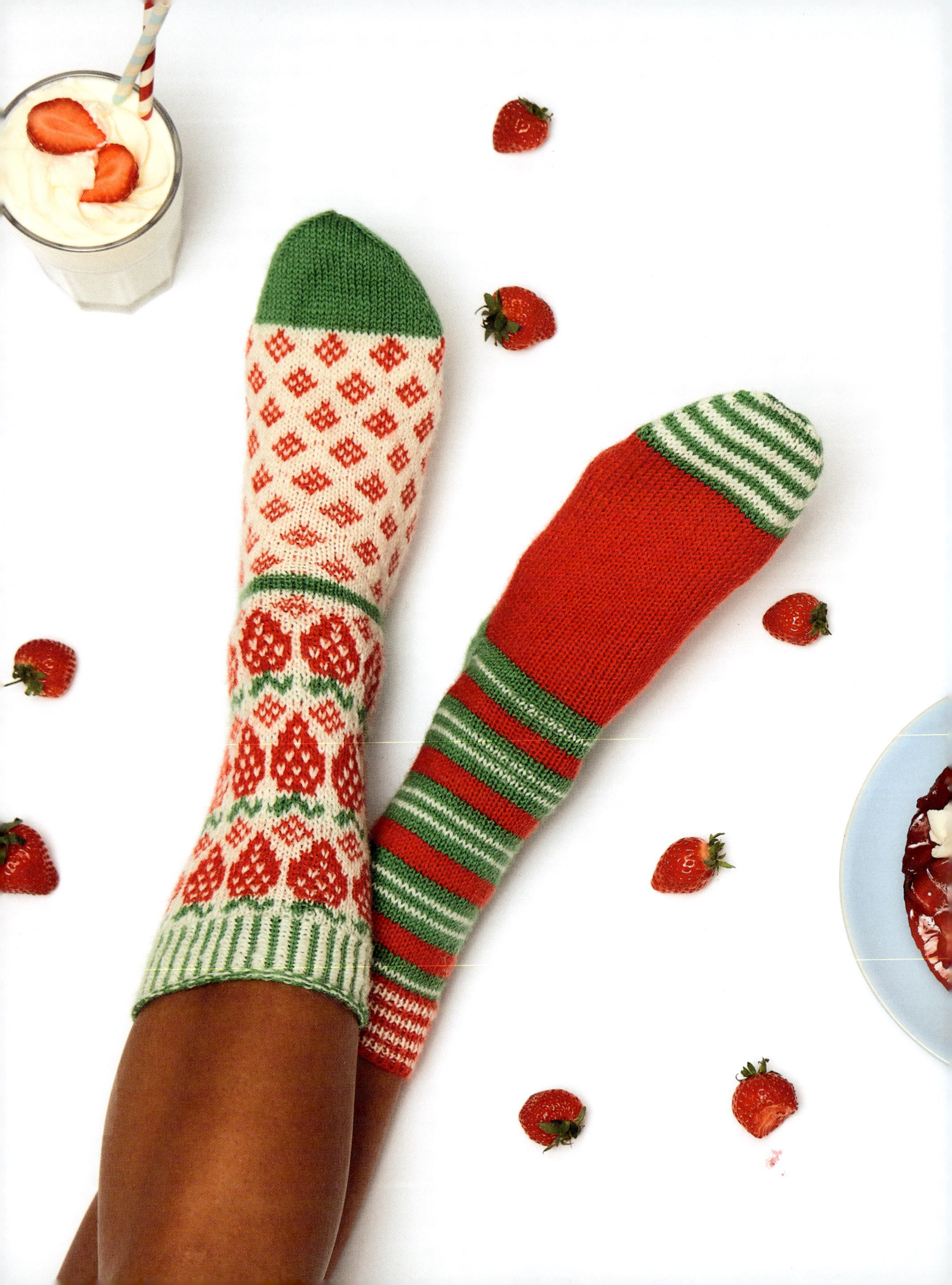

Zuckersüße ERDBEEREN

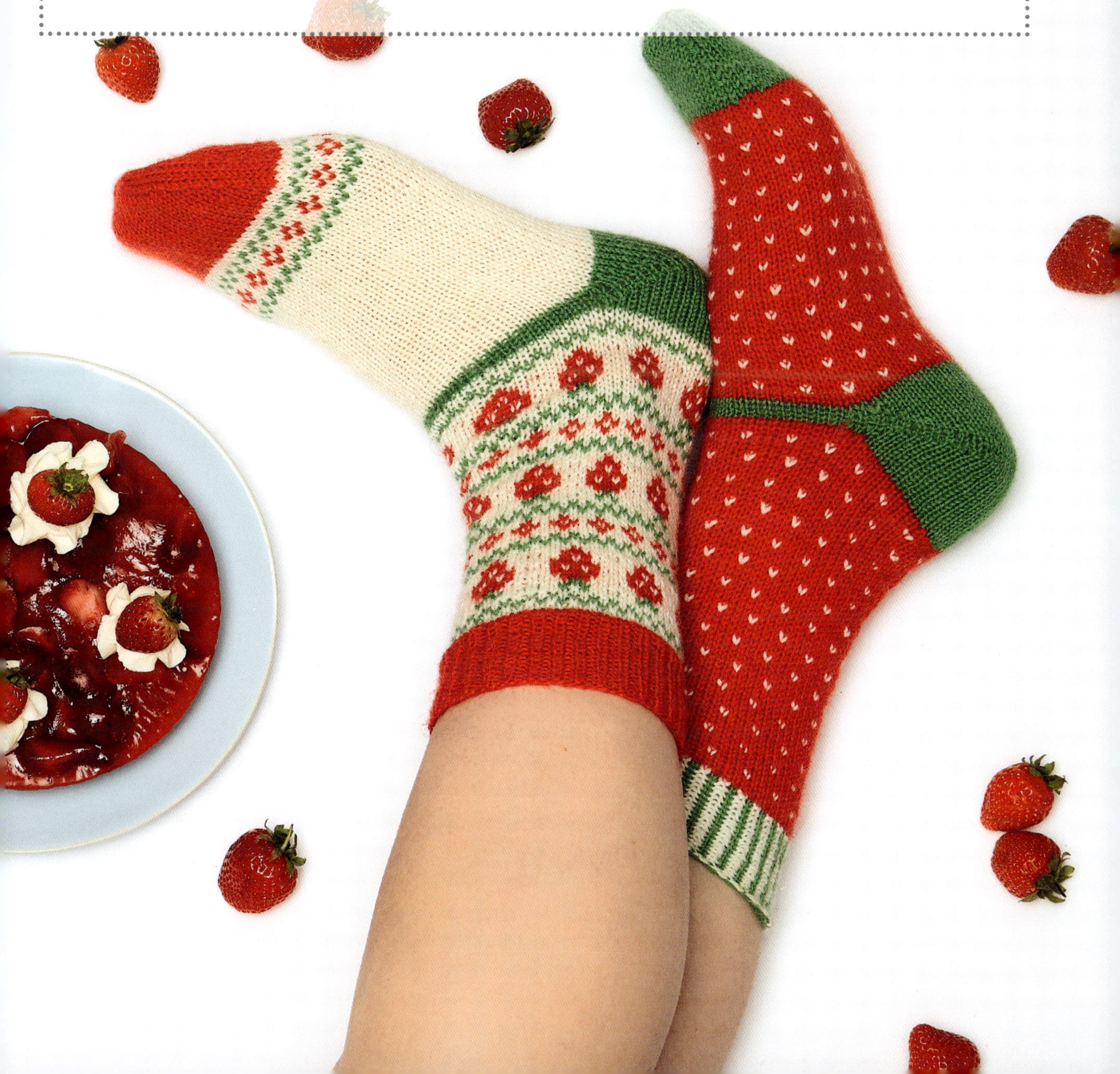

Kleine Erdbeeren

SCHWIERIGKEIT 2

GRÖSSE

36-37/38-39/44-45

Die Angaben für die verschiedenen Größen sind durch Schrägstriche voneinander getrennt. Steht nur eine Angabe, gilt diese für alle Größen.

MATERIAL

- Westyorkshire Spinners Signature (LL 400 m/100 g) in Cayenne Pepper (Fb 510), Milk Bottle (Fb 1010) und Chocolate Lime (Fb 395), je 100 g
- Nadelspiel 2,5-3,5 mm
- Wollnadel

MASCHENPROBE

Glatt rechts mit Nd 2,5-3,5 mm
28 M und 36 Rd = 10 cm x 10 cm

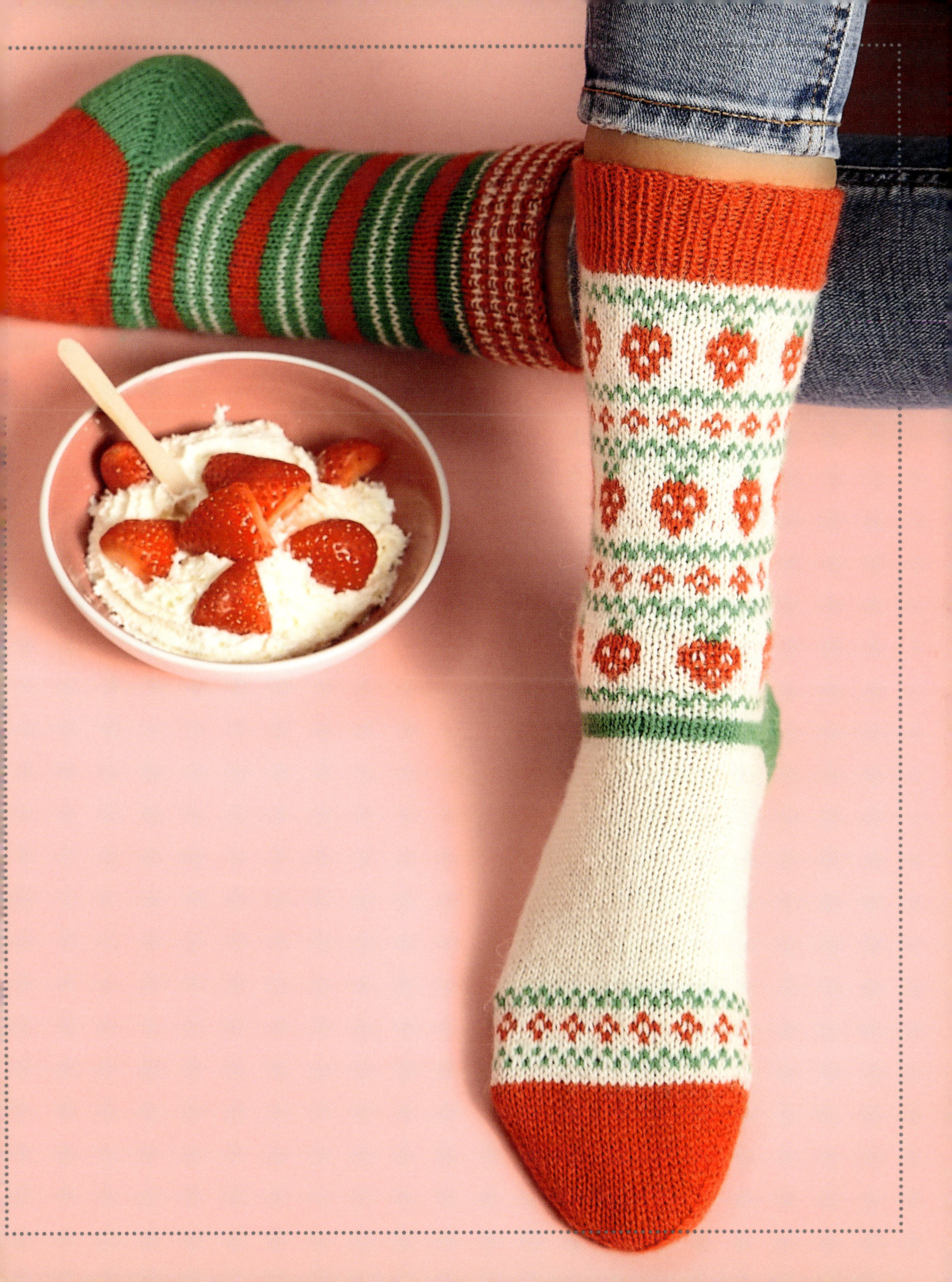

Rippenmuster

In Rd 1 M rechts, 1 M links im Wechsel str.

Glatt rechts

In Hinr rechte M, in Rückr linke M str. In Rd alle M rechts str.

Zählmuster

Glatt rechts in Rd in Jacquardtechnik str, dabei ist Milk Bottle die Hintergrund-Fb. Den Faden der nicht benötigten Fb hinter dem Gestrick mitführen, dabei auf eine gleichmäßige, weder zu feste noch zu lockere, Fadenspannung achten und beim Spannen über mehr als 5 M den Faden am besten einweben.

Den Rapport fortlaufend wdh. Die 1.-32. Rd 1x, dann die 13.-22. Rd 1x und weiter die 3.-15. Rd noch 1x wdh.

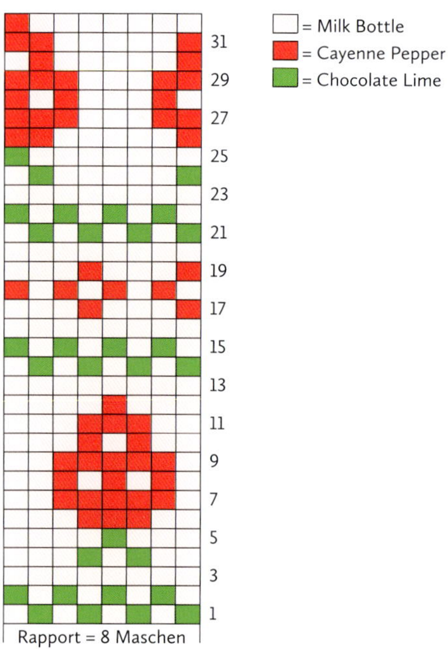

Anleitung

Für das Bündchen in Cayenne Pepper 64/64/72 M anschl und gleichmäßig auf die 4 Nd verteilen (= 16/16/18 M je Nd) und zur Rd schließen. Im Rippenmuster 17 Rd (= ca. 4 cm) str. Der Rd-Wechsel befindet sich in der hinteren Mitte.

Für den Schaft 2 Rd glatt rechts in Milk Bottle str. Weiter glatt rechts in Jacquardtechnik nach dem Zählmuster arb. Die 1.-32. Rd 1x, dann die 13.-22. Rd noch 1x und weiter die 3.-15. Rd noch 1x wdh. Weitere 2 Rd in Milk Bottle und 1 Rd in Chocolate Lime str. Die Fäden in Milk Bottle und Cayenne Pepper abschneiden.

Die Bumerangferse (siehe Grundanleitung S. 148 f) in Chocolate Lime str. Für den Fuß 1 Rd in Chocolate Lime str. Den Faden in Chocolate Lime abschneiden. Weiter glatt rechts in Milk Bottle bis zu einer Fußlänge von 16,5/17,5/20,5 cm str.

Nun die 14.-22. Rd des Zählmusters 1x str. 2 Rd in Milk Bottle str. Die Fäden in Milk Bottle und Chocolate Lime abschneiden. 1 Rd in Cayenne Pepper str.

Die Bandspitze (siehe Grundanleitung S. 150) in der Cayenne Pepper str.

Fertigstellen

Alle Fäden vernähen. Die Socke anfeuchten, in Form ziehen und trocknen lassen.

Weitere Größen

Für schmale Füße in Größe 40-41 ebenfalls 64 M anschl und gemäß der Anleitung str. Den Fuß in Milk Bottle bis zu einer Fußlänge von 18,5 cm str, dann die 14.-22. Rd des Zählmusters 1x str. Weiter wie in der Anleitung beschrieben str. Dann die Bandspitze in Cayenne Pepper str.

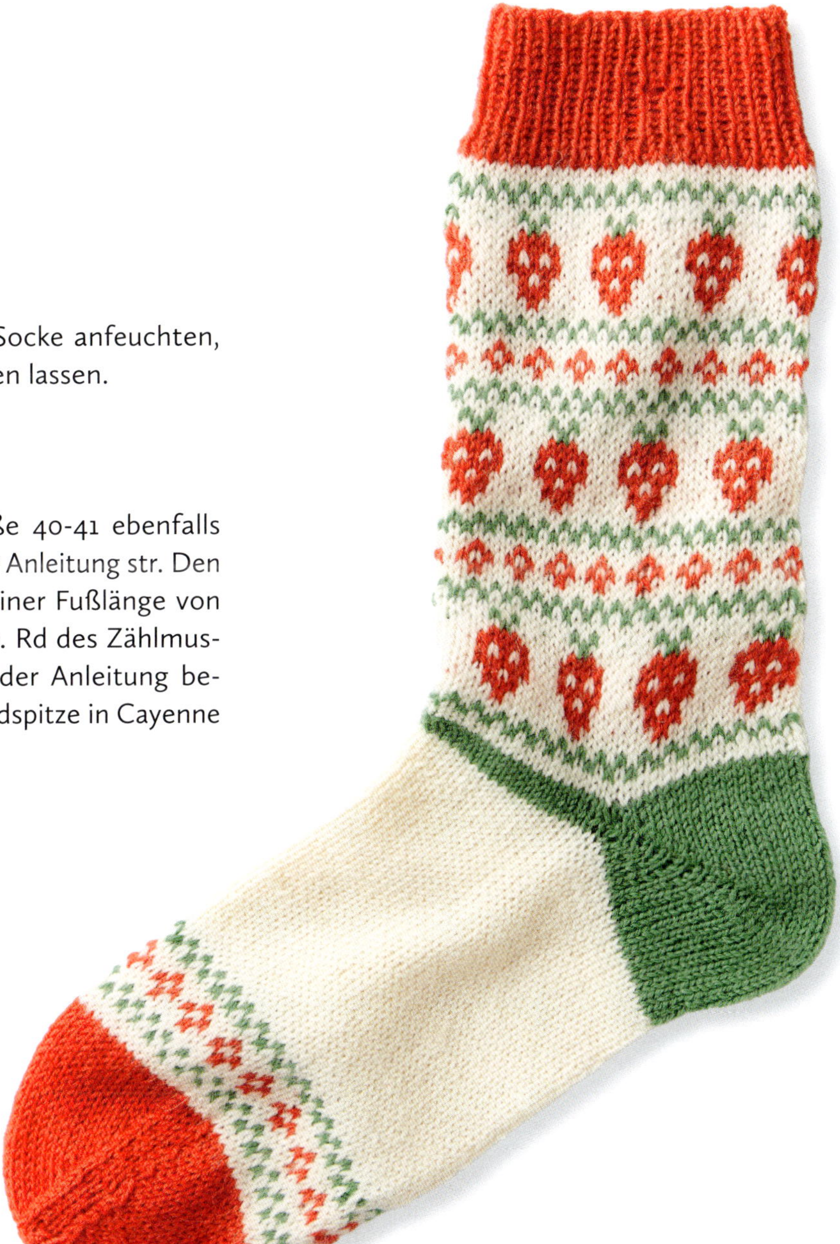

Große Erdbeeren

SCHWIERIGKEIT 2

GRÖSSE

36-37/38-39/44-45
Die Angaben für die verschiedenen Größen sind durch Schrägstriche voneinander getrennt. Steht nur eine Angabe, gilt diese für alle Größen.

MATERIAL

- Westyorkshire Spinners Signature (LL 400 m/100 g) in Cayenne Pepper (Fb 510), Milk Bottle (Fb 1010) und Chocolate Lime (Fb 395), je 100 g
- Nadelspiel 2,5-3,5 mm
- Wollnadel

MASCHENPROBE

Glatt rechts mit Nd 2,5-3,5 mm
28 M und 36 Rd = 10 cm x 10 cm

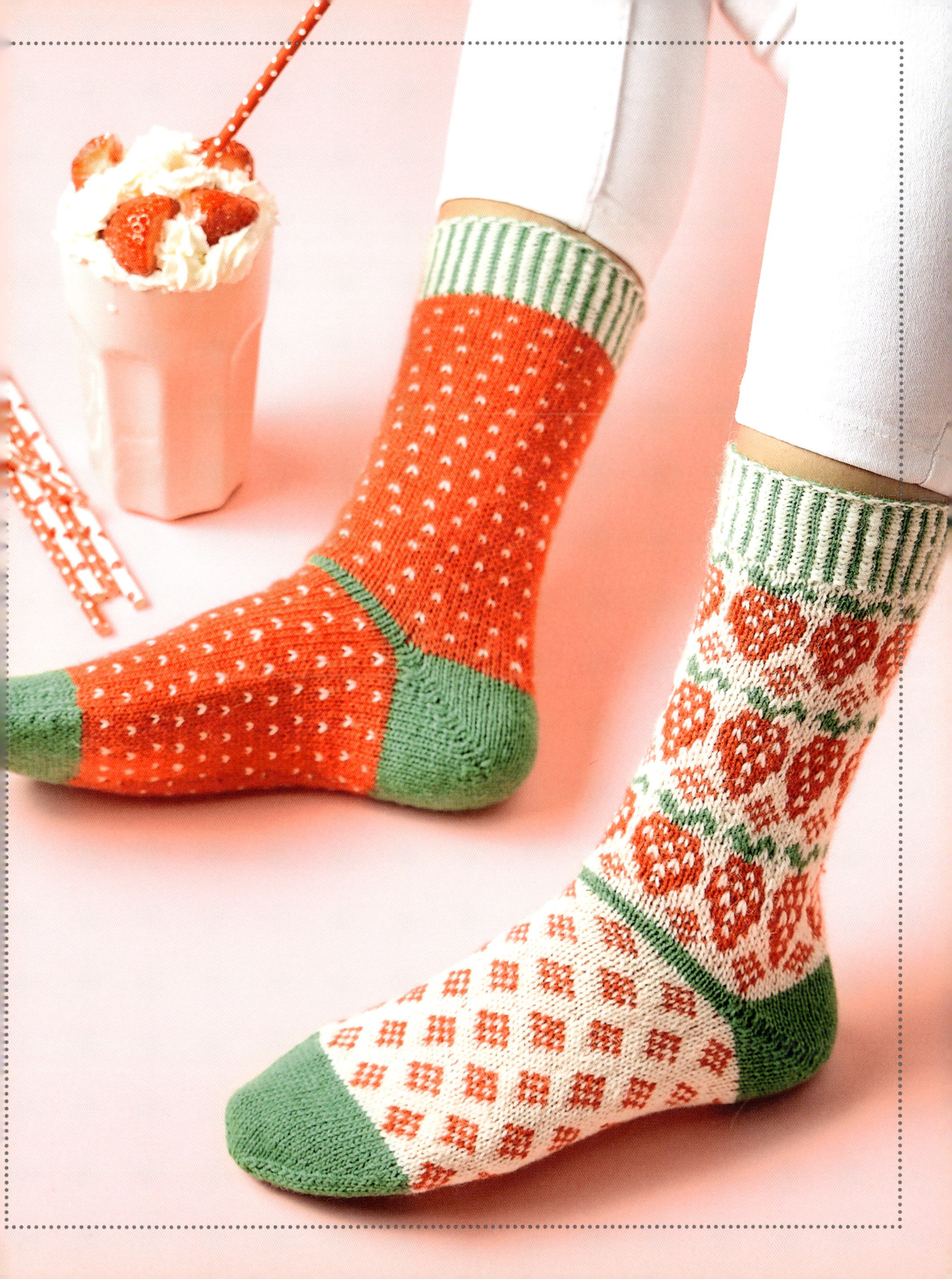

Rippenmuster

In Rd 1 M rechts, 1 M links im Wechsel str.

Glatt rechts

In Hinr rechte M, in Rückr linke M str. In Rd alle M rechts str.

Zählmuster 1

Glatt rechts in Rd in Jacquardtechnik str, dabei ist Milk Bottle die Hintergrund-Fb. Den Faden der nicht benötigten Fb hinter dem Gestrick mitführen, dabei auf eine gleichmäßige, weder zu feste noch zu lockere, Fadenspannung achten und beim Spannen über mehr als 5 M den Faden am besten einweben.

Den Rapport fortlaufend wdh. Die 1.-38. Rd 1x str, dann die 1.-19. Rd noch 1x wdh.

Zählmuster 2

Glatt rechts in Rd in Jacquardtechnik str, dabei ist Milk Bottle die Hintergrund-Fb. Den Faden der nicht benötigten Fb hinter dem Gestrick mitführen, dabei auf eine gleichmäßige, weder zu feste noch zu lockere, Fadenspannung achten und beim Spannen über mehr als 5 M den Faden am besten einweben.

Den Rapport fortlaufend wdh. Die 1.-12. Rd fortlaufend wdh.

Zählmuster 1

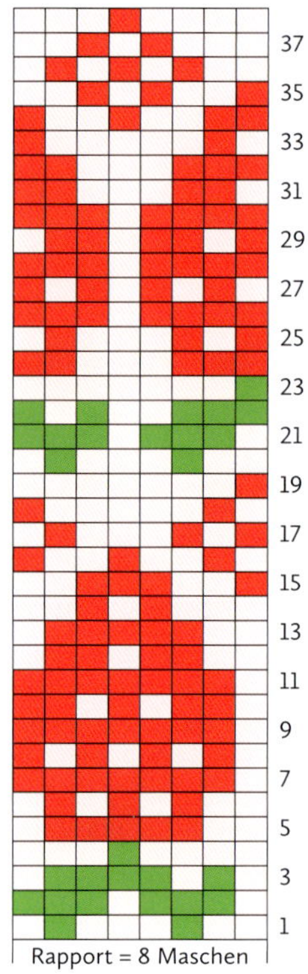

Zählmuster 2

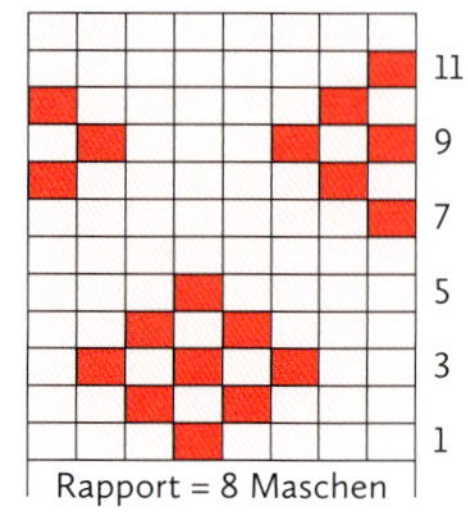

□ = Milk Bottle
■ = Cayenne Pepper
■ = Chocolate Lime

Anleitung

Für das Bündchen in Milk Bottle 64/64/72 M anschl und gleichmäßig auf die 4 Nd verteilen (= 16/16/18 M je Nd). Im Rippenmuster 17 Rd (= ca. 4 cm) str, dabei im Wechsel 1 M rechts in Chocolat Lime und 1 M links in Milk Bottle arb, dabei darauf achten, dass der Spannfaden nicht zu fest mitgeführt wird. Der Rd-Wechsel befindet sich in der hinteren Mitte.

Für den Schaft glatt rechts 2 Rd in Milk Bottle str. Weiter in Jacquardtechnik nach dem Zählmuster 1 arb. Die 1.-38. Rd 1x str, dann die 1.-19. Rd 1x wdh. 1 Rd in Milk Bottle und 1 Rd in Chocolate Lime str. Die Fäden in Milk Bottle und Cayenne Pepper abschneiden.

Die Bumerangferse (siehe Grundanleitung S. 148 f) in Chocolate Lime str.
Für den Fuß 1 Rd in Chocolate Lime und 1 Rd in Milk Bottle str. Weiter in Jacquardtechnik nach dem Zählmuster 2 arb, dabei die 1.-12. Rd fortlaufend wdh bis zu einer Länge von 19/20/23 cm. Den Faden in Cayenne Pepper abschneiden. Dann 1 Rd in Milk Bottle und 1 Rd in Chocolate Lime str. Den Faden in Milk Bottle abschneiden.
Die Bandspitze (siehe Grundanleitung S. 150) in Chocolate Lime str.

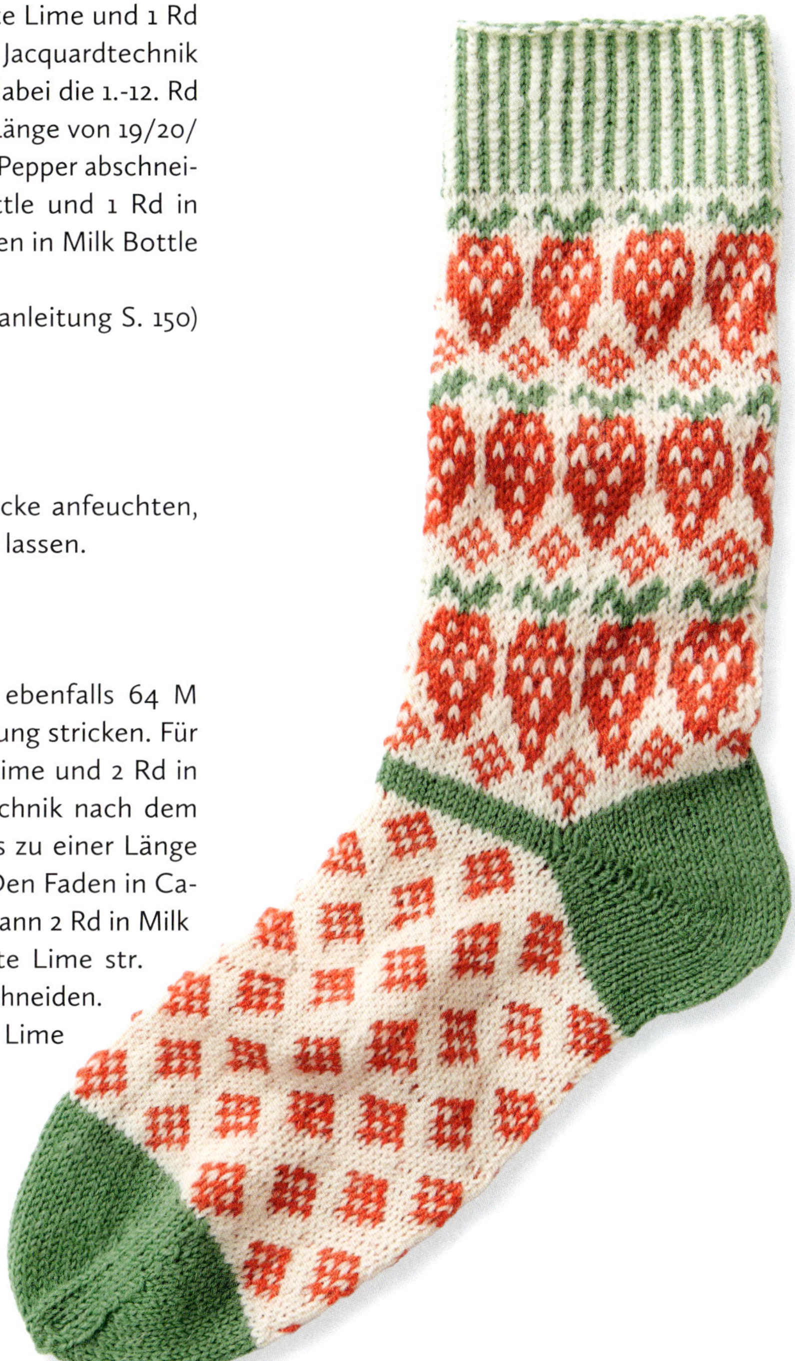

Fertigstellen

Alle Fäden vernähen. Die Socke anfeuchten, in Form ziehen und trocknen lassen.

Weitere Größen

Für schmale Füße in 40/41 ebenfalls 64 M anschl und gemäß der Anleitung stricken. Für den Fuß 1 Rd in Chocolate Lime und 2 Rd in Milk Bottle str. In Jaquardtechnik nach dem Zählmuster 2 die 1.-12. Rd bis zu einer Länge von 21 cm fortlaufend wdh. Den Faden in Cayenne Pepper abschneiden. Dann 2 Rd in Milk Bottle und 1 Rd in Chocolate Lime str.
Den Faden in Milk Bottle abschneiden.
Die Bandspitze in Chocolate Lime str.

Erdbeere allover

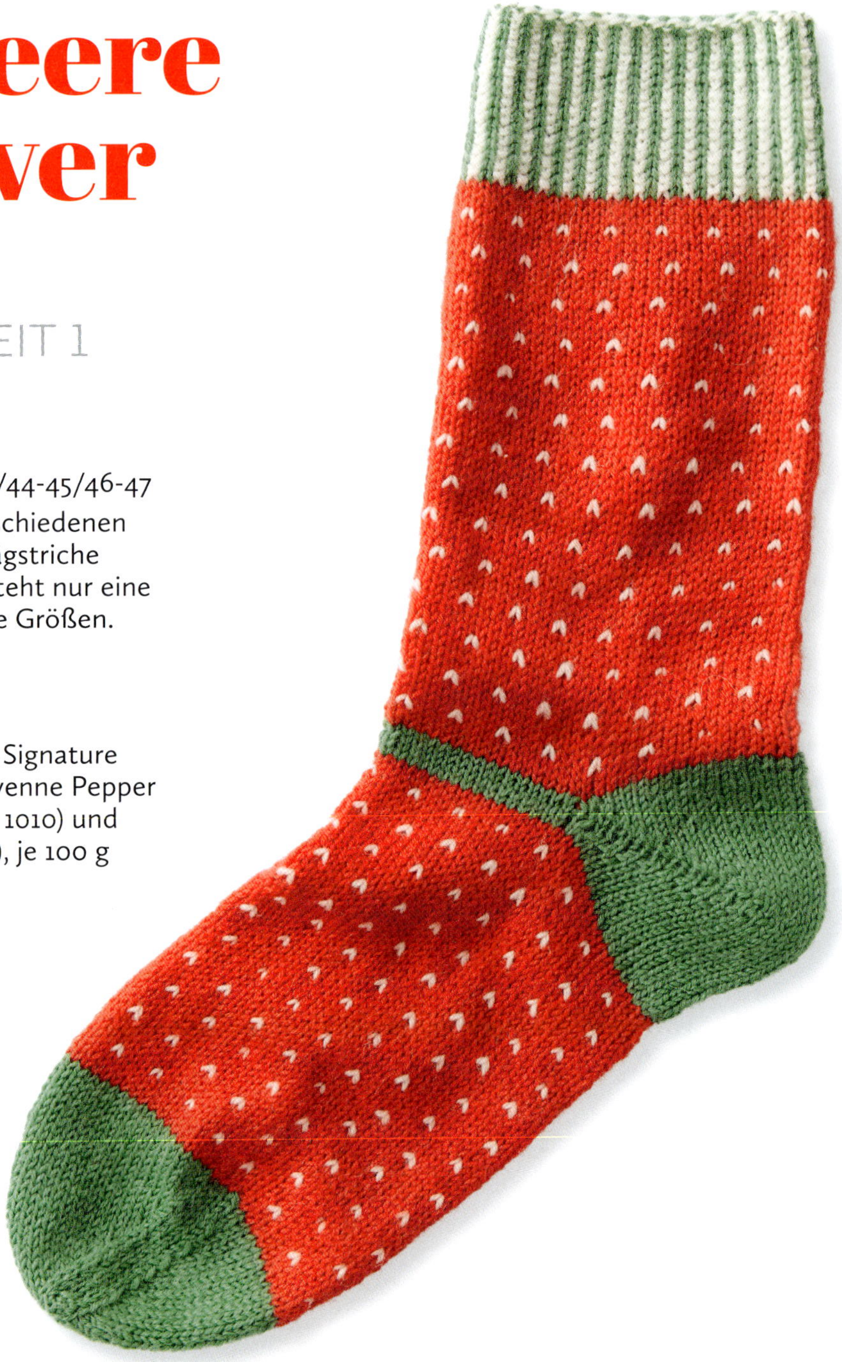

SCHWIERIGKEIT 1

GRÖSSE

36-37/38-39/40-41/42-43/44-45/46-47
Die Angaben für die verschiedenen Größen sind durch Schrägstriche voneinander getrennt. Steht nur eine Angabe, gilt diese für alle Größen.

MATERIAL

- Westyorkshire Spinners Signature (LL 400 m/100 g) in Cayenne Pepper (Fb 510), Milk Bottle (Fb 1010) und Chocolate Lime (Fb 395), je 100 g
- Nadelspiel 2,5-3,5 mm
- Wollnadel

MASCHEN-PROBE

Glatt rechts
mit Nd 2,5-3,5 mm
28 M und 36 Rd
= 10 cm x 10 cm

Rippenmuster

In Rd 1 M rechts, 1 M links im Wechsel str.

Glatt rechts

In Hinr rechte M, in Rückr linke M str. In Rd alle M rechts str.

Zählmuster 1

Glatt rechts in Rd in Jacquardtechnik str, dabei ist Cayenne Pepper die Hintergrund-Fb. Den Faden der nicht benötigten Fb hinter dem Gestrick mitführen, dabei auf eine gleichmäßige, weder zu feste noch zu lockere, Fadenspannung achten.
Den Rapport fortlaufend wdh. Die 1.-8. Rd fortlaufend wdh.

Zählmuster 2

Glatt rechts in Rd in Jacquardtechnik str, dabei ist Cayenne Pepper die Hintergrund-Fb. Den Faden der nicht benötigten Fb hinter dem Gestrick mitführen, dabei auf eine gleichmäßige, weder zu feste noch zu lockere, Fadenspannung achten.
Den Rapport fortlaufend wdh. Die 1.-8. Rd fortlaufend wdh.

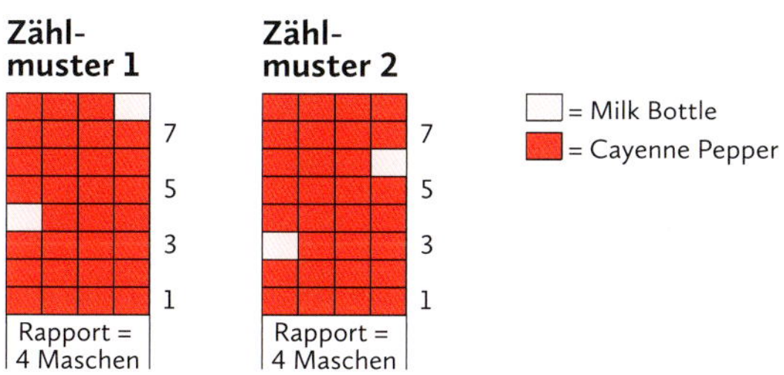

Anleitung

Für das Bündchen in Milk Bottle 64/64/68/68/72/76 M anschl und gleichmäßig auf die 4 Nd verteilen (= 16/16/17/17/18/19 M je Nd). Im Rippenmuster 17 Rd (= ca. 4 cm) str, dabei im Wechsel 1 M rechts in Chocolat Lime und 1 M links in Milk Bottle arb. Der Rd-Wechsel befindet sich in der hinteren Mitte. Den Faden in Chocolate Lime abschneiden.
Für den Schaft glatt rechts in Jacquardtechnik die 1.-8. Rd des Zählmusters 1 7x str. Weitere 3 Rd in Cayenne Pepper und 1 Rd in Chocolate Lime str. Die Fäden in Milk Bottle und Cayenne Pepper abschneiden.
Die Bumerangferse (siehe Grundanleitung S. 148 f) in Chocolate Lime str.
Für den Fuß glatt rechts 1 Rd in Chocolate Lime str. Den Faden in Chocolate Lime abschneiden. Weiter glatt rechts in Jacquardtechnik die 1.-8. Rd des Zählmusters 2 fortlaufend wdh bis zu einer Länge von 19,5/20,5/21,5/23/23,5/24,5 cm, dabei darauf achten, dass der Fuß nicht mit einer 3. oder 6. Muster-Rd endet, sondern nach einer 1., 2., 4., 5., 7. oder 8. Rd. Weiter 1 Rd in Chocolate Lime str. Die Fäden in Cayenne Pepper und Milk Bottle abschneiden.
Die Bandspitze (siehe Grundanleitung S. 150) in Chocolate Lime str.

Fertigstellen

Alle Fäden vernähen. Die Socke anfeuchten, in Form ziehen und trocknen lassen.

Erdbeer-streifen

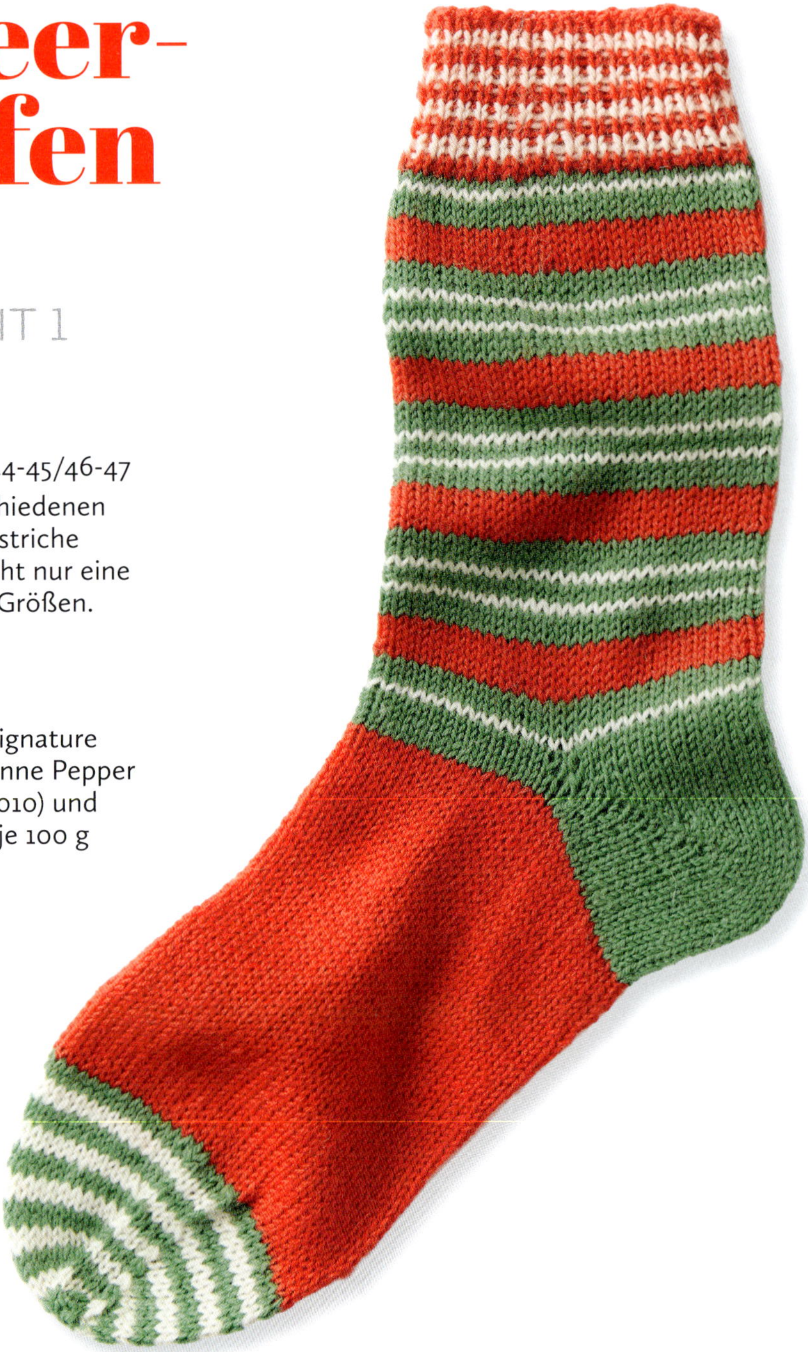

SCHWIERIGKEIT 1

GRÖSSE

36-37/38-39/40-41/42-43/44-45/46-47
Die Angaben für die verschiedenen Größen sind durch Schrägstriche voneinander getrennt. Steht nur eine Angabe, gilt diese für alle Größen.

MATERIAL

- Westyorkshire Spinners Signature (LL 400 m/100 g) in Cayenne Pepper (Fb 510), Milk Bottle (Fb 1010) und Chocolate Lime (Fb 395), je 100 g
- Nadelspiel 2,5-3,5 mm
- Wollnadel

MASCHEN-PROBE

Glatt rechts
mit Nd 2,5-3,5 mm
28 M und 36 Rd
= 10 cm x 10 cm

Rippenmuster

In Rd 1 M rechts, 1 M links im Wechsel str.

Glatt rechts

In Hinr rechte M, in Rückr linke M str. In Rd alle M rechts str.

Streifenfolge 1

2 Rd in Milk Bottle und 2 Rd in Cayenne Pepper im Wechsel str.

Streifenfolge 2

1.-5. Rd: Cayenne Pepper
6.-8. Rd: Chocolate Lime
9. Rd: Milk Bottle
10.-11. Rd: Chocolate Lime
12. Rd: Milk Bottle
13.-15. Rd: Chocolate Lime

Streifenfolge 3

2 Rd in Chocolate Lime und 2 Rd in Milk Bottle im Wechsel str.

Anleitung

In Cayenne Pepper 60/60/64/64/68/72 M anschl, gleichmäßig auf die 4 Nd verteilen (= 15/15/16/16/17/18 M je Nd) und zur Rd schließen. Im Rippenmuster 1 Rd str. Weiter die Streifenfolge 1 insgesamt 4x arb. Der Rd-Wechsel befindet sich in der hinteren Mitte.

Für den Schaft in glatt rechts die 11.-15. Rd der Streifenfolge 2 str, dann die 1.-15. Rd 3x arb und mit der 1.-11. Rd den Schaft beenden. Die Fäden in Cayenne Pepper und Milk Bottle abschneiden.

Die Bumerangferse (siehe Grundanleitung S. 148 f) in Chocolate Lime str.

Für den Fuß 1 Rd glatt rechts in Chocolate Lime str. Den Faden in Chocolate Lime abschneiden. Weiter in Cayenne Pepper bis zu einer Fußlänge von 19,5/20,5/21,5/23/23,5/24,5 cm str.

Die Bandspitze (siehe Grundanleitung S. 150) in der Streifenfolge 3 str.

Fertigstellen

Alle Fäden vernähen. Die Socke anfeuchten, in Form ziehen und trocknen lassen.

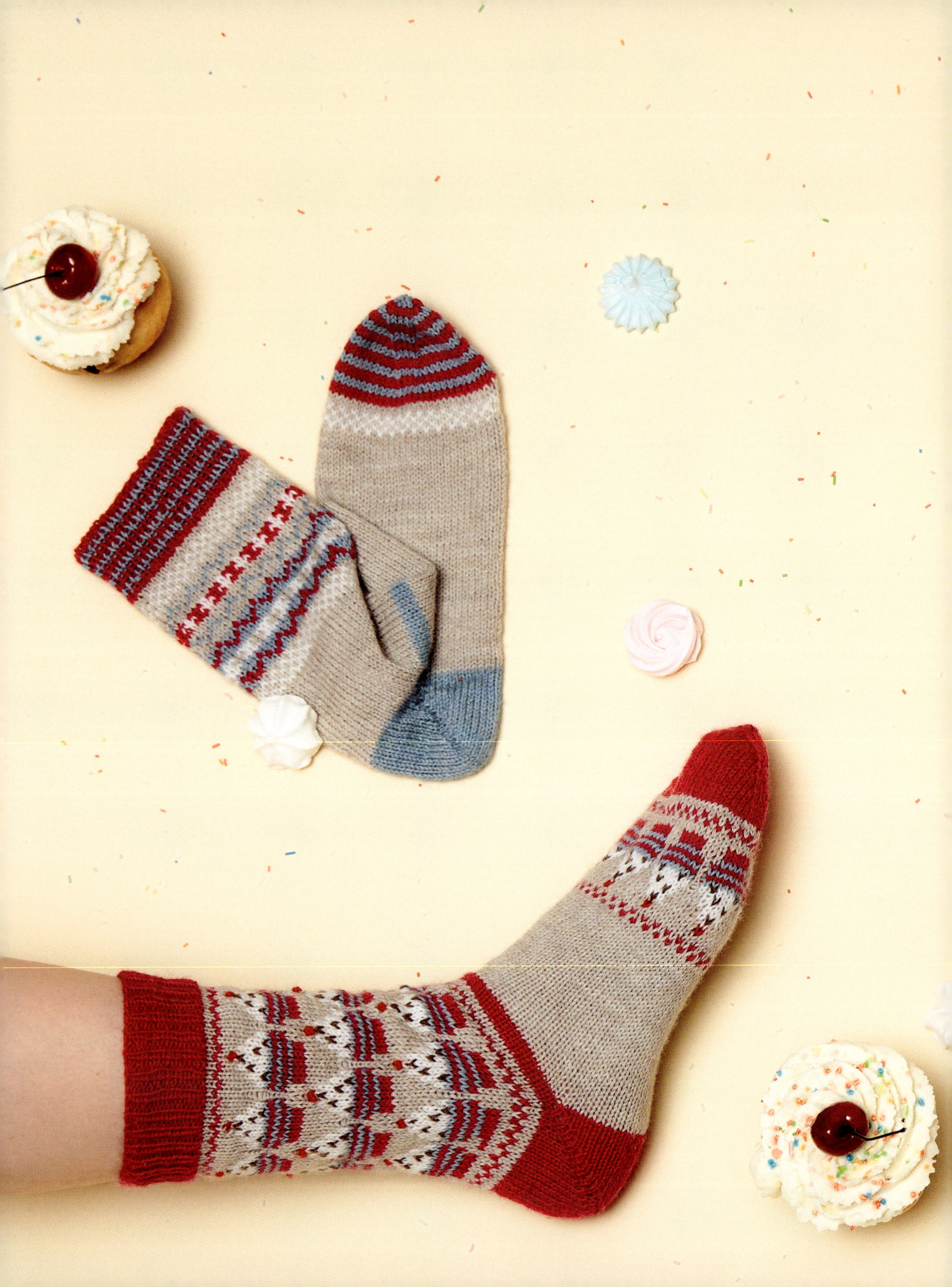

CUPCAKES zum Anbeißen

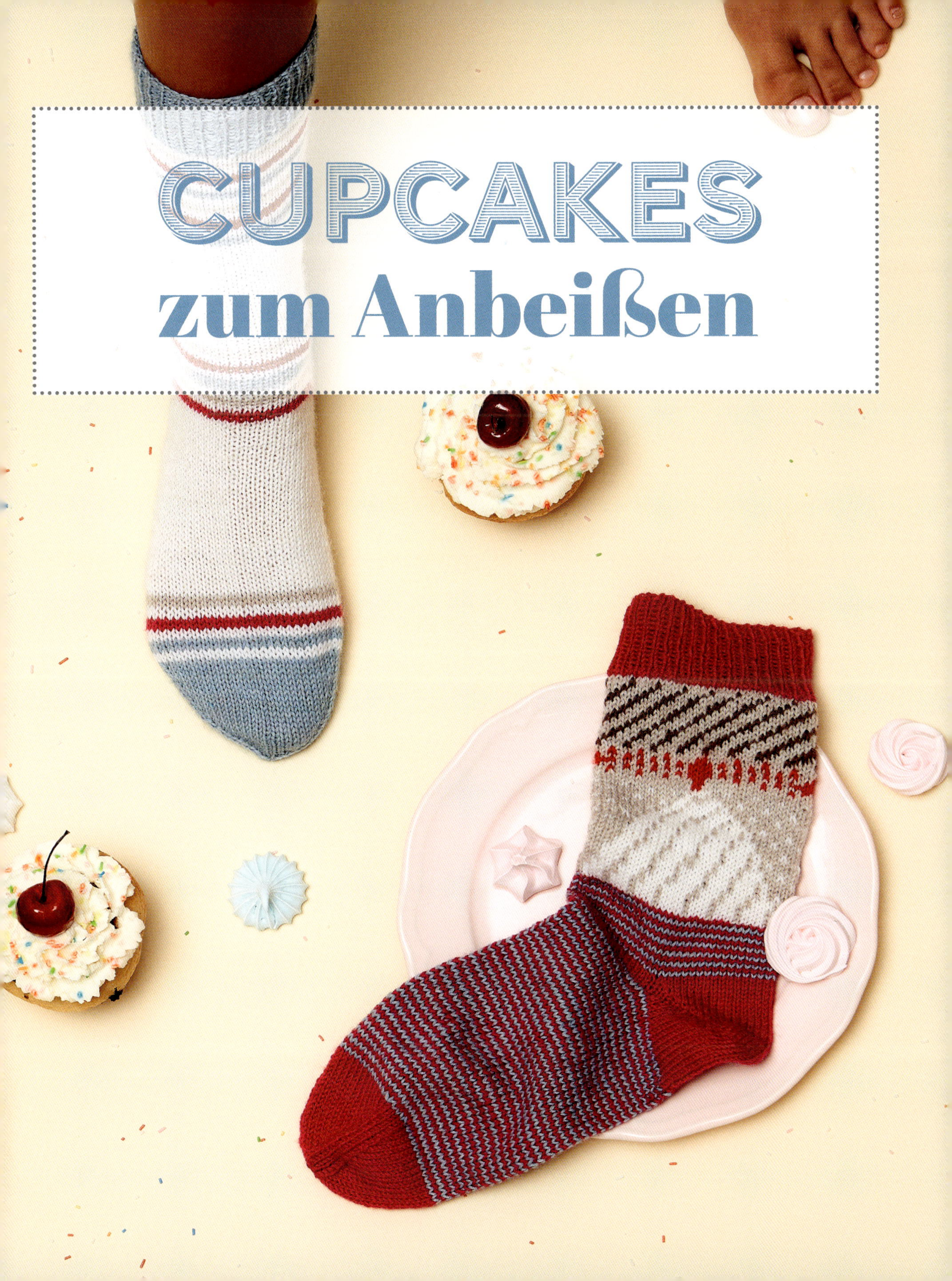

Cupcakes allover

SCHWIERIGKEIT 3

GRÖSSE

36-37/38-39/44-45

Die Angaben für die verschiedenen Größen sind durch Schrägstriche voneinander getrennt. Steht nur eine Angabe, gilt diese für alle Größen.

MATERIAL

- Schachenmayr Regia 100 (LL 420 m/ 100 g) in Cloud meliert (Fb 1844), 100 g, und in Dunkelbraun (Fb 2903), Rest
- Schachenmayr Regia 50 (LL 210 m/ 50 g) in Leinen meliert (Fb 2143), Fuchsia (Fb 1051) und Super Weiß (Fb 2080), je 50 g und in Hochrot (Fb 2054), Rest
- Nadelspiel 2,0-3,0 mm
- Wollnadel

MASCHENPROBE

Glatt rechts mit Nd 2,0-3,0 mm
30 M und 42 Rd = 10 cm x 10 cm

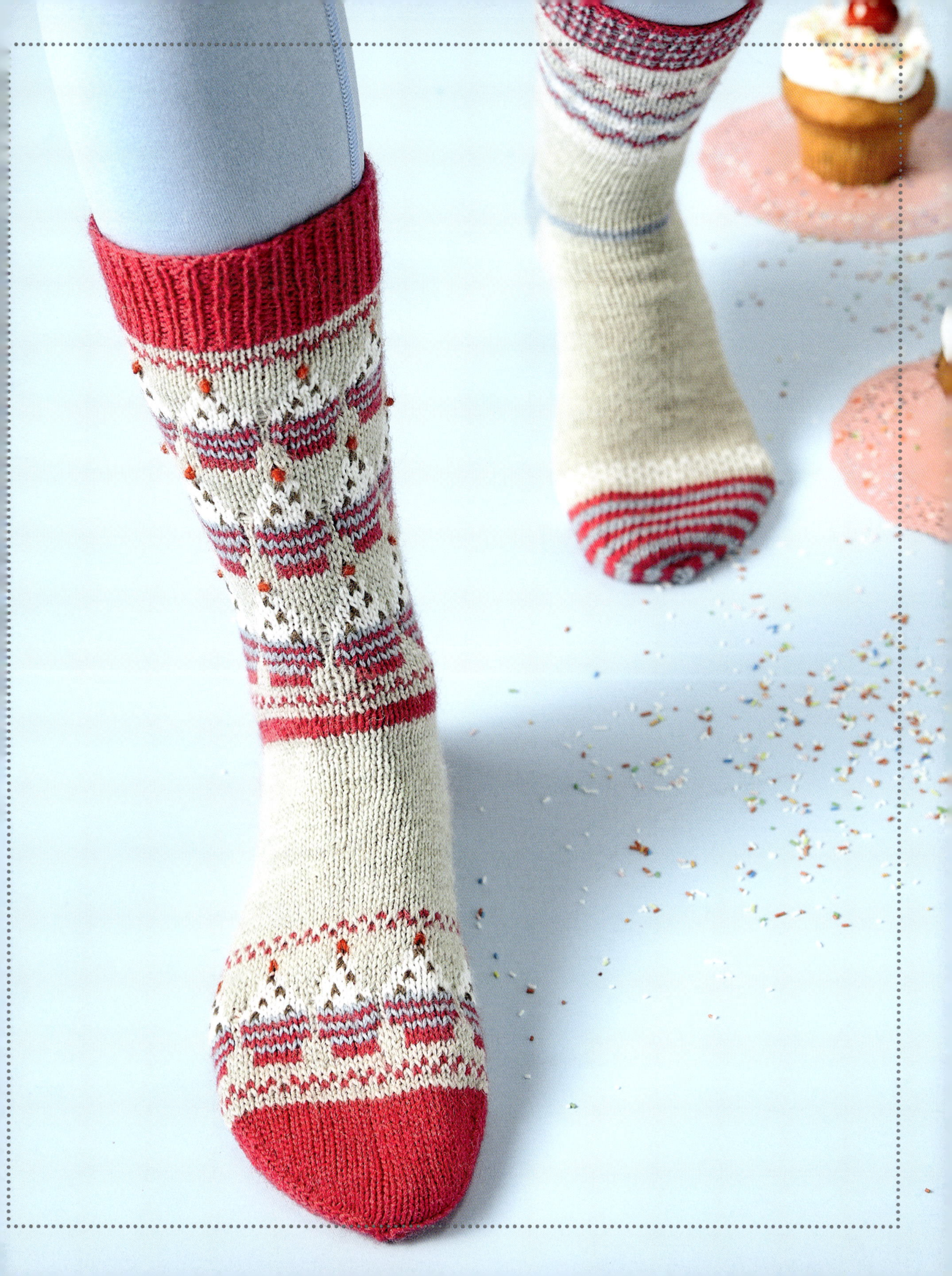

Rippenmuster

In Rd 1 M rechts, 1 M links im Wechsel str.

Glatt rechts

In Hinr rechte M, in Rückr linke M str. In Rd alle M rechts str.

Zählmuster

Glatt rechts in Rd in Jacquardtechnik str, dabei ist Leinen meliert die Hintergrund-Fb. Den Faden der nicht benötigten Fb hinter dem Gestrick mitführen, dabei auf eine gleichmäßige, weder zu feste noch zu lockere, Fadenspannung achten und beim Spannen über mehr als 5 M den Faden am besten einweben. Den Rapport fortlaufend wdh. Die 1.-57. Rd 1x str.

Anleitung

Für das Bündchen in Fuchsia 64/64/72 M anschl, gleichmäßig auf die 4 Nd verteilen (= 16/16/18 M je Nd) und zur Rd schließen. Im Rippenmuster 17 Rd (= ca. 4 cm) str. Der Rd-Wechsel befindet sich in der hinteren Mitte.
Für den Schaft glatt rechts 2 Rd in Leinen meliert str. Weiter in Jacquardtechnik nach dem Zählmuster arb. Die 1.-57. Rd 1x str, dann 2 Rd in Leinen meliert und 1 Rd in Fuchsia str. Die Fäden in Super Weiß, Cloud meliert und Leinen meliert abschneiden.
Die Bumerangferse (siehe Grundanleitung S. 148 f) in Fuchsia str.
Für den Fuß 1 Rd in Fuchsia str. Den Faden in Fuchsia abschneiden. Weiter in Leinen meliert bis zu einer Fußlänge von 13/14/17 cm str. Nun

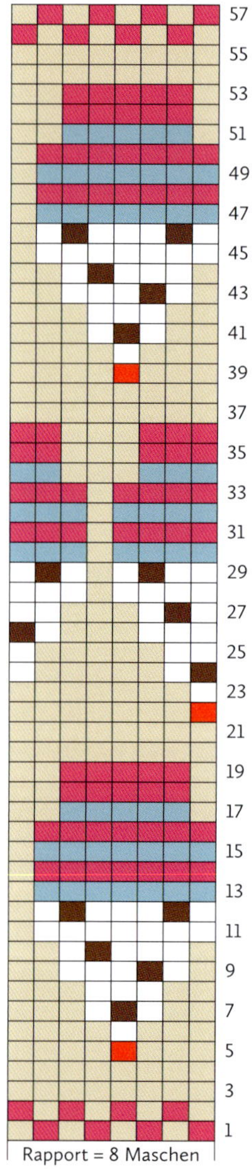

= Leinen meliert
= Fuchsia
= Cloud meliert
= Super Weiß
= Knötchenstich in Hochrot auf Leinen meliert
= Maschenstich in Dunkelbraun auf Super Weiß

nacheinander die 1.+2., die 20.-36. und die 54.-57. Rd des Zählmusters arb. Die Fäden in Super Weiß, Cloud meliert und Leinen meliert abschneiden.
Die Bandspitze (siehe Grundanleitung S. 150) in Fuchsia str.

Fertigstellen

Alle Fäden vernähen. Die Socke anfeuchten, in Form ziehen und trocknen lassen. In Dunkelbraun nach dem Zählmuster kleine Schokostreusel im M-Stich aufsticken. In Hochrot kleine Früchte im Knötchenstich aufsticken (siehe Grundanleitung S. 151 und 152)..

Weitere Größen

Für eher schmale Füße kann in Größe 40-41 ebenfalls mit 64 M und in Größe 46-47 mit 72 M gearbeitet werden. Den Fuß in Leinen meliert bis zu einer Fußlänge von 15 bzw. 18 cm str und wie angegeben beenden.

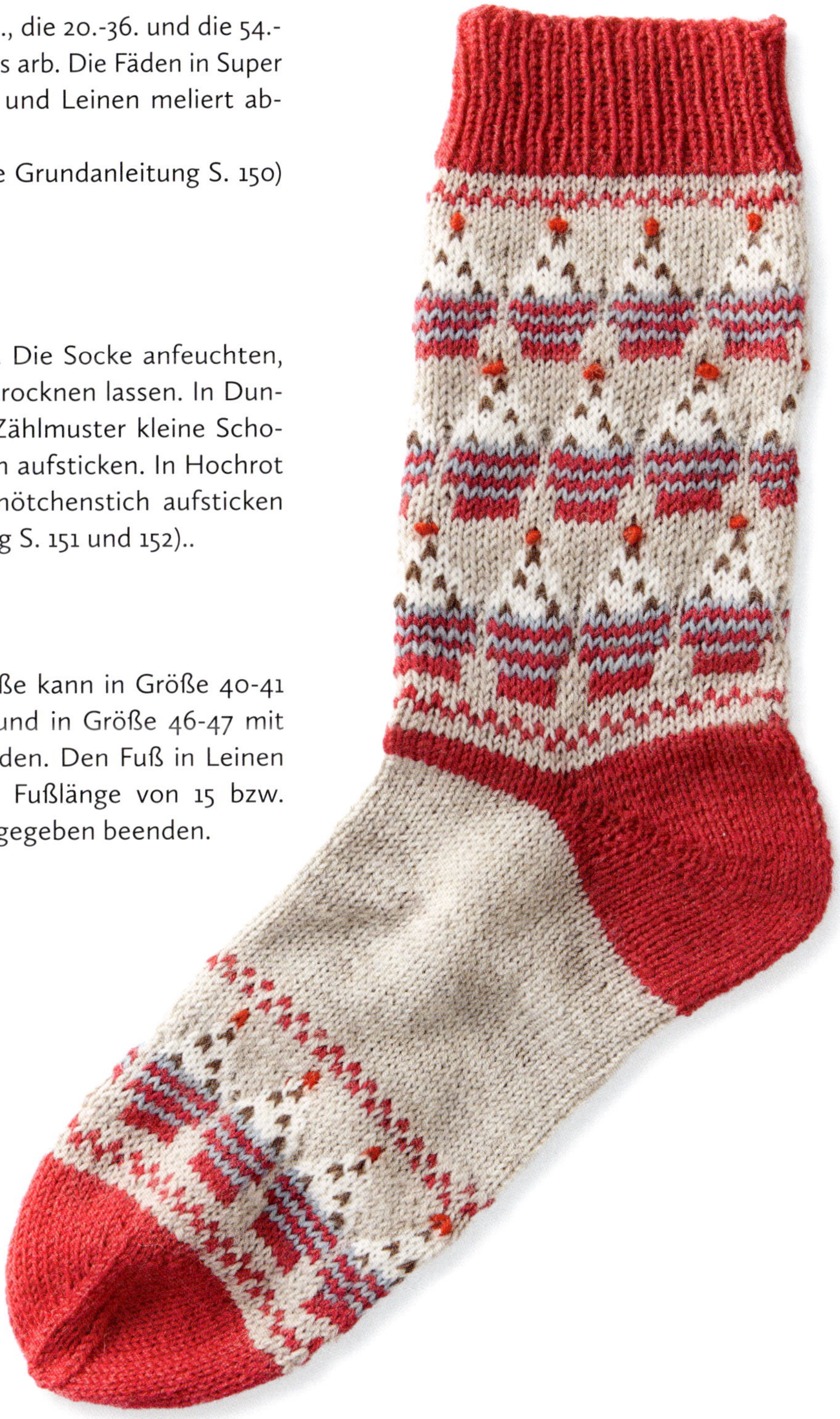

XXL-Cupcake

SCHWIERIGKEIT 3

GRÖSSE

36-37/38-39/40-41/42-43/44-45

Die Angaben für die verschiedenen Größen sind durch Schrägstriche voneinander getrennt. Steht nur eine Angabe, gilt diese für alle Größen.

MATERIAL

- Schachenmayr Regia 100 (LL 420 m/100 g) in Dunkelbraun (Fb 2903) und Cloud meliert (Fb 1844), je 100 g
- Schachenmayr Regia 50 (LL 210 m/50 g) in Leinen meliert (Fb 2143), Fuchsia (Fb 1051), Super Weiß (Fb 2080) und Hochrot (Fb 2054), je 50 g
- Nadelspiel 2,0-3,0 mm
- Wollnadel

MASCHENPROBE

Glatt rechts mit Nd 2,0-3,0 mm
30 M und 42 Rd = 10 cm x 10 cm

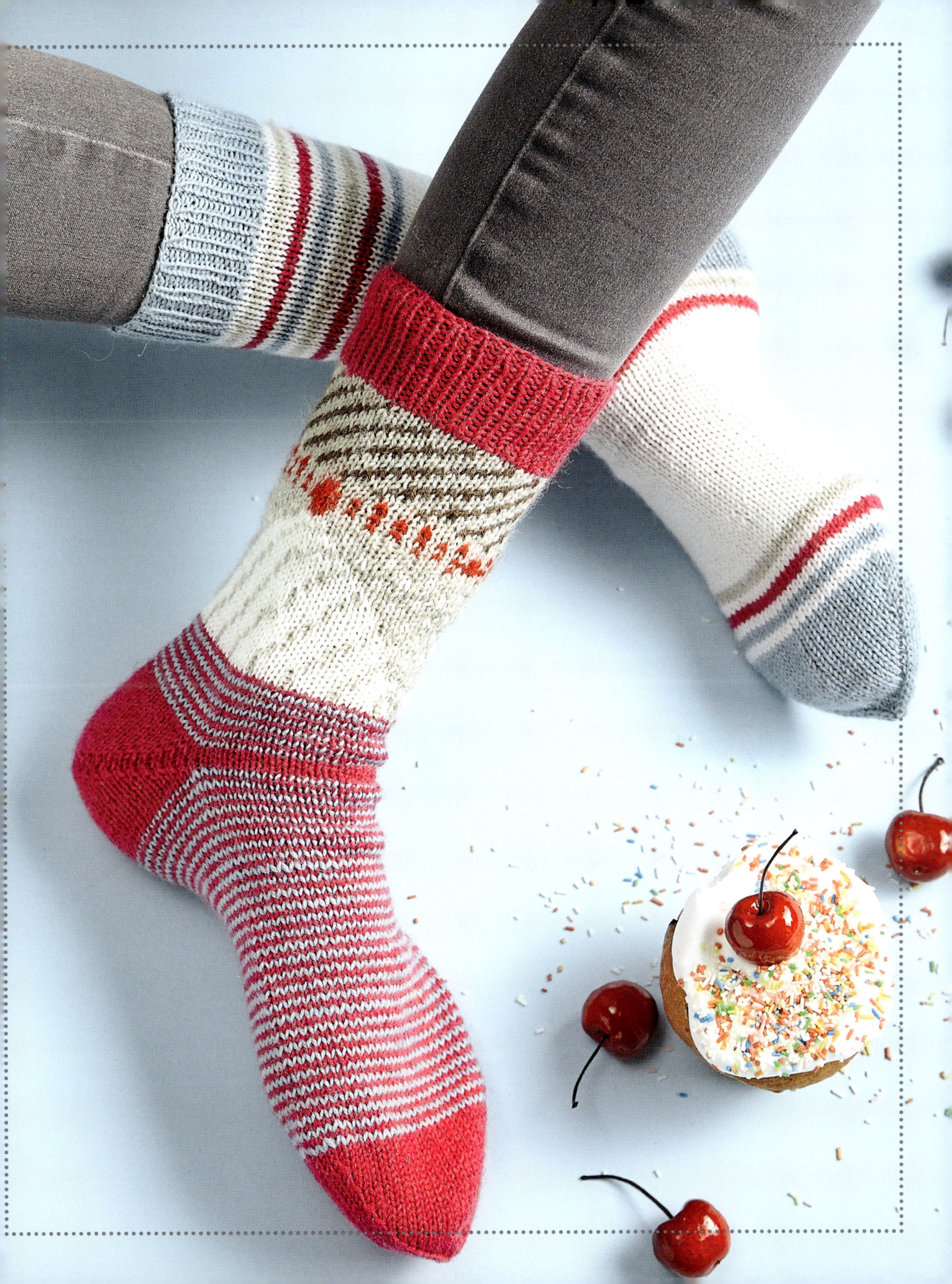

Rippenmuster

In Rd 1 M rechts, 1 M links im Wechsel str.

Glatt rechts

In Hinr rechte M, in Rückr linke M str. In Rd alle M rechts str.

Streifenfolge

1 Rd in Fuchsia und 1 Rd in Cloud meliert im Wechsel str.

Zählmuster

Glatt rechts in Rd in Jacquardtechnik str, dabei ist Leinen meliert die Hintergrund-Fb. Den Faden der nicht benötigten Fb hinter dem Gestrick mitführen, dabei auf eine gleichmäßige, weder zu feste noch zu lockere, Fadenspannung achten und beim Spannen über mehr als 5 M den Faden am besten einweben.

Zählmuster 1

Den Rapport fortlaufend wdh. Die 1.-4. Rd 3x str.

Zählmuster 2

Den Rapport 2x wdh. Die 1.-32. Rd 1x str.

Zählmuster 1

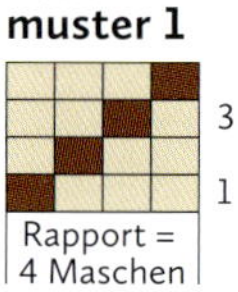

= Leinen meliert
= Super Weiß
= Hochrot
= Dunkelbraun

Zählmuster 2

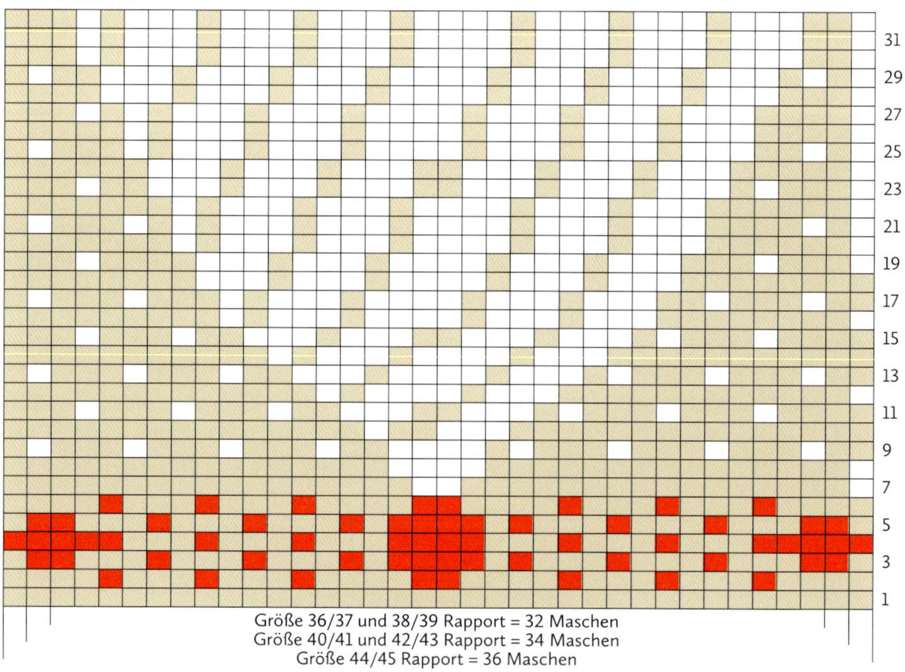

Anleitung

Für das Bündchen in Fuchsia 64/64/68/68/72 M anschl, gleichmäßig auf die 4 Nd verteilen (= 16/16/17/17/18 M je Nd) und zur Rd schließen. Im Rippenmuster 17 Rd (= ca. 4cm) str. Der Rd-Wechsel befindet sich in der hinteren Mitte. Für Größe 40-41 und 42-43 in der letzten Rd 4 M gleichmäßig verteilt zunehmen (= 64/64/72/72/72 M). Den Faden in Fuchsia abschneiden.

Für den Schaft in glatt rechts 1 Rd in Leinen meliert str. Weiter in Jacquardtechnik nach dem Zählmuster 1 die 1.-4. Rd 3x str. Nach Zählmuster 2 die 1.-32. Rd 1x str. Die Fäden in Super Weiß, Leinen meliert, Hochrot und Dunkelbraun abschneiden. Dann in der Streifenfolge bis zu einer Schaftlänge von 20 cm str, dabei für Größe 40-41 und 42-43 in der 1. Rd 4x 2 M rechts zusammenstr (= 64/64/68/68/72 M) und mit 1 Rd in Fuchsia enden.

Die Bumerangferse (siehe Grundanleitung S. 148 f) in Fuchsia str.

Für den Fuß in der Streifenfolge bis zu einer Fußlänge von 19,5/20,5/21,5/23/23,5 cm str.

Dann die Bandspitze (siehe Grundanleitung S. 150) in Fuchsia arb.

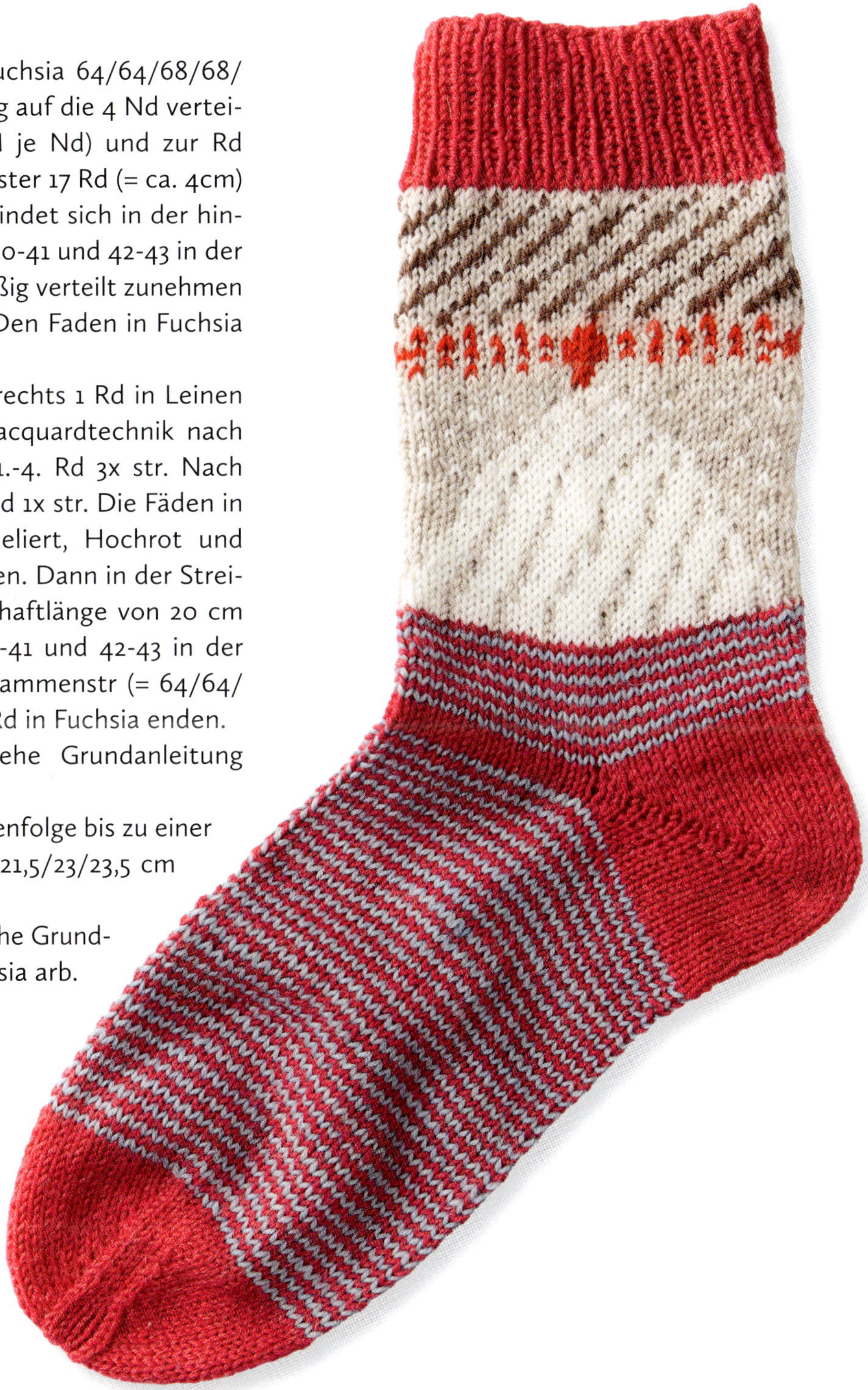

Fertigstellen

Alle Fäden vernähen. Die Socke anfeuchten, in Form ziehen und trocknen lassen.

Cupcake-Ringel

SCHWIERIGKEIT 2

GRÖSSE

36-37/38-39/40-41/42-43/44-45/46-47
Die Angaben für die verschiedenen Größen sind durch Schrägstriche voneinander getrennt. Steht nur eine Angabe, gilt diese für alle Größen.

MATERIAL

- Schachenmayr Regia 100 (LL 420 m/100 g) in Cloud meliert (Fb 1844), 100 g
- Schachenmayr Regia 50 (LL 210 m/50 g) in Leinen meliert (Fb 2143), Fuchsia (Fb 1051) und Super Weiß (Fb 2080), je 50 g
- Nadelspiel 2,0-3,0 mm
- Wollnadel

MASCHENPROBE

Glatt rechts mit Nd 2,0-3,0 mm
30 M und 42 Rd = 10 cm x 10 cm

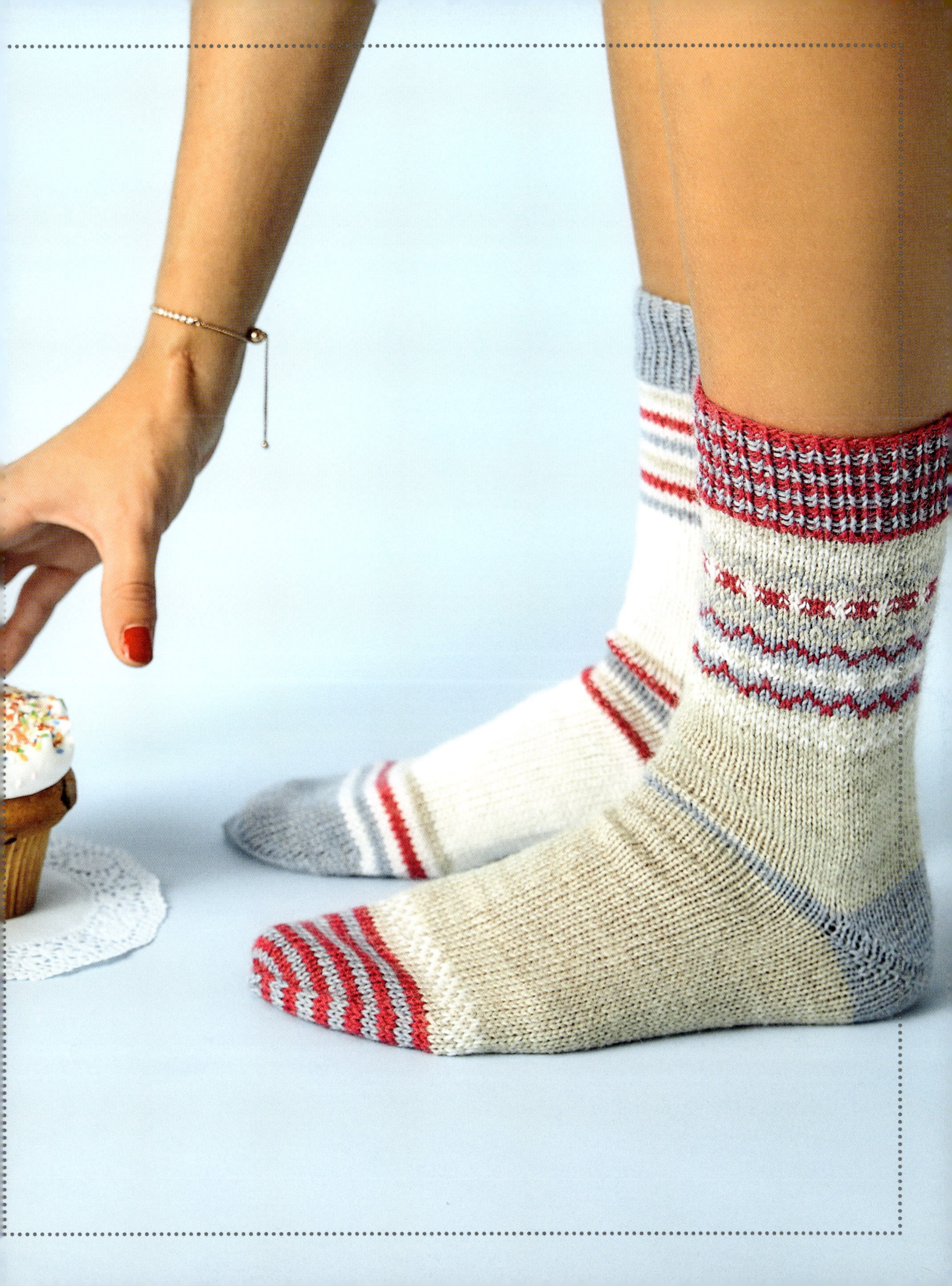

Rippenmuster

In Rd 1 M rechts, 1 M links im Wechsel str.

Glatt rechts

In Hinr rechte M, in Rückr linke M str. In Rd alle M rechts str.

Streifenfolge 1

2 Rd in Cloud meliert und 2 Rd in Fuchsia im Wechsel str.

Streifenfolge 2

2 Rd in Fuchsia und 2 Rd in Cloud meliert im Wechsel str.

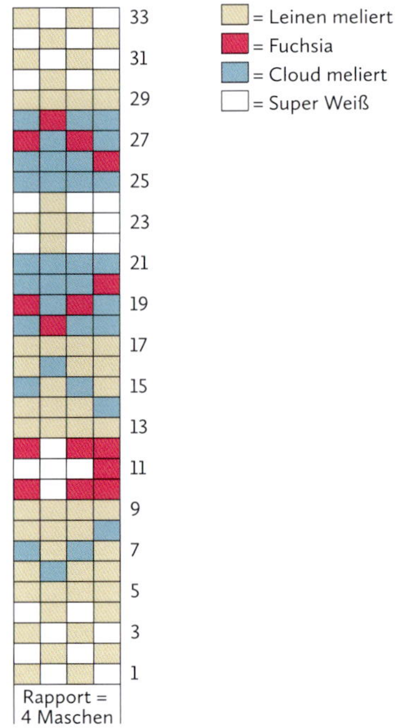

Zählmuster

Glatt rechts in Rd in Jacquardtechnik str, dabei ist Leinen meliert die Hintergrund-Fb für die 1.-9., 13.-17. und 29.-33. Rd. Fuchsia ist die Hintergrund-Fb für die 10.-12. Rd, Cloud meliert ist die Hintergrund-Fb für die 18.-21. und 25.-28. Rd und Super Weiß für die 22.-24. Rd. Den Faden der nicht benötigten Fb hinter dem Gestrick mitführen, dabei auf eine gleichmäßige, weder zu feste noch zu lockere, Fadenspannung achten.

Den Rapport fortlaufend wdh. Die 1.-33. Rd 1x str.

Anleitung

In Fuchsia 60/60/64/64/68/72 M anschl, gleichmäßig auf die 4 Nd verteilen (= 15/15/16/16/17/18 M je Nd) und zur Rd schließen. Im Rippenmuster 1 Rd str. Weiter die Streifenfolge 1 insgesamt 4x arb. Der Rd-Wechsel befindet sich in der hinteren Mitte. Die Fäden in Fuchsia und Cloud meliert abschneiden.

Für den Schaft in glatt rechts 2 Rd in Leinen meliert str. Weiter laut Zählmuster die 1.-33. Rd 1x str. Die Fäden in Super Weiß, Cloud meliert und Fuchsia abschneiden. Weiter den Schaft bis zu einer Länge von 20 cm in Leinen meliert str. Den Faden in Leinen meliert abschneiden. 1 Rd in Cloud meliert str.

Die Bumerangferse (siehe Grundanleitung S. 148 f) in Cloud meliert str.

Für den Fuß 1 Rd in Cloud meliert str und den Faden abschneiden.
In Leinen meliert bis zu einer Fußlänge von 18/19/20/21,5/22/23 cm str. Dann nach dem Zählmuster die 1.-4. Rd 1x str und 2 Rd in Leinen meliert arb. Die Fäden in Leinen meliert und Super Weiß abschneiden.
Die Bandspitze (siehe Grundanleitung S. 150) in der Streifenfolge 2 str.

Fertigstellen

Alle Fäden vernähen. Die Socke anfeuchten, in Form ziehen und trocknen lassen.

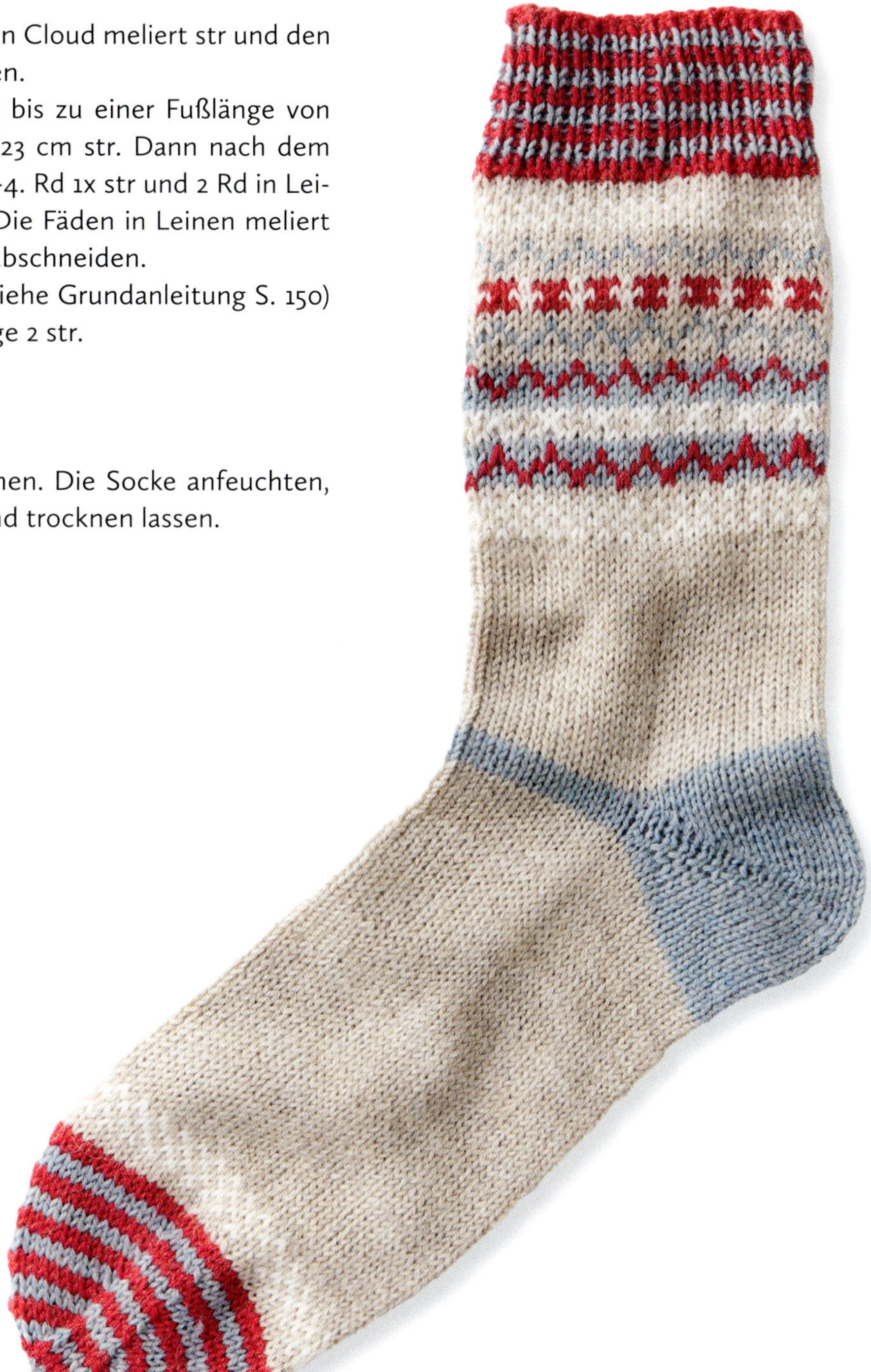

Süße Streifen

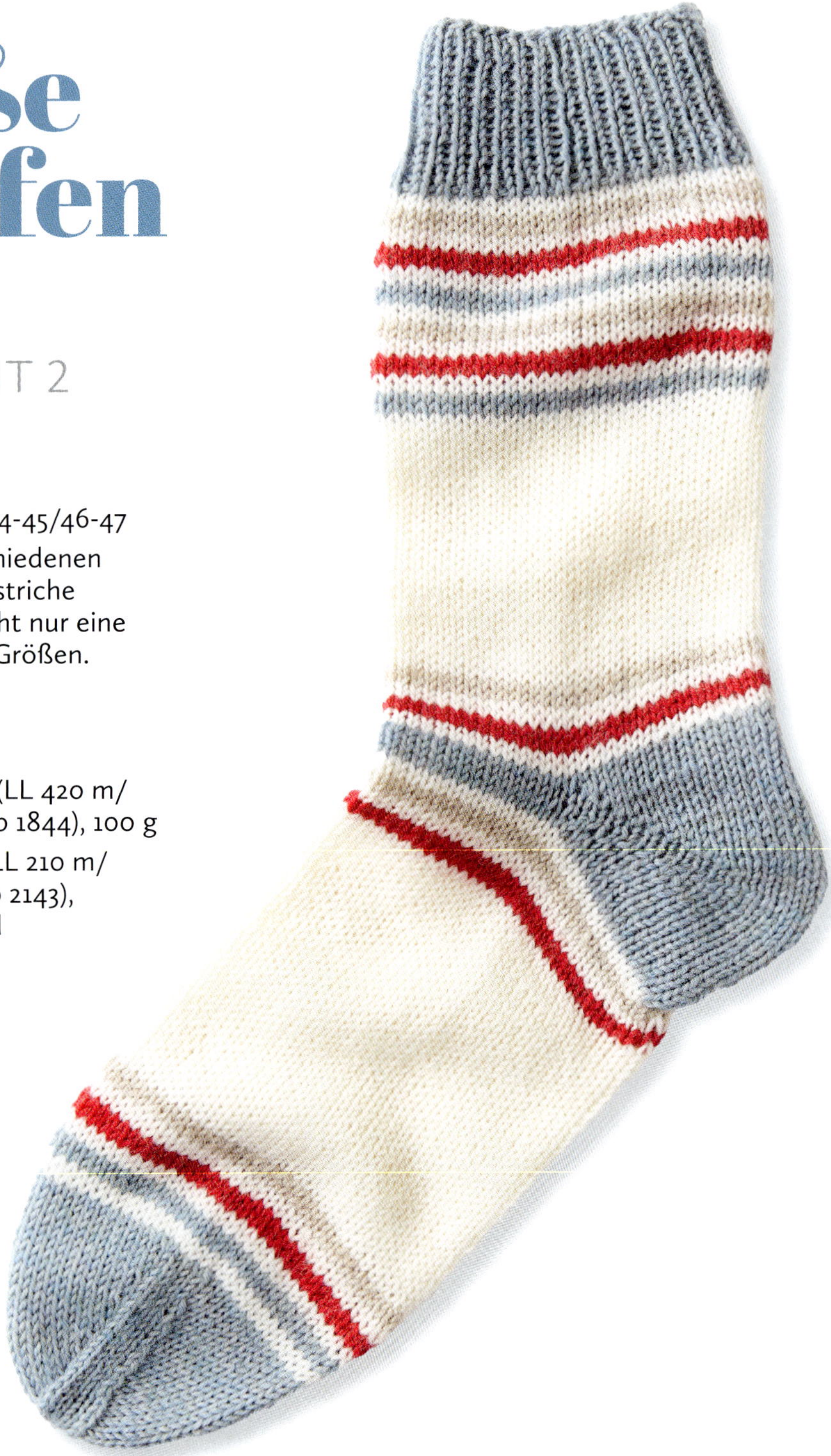

SCHWIERIGKEIT 2

GRÖSSE

36-37/38-39/40-41/42-43/44-45/46-47
Die Angaben für die verschiedenen Größen sind durch Schrägstriche voneinander getrennt. Steht nur eine Angabe, gilt diese für alle Größen.

MATERIAL

- Schachenmayr Regia 100 (LL 420 m/100 g) in Cloud meliert (Fb 1844), 100 g
- Schachenmayr Regia 50 (LL 210 m/50 g) in Leinen meliert (Fb 2143), Super Weiß (Fb 2080) und Fuchsia (Fb 1051), je 50 g
- Nadelspiel 2,0-3,0 mm

MASCHEN-PROBE

Glatt rechts
mit Nd 2,0-3,0 mm
30 M und 42 Rd
= 10 cm x 10 cm

Rippenmuster

In Rd 1 M rechts, 1 M links im Wechsel str.

Glatt rechts

In Hinr rechte M, in Rückr linke M str. In Rd alle M rechts str.

Streifenfolge

2 Rd Fb A: Super Weiß
2 Rd Fb B: Leinen meliert
2 Rd Fb A: Super Weiß
2 Rd Fb C: Fuchsia
2 Rd Fb A: Super Weiß
2 Rd Fb D: Cloud meliert

Anleitung

In Fb D 60/60/64/64/68/72 M anschl, gleichmäßig auf die 4 Nd verteilen (= 15/15/16/16/17/18 M je Nd) und zur Rd schließen. Im Rippenmuster 17 Rd (= ca. 4 cm) str. Der Rd-Wechsel befindet sich in der hinteren Mitte. Dann glatt rechts die Streifenfolge 2x str. Die Fäden in Fb B-D abschneiden. Weiter glatt rechts in Farbe A bis zu einer Länge von ca. 17,5 cm str, weiter die ersten 10 Rd der Streifenfolge str. Die Fäden in Fb A-C abschneiden.
Die Bumerangferse in Farbe D str, dabei die Ferse mit 1 Rd in Fb D beginnen und enden. Danach die ersten 8 Rd der Streifenfolge arb. Die Fäden in Fb B-D abschneiden.
Weiter den Fuß in Farbe A bis zu einer Länge von 16/17/18/19,5/20/21 cm str. Dann die Streifenfolge 1x arb und 2 Rd in Fb A str. Die Fäden der Fb B-D abschneiden.
Die Bandspitze (siehe Grundanleitung S. 150) in Fb D str.

Fertigstellen

Alle Fäden vernähen. Die Socke anfeuchten, in Form ziehen und trocknen lassen.

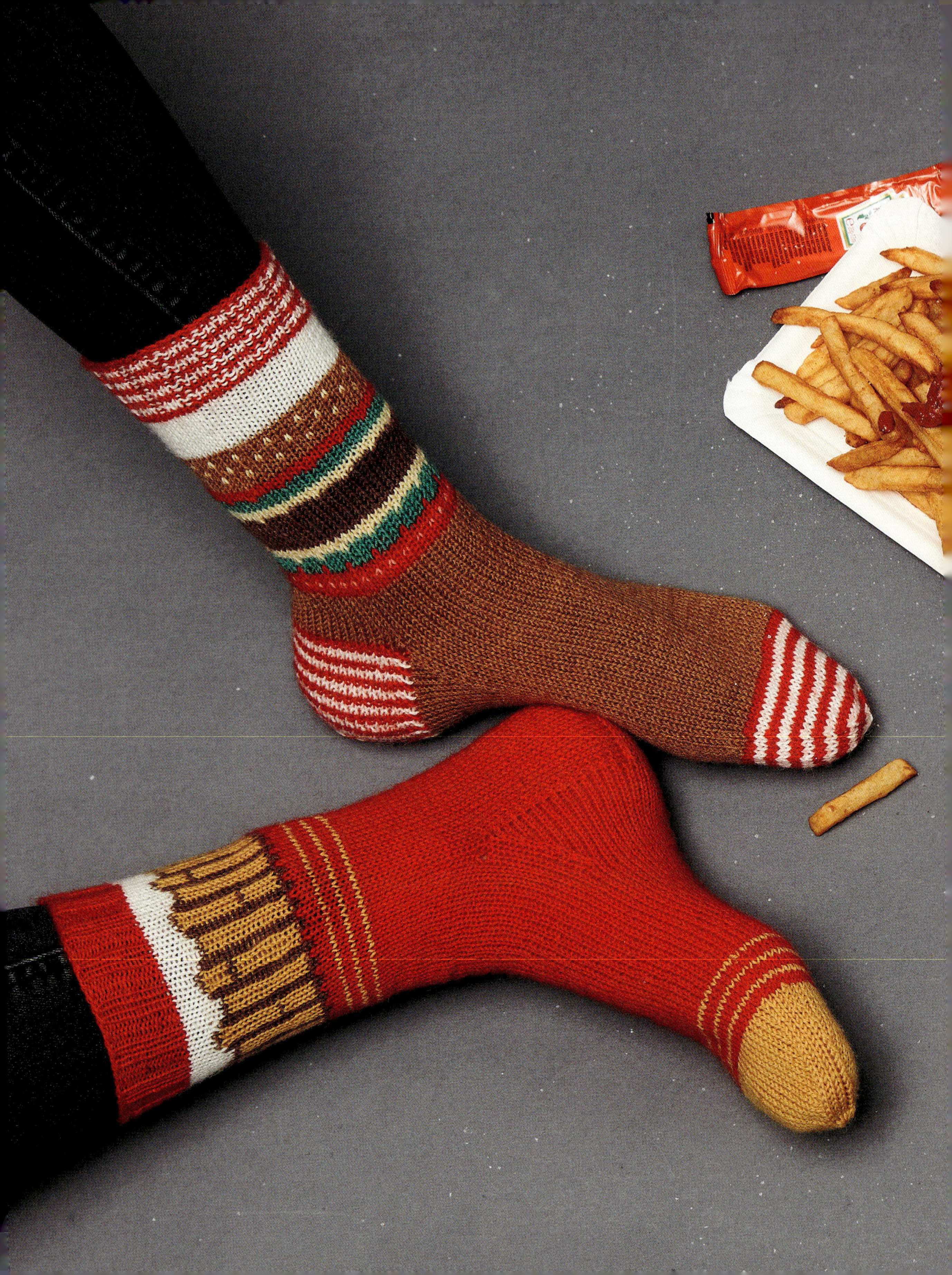

Sündiges FASTFOOD

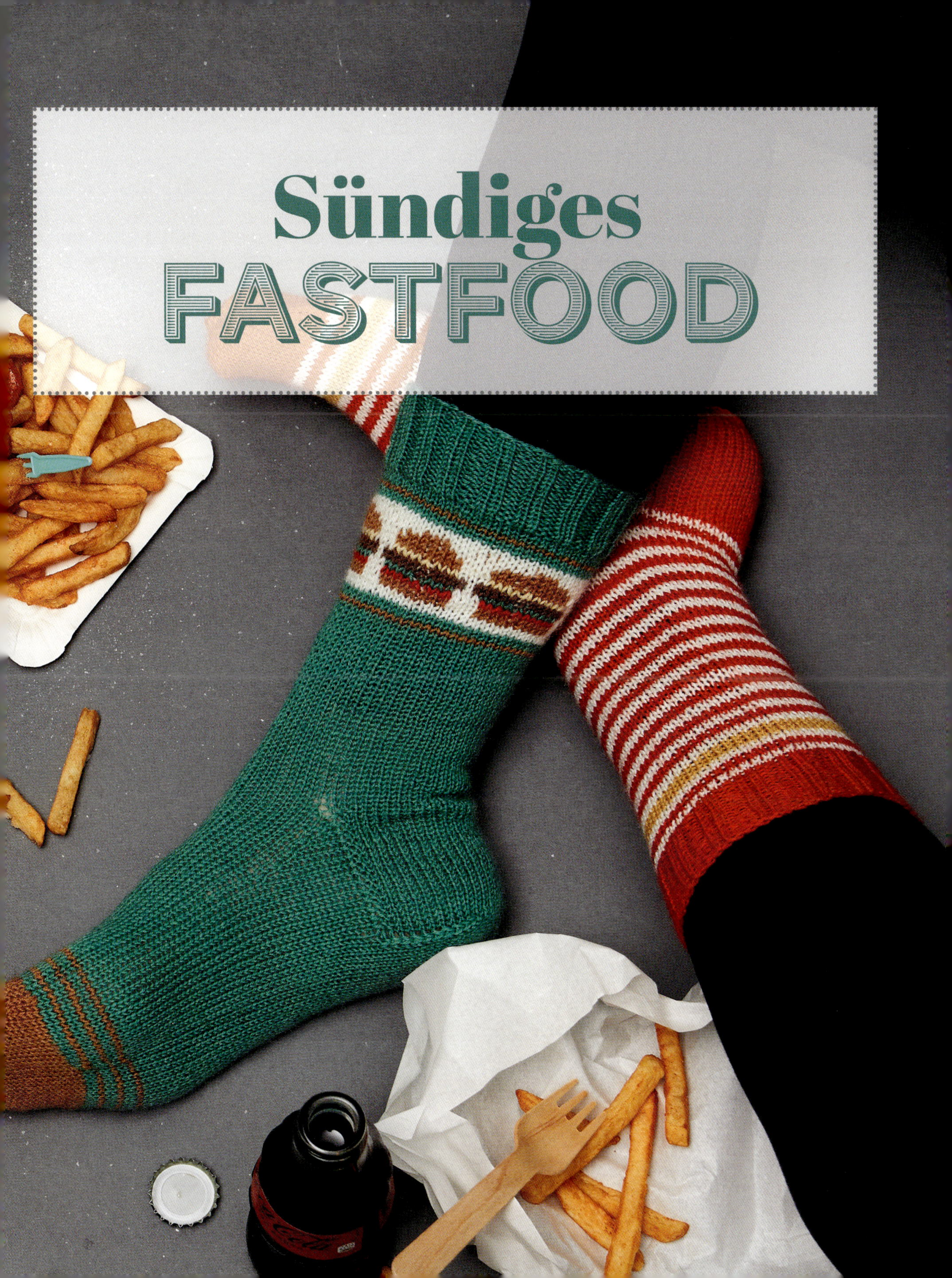

Pommes Rot-Weiß

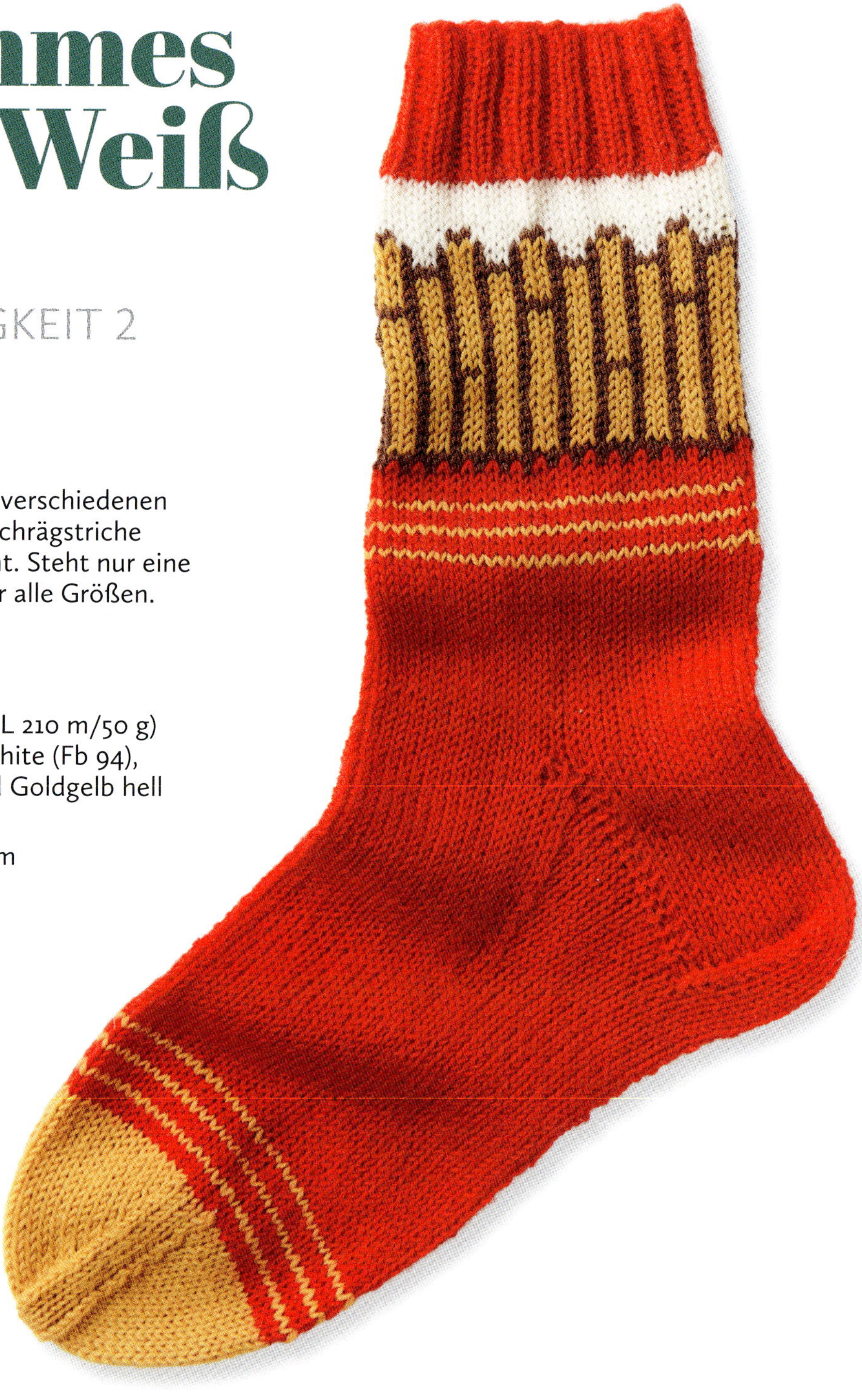

SCHWIERIGKEIT 2

GRÖSSE

36-37/38-39/44-45
Die Angaben für die verschiedenen Größen sind durch Schrägstriche voneinander getrennt. Steht nur eine Angabe, gilt diese für alle Größen.

MATERIAL

- Lang Yarns Jawoll (LL 210 m/50 g) in Rot (Fb 60), Offwhite (Fb 94), Marrone (Fb 95) und Goldgelb hell (Fb 250), je 50 g
- Nadelspiel 2,5-3,5 mm
- Wollnadel

MASCHEN-PROBE

Glatt rechts
mit Nd 2,5-3,5 mm
30 M und 41 Rd
= 10 cm x 10 cm

Rippenmuster

In Rd 2 M rechts, 2 M links im Wechsel str.

Glatt rechts

In Hinr rechte M, in Rückr linke M str. In Rd alle M rechts str.

Zählmuster

Glatt rechts in Rd in Jacquardtechnik str. Den Faden der nicht benötigten Fb hinter dem Gestrick mitführen, dabei auf eine gleichmäßige, weder zu feste noch zu lockere, Fadenspannung achten.

Den Rapport fortlaufend wdh. Die 1.-22. Rd 1x str.

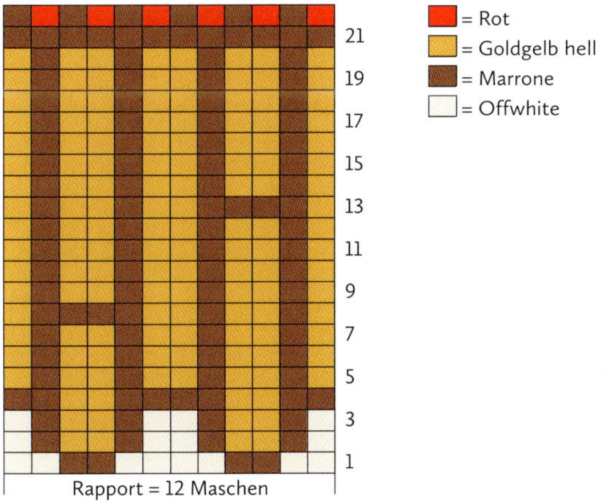

Anleitung

Für das Bündchen in Rot 60/60/72 M anschl, gleichmäßig auf die 4 Nd verteilen (= 15/15/18 M je Nd) und zur Rd schließen. Im Rippenmuster 17 Rd (= ca. 4 cm) str. Der Rd-Wechsel befindet sich in der hinteren Mitte.

Für den Schaft in Offwhite 6 Rd glatt rechts str. Dann glatt rechts in Jacquardtechnik nach dem Zählmuster arb. Die 1.-22. Rd 1x str. Die Fäden in Offwhite und Marrone abschneiden. Weiter * 3 Rd in Rot, 1 Rd in Goldgelb hell str, ab * noch 2x wdh. Weiter in Rot bis zu einer Schaftlänge von ca. 20 cm str.

Die 3-teilige Käppchenferse (siehe Grundanleitung S. 145 ff) in Rot str.

Den Fuß in Rot bis zu einer Länge von 16,5/17,5/20,5 cm str, dann ** 1 Rd in Goldgelb hell, 3 Rd in Rot str, ab ** noch 2x wdh.

Dann die Bandspitze (siehe Grundanleitung S. 150) in Goldgelb hell str.

Fertigstellen

Alle Fäden vernähen. Die Socke anfeuchten, in Form ziehen und trocknen lassen.

Weitere Größen

Für eher schmale Füße kann in Größe 40-41 ebenfalls mit 60 M und in Größe 46-47 mit 72 M gearbeitet werden. Dafür den Fuß in Rot bis zu einer Länge von 18,5 bzw. 21,5cm str, dann weiter wie in der Anleitung beschrieben str.

Mini-Burger

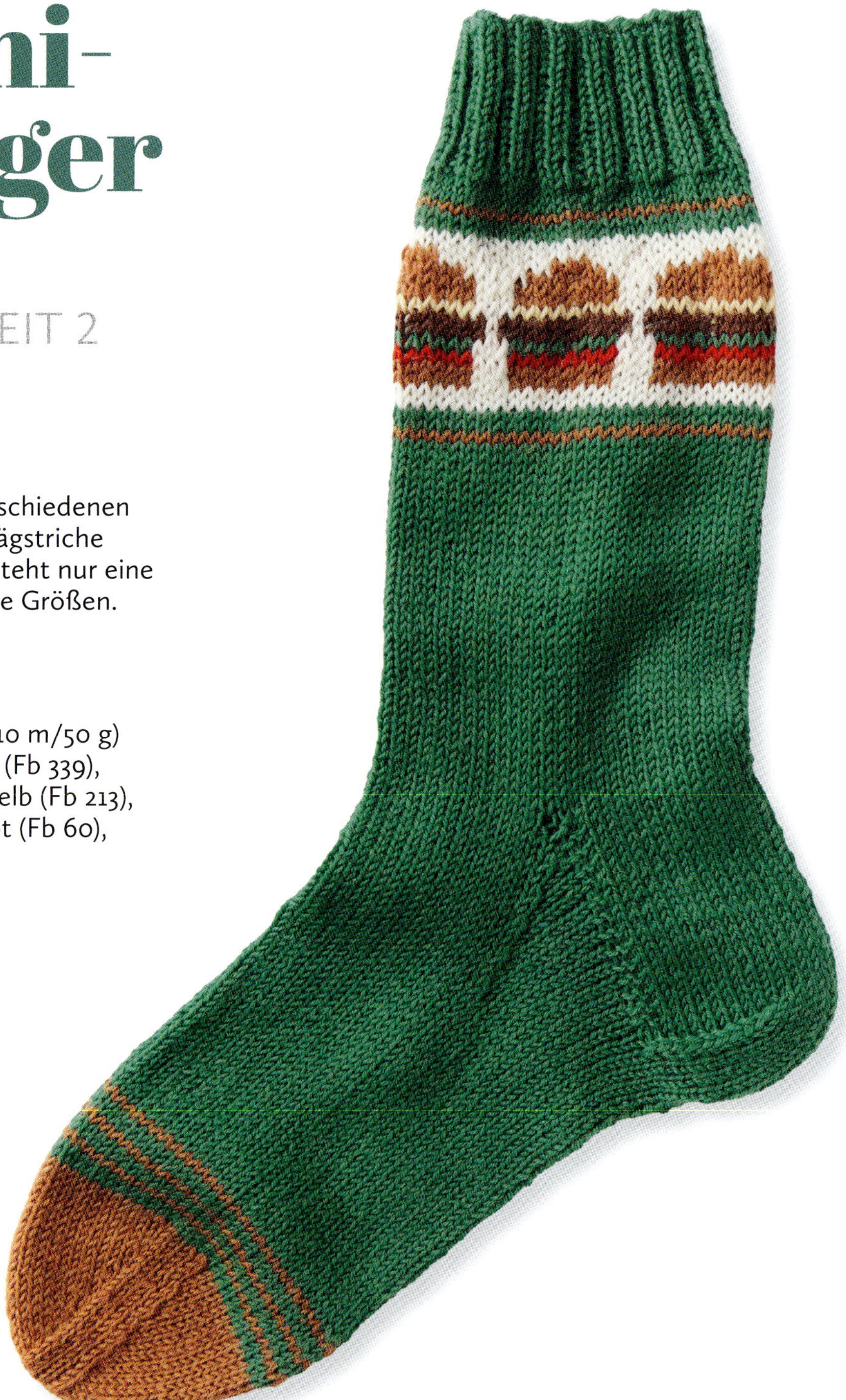

SCHWIERIGKEIT 2

GRÖSSE

36-37/38-39/44-45
Die Angaben für die verschiedenen Größen sind durch Schrägstriche voneinander getrennt. Steht nur eine Angabe, gilt diese für alle Größen.

MATERIAL

- Lang Yarns Jawoll (LL 210 m/50 g) in Grün (Fb 318), Camel (Fb 339), Offwhite (Fb 94), Hellgelb (Fb 213), Marrone (Fb 95) und Rot (Fb 60), je 50 g
- Nadelspiel 2,5-3,5 mm
- Wollnadel

MASCHEN-PROBE

Glatt rechts
mit Nd 2,5-3,5 mm
30 M und 41 Rd
= 10 cm x 10 cm

Rippenmuster

In Rd 2 M rechts, 2 M links im Wechsel str.

Glatt rechts

In Hinr rechte M, in Rückr linke M str. In Rd alle M rechts str.

Streifenfolge

3 Rd in Grün
1 Rd in Camel
2 Rd in Grün
2 Rd in Offwhite

Zählmuster

Glatt rechts in Rd in Jacquardtechnik str, dabei ist Offwhite die Hintergrund-Fb. Den Faden der nicht benötigten Fb hinter dem Gestrick mitführen, dabei auf eine gleichmäßige, weder zu feste noch zu lockere, Fadenspannung achten und beim Spannen über mehr als 5 M den Faden am besten einweben.

Den Rapport fortlaufend wdh. Die 1.-11. Rd 1x str.

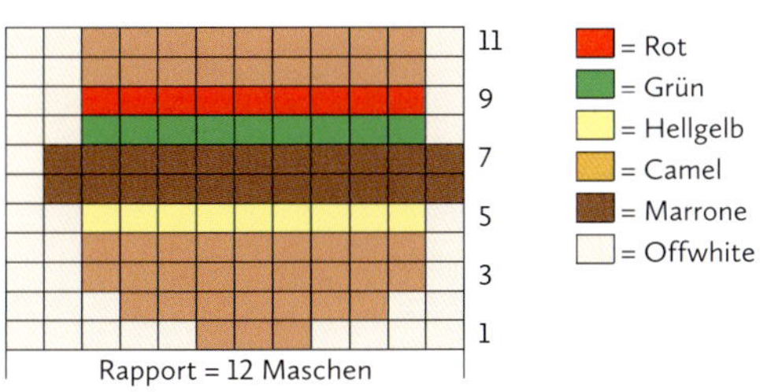

Anleitung

Für das Bündchen in Grün 60/60/72 M anschl, gleichmäßig auf die 4 Nd verteilen (= 15/15/18 M je Nd) und zur Rd schließen. Im Rippenmuster 17 Rd (= ca. 4 cm) str. Der Rd-Wechsel befindet sich in der hinteren Mitte.

Für den Schaft in glatt rechts 1x die Streifenfolge str. Den Faden in Grün abschneiden. Weiter in Jacquardtechnik nach dem Zählmuster arb. Die 1.-11. Rd 1x str. Dann 2 Rd in Offwhite str. Die Fäden in Rot, Offwhite, Marrone und Hellgelb abschneiden. In Grün 2 Rd und Camel 1 Rd glatt rechts str. Weiter in Grün glatt rechts bis zu einer Schaftlänge von ca. 20 cm arb.

Die 3-teilige Käppchenferse (siehe Grundanleitung S. 145 ff) in Grün str.

Den Fuß in Grün bis zu einer Länge von 17/18/21 cm str, dann * 1 Rd in Camel, 2 Rd in Grün str, ab * noch 2x wdh.

Dann die Bandspitze (siehe Grundanleitung S. 150) in Camel str.

Fertigstellen

Alle Fäden vernähen. Die Socke anfeuchten, in Form ziehen und trocknen lassen.

Weitere Größen

Für eher schmale Füße kann in Größe 40-41 ebenfalls mit 60 M und in 46-47 mit 72 M gearbeitet werden. Dafür den Fuß in Grün bis zu einer Länge von 19,5 bzw. 22,5 cm str, dann die Ringel wie in der Anleitung beschrieben arb und nach einer Fußlänge von 21,5 bzw. 24,5 cm die Bandspitze (siehe Grundanleitung S. 150) in Camel str.

XXL-Burger

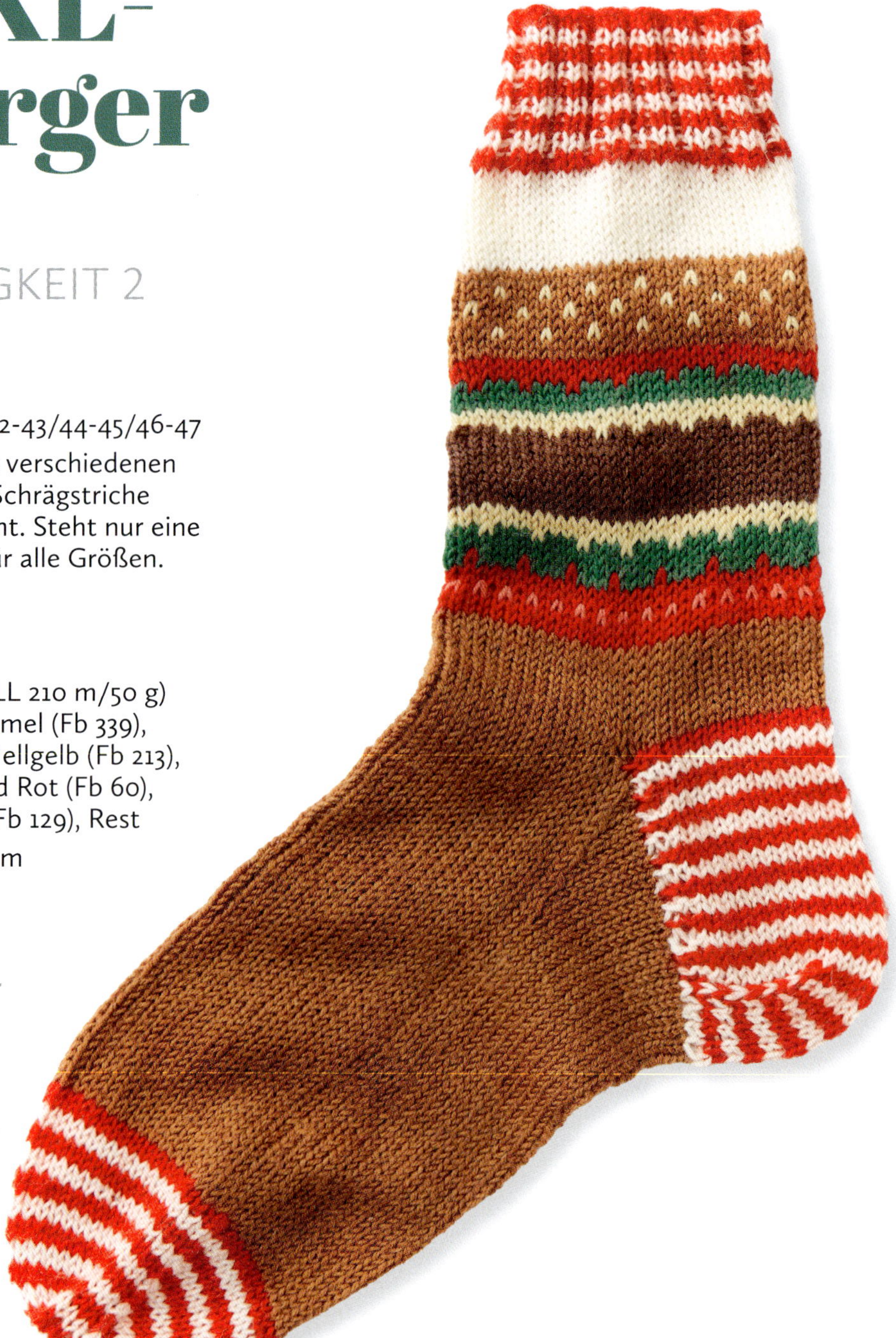

SCHWIERIGKEIT 2

GRÖSSE

36-37/38-39/40-41/42-43/44-45/46-47
Die Angaben für die verschiedenen Größen sind durch Schrägstriche voneinander getrennt. Steht nur eine Angabe, gilt diese für alle Größen.

MATERIAL

- Lang Yarns Jawoll (LL 210 m/50 g) in Grün (Fb 318), Camel (Fb 339), Offwhite (Fb 94), Hellgelb (Fb 213), Marrone (Fb 95) und Rot (Fb 60), je 50 g, in Melone (Fb 129), Rest
- Nadelspiel 2,5-3,5 mm
- Wollnadel

MASCHEN-PROBE

Glatt rechts
mit Nd 2,5-3,5 mm
30 M und 41 Rd
= 10 cm x 10 cm

Rippenmuster

In Rd 2 M rechts, 2 M links im Wechsel str.

Glatt rechts

In Hinr rechte M, in Rückr linke M str. In Rd alle M rechts str.

Streifenfolge 1

2 Rd in Rot und 2 Rd in Offwhite im Wechsel str.

Streifenfolge 2

2 Rd in Offwhite und 2 Rd in Rot im Wechsel str.

Zählmuster

Glatt rechts in Rd in Jacquardtechnik str. Den Faden der nicht benötigten Fb hinter dem Gestrick mitführen, dabei auf eine gleichmäßige, weder zu feste noch zu lockere, Fadenspannung achten.

Den Rapport fortlaufend wdh. Die 1.-18. Rd 1x str, die 18. Rd noch 7x wdh und die 19.-29. Rd 1x str.

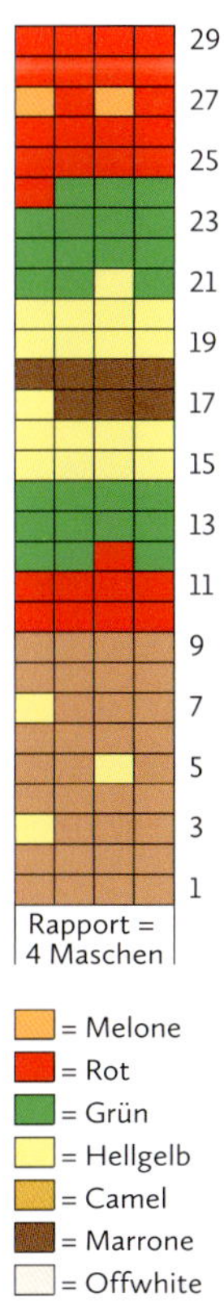

Anleitung

In Rot in 60/60/64/64/68/72 M anschl, gleichmäßig auf die 4 Nd verteilen (= 15/15/16/16/17/18 M je Nd) und zur Rd schließen. Im Rippenmuster 1 Rd str. Weiter 4x die Streifenfolge 1 str. Der Rd-Wechsel befindet sich in der hinteren Mitte. Den Faden in Rot abschneiden.

Für den Schaft in glatt rechts 11 Rd in Offwhite str. Den Faden in Offwhite abschneiden. Dann laut Zählmuster die 1.-18. Rd 1x, die 18. Rd noch 7x wdh und die 19.-29. Rd 1x str. Die Fäden in Rot, Melone, Grün, Marrone und Hellgelb abschneiden. Weiter in Camel bis zu einer Schafttlänge von ca. 20 cm str, dabei die letzte Rd nur über die M der 1.-3. Nd str.

Die 3-teilige Käppchenferse (siehe Grundanleitung S. 145 ff) wie folgt arb: Für die Fersenwand in der Streifenfolge 2 str, dabei mit den M der 4. Nd die beginnen. Für das Käppchen die Streifenfolge 2 weiterführen.

Den Fuß in Camel glatt rechts bis zu einer Fußlänge von 19,5/20,5/21,5/23/23,5/24,5 cm str.

Die Bandspitze (siehe Grundanleitung S. 150) wieder in der Streifenfolge 2 str.

Fertigstellen

Alle Fäden vernähen. Die Socke anfeuchten, in Form ziehen und trocknen lassen.

Rote Ringel

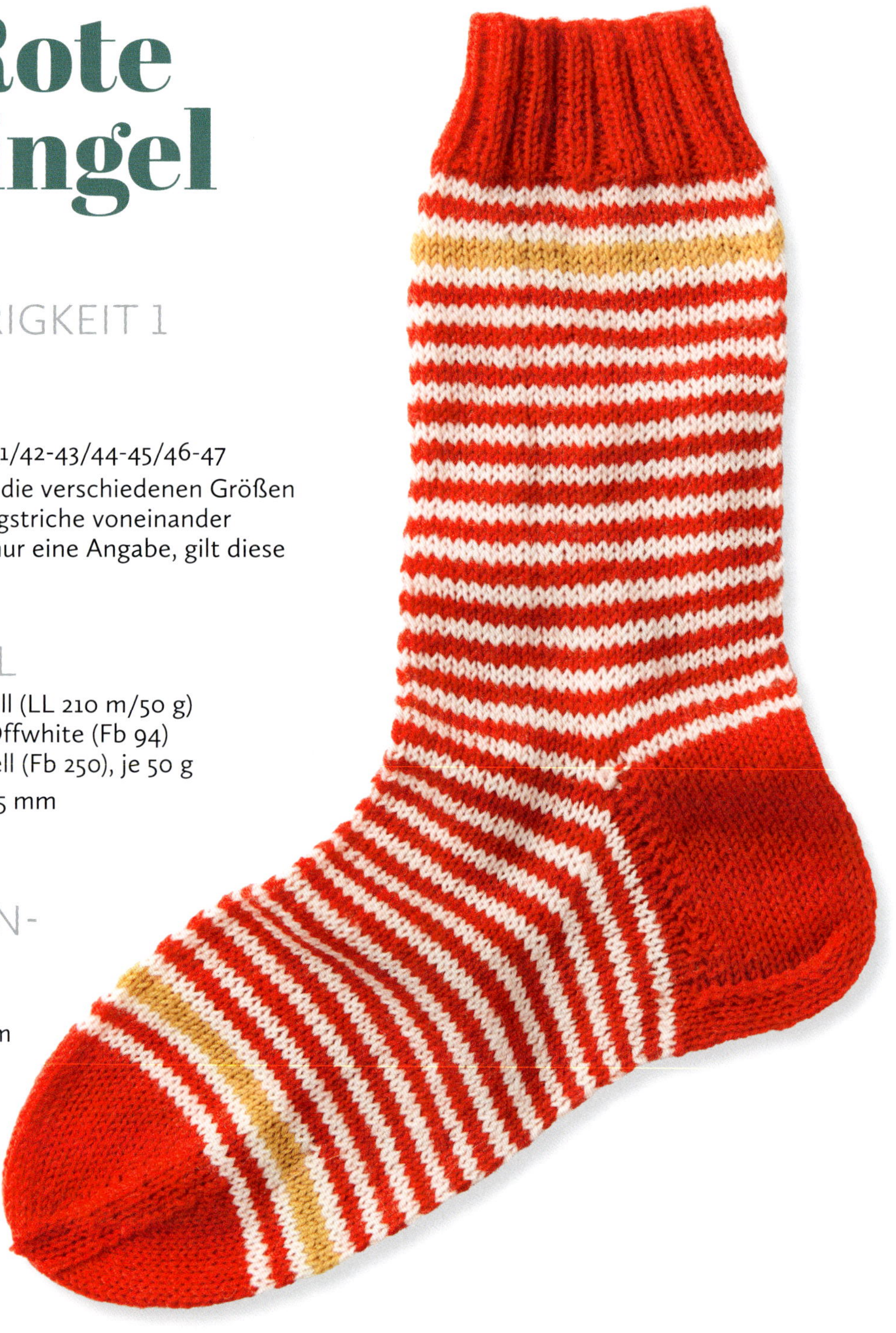

SCHWIERIGKEIT 1

GRÖSSE

36-37/38-39/40-41/42-43/44-45/46-47
Die Angaben für die verschiedenen Größen sind durch Schrägstriche voneinander getrennt. Steht nur eine Angabe, gilt diese für alle Größen.

MATERIAL

- Lang Yarns Jawoll (LL 210 m/50 g) in Rot (Fb 60), Offwhite (Fb 94) und Goldgelb hell (Fb 250), je 50 g
- Nadelspiel 2,5-3,5 mm
- Wollnadel

MASCHEN-PROBE

Glatt rechts
mit Nd 2,5-3,5 mm
30 M und 41 Rd
= 10 cm x 10 cm

Rippenmuster

In Rd 2 M rechts, 2 M links im Wechsel str.

Glatt rechts

In Hinr rechte M, in Rückr linke M str. In Rd alle M rechts str.

Streifenfolge

2 Rd in Offwhite und 2 Rd in Rot im Wechsel str.

Anleitung

In Rot 60/60/64/64/68/72 M anschl, gleichmäßig auf die 4 Nd verteilen (= 15/15/16/16/17/18 M je Nd) und zur Rd schließen. Im Rippenmuster 17 Rd (= ca. 5 cm) str. Der Rd-Wechsel befindet sich in der hinteren Mitte. Dann glatt rechts 1x die Streifenfolge str, 2 Rd in Offwhite und 3 Rd in Goldgelb hell str. Weiter in der Streifenfolge bis zu einer Länge von ca. 20 cm str, dabei mit 2 Rd in Offwhite enden.
Die 3-teilige Käppchenferse (siehe Grundanleitung S. 145 ff) in Rot str. Die M für den Fuß in Rot herausstr und die Streifenfolge weiterführen. In einer Fußlänge von 17,5/18,5/19,5/21/21,5/22,5 cm nach 2 Rd in Offwhite noch 3 Rd in Goldgelb hell, 2 Rd in Offwhite, 2 Rd in Rot und 2 Rd in Offwhite str.
Dann die Bandspitze (siehe Grundanleitung S. 150) in Rot str.

Fertigstellen

Alle Fäden vernähen. Die Socke anfeuchten, in Form ziehen und trocknen lassen.

SOCKEN FÜR MUSTER-MIXER

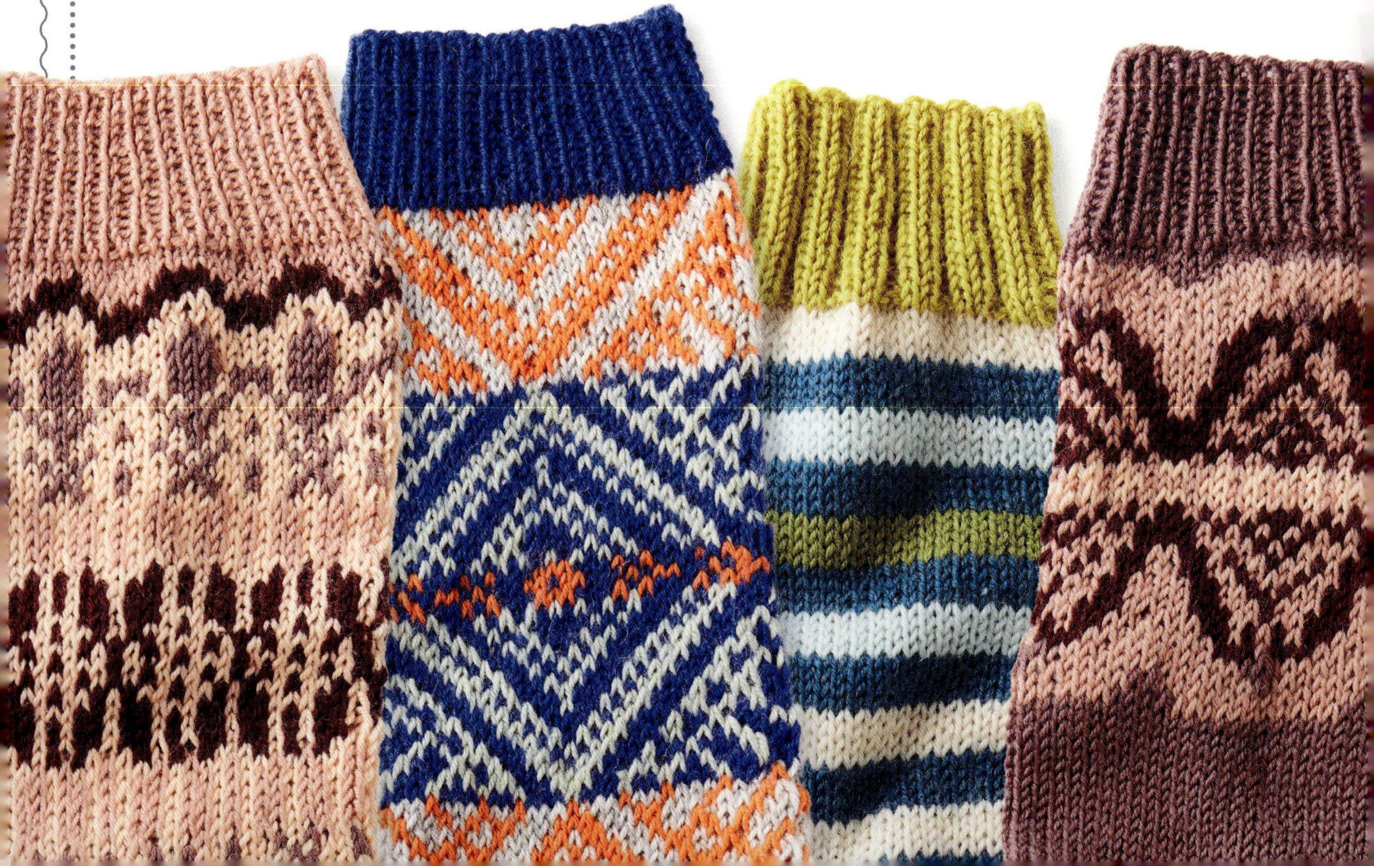

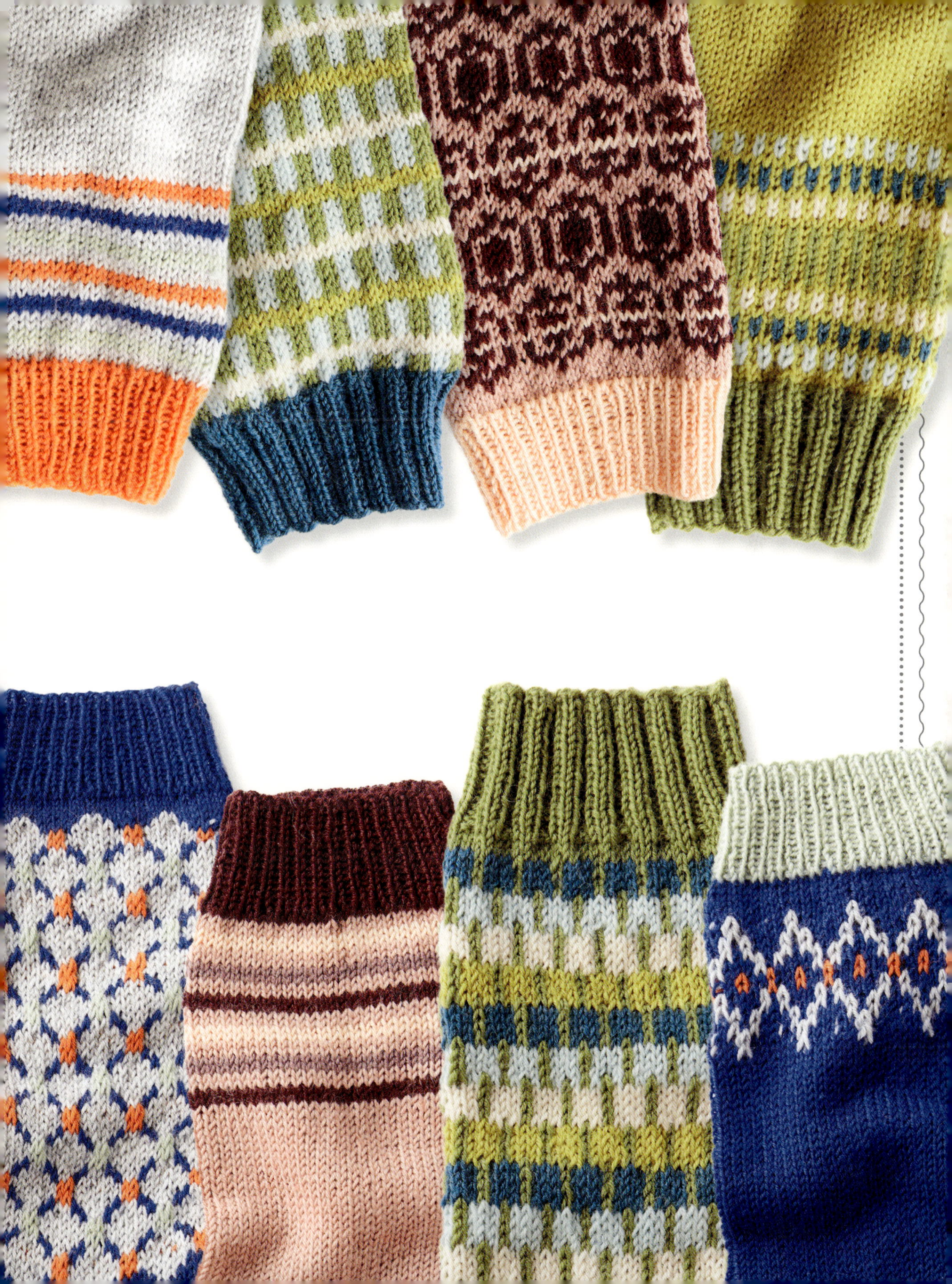

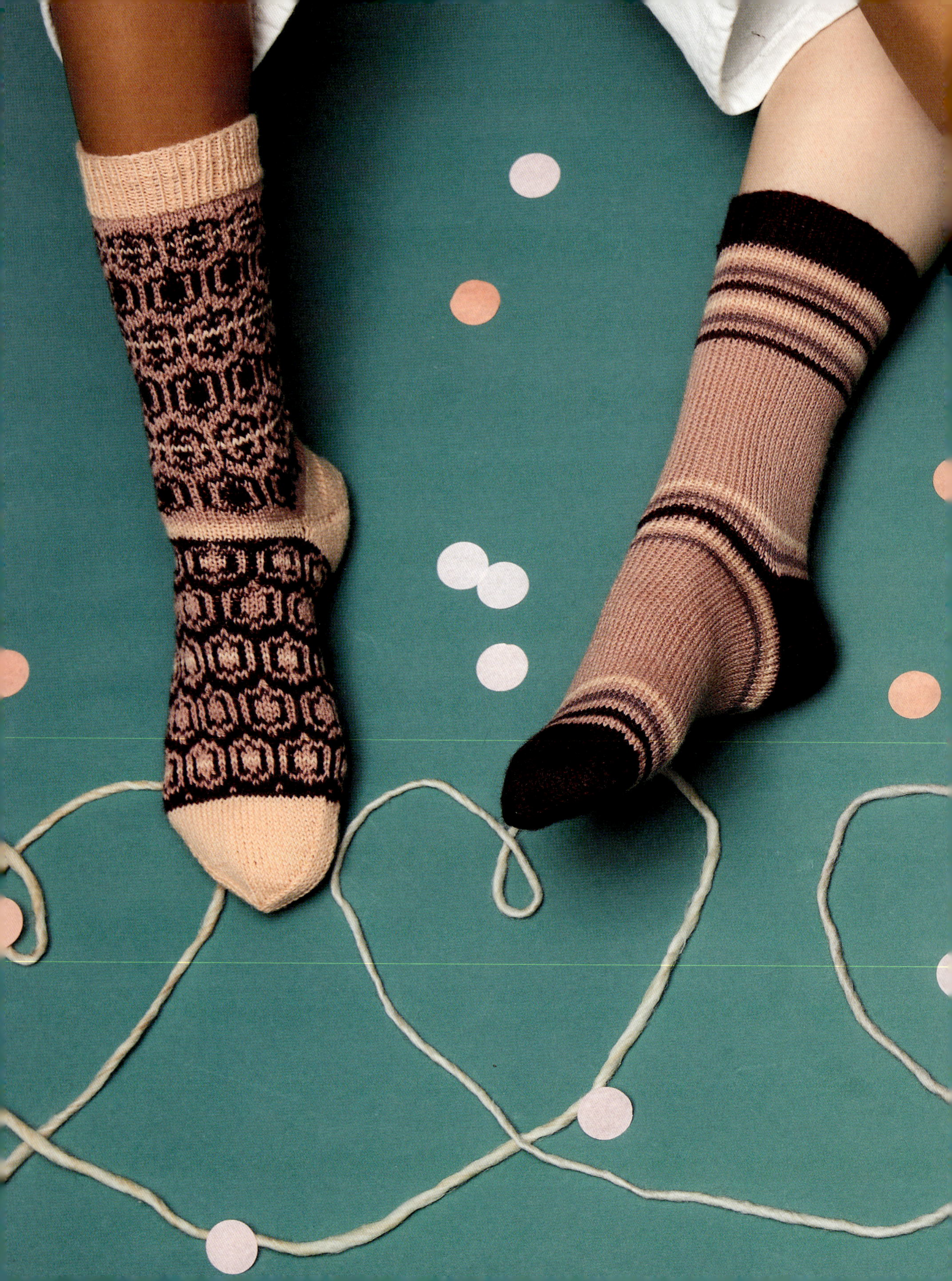

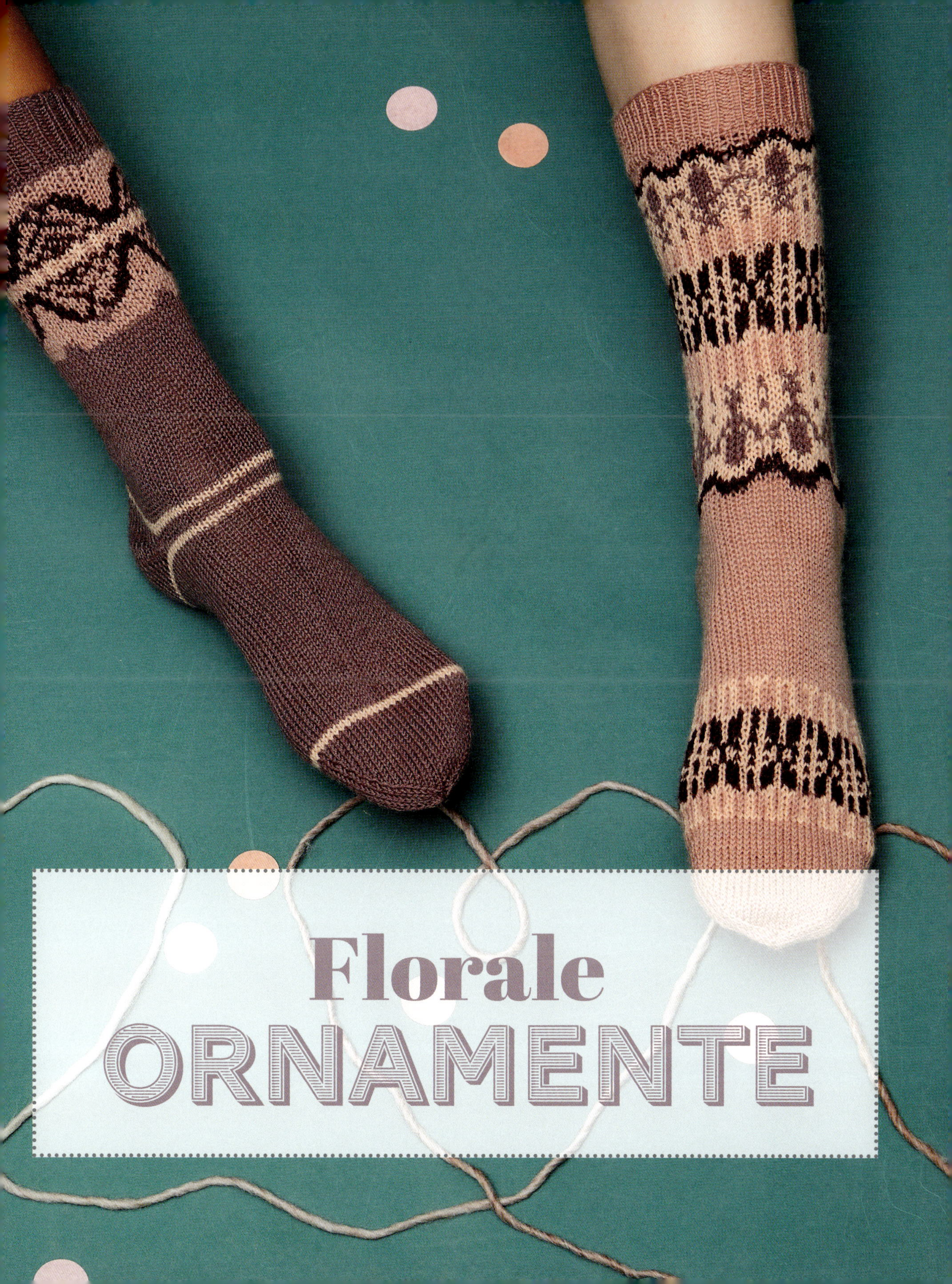

Florale ORNAMENTE

Blütenranken

SCHWIERIGKEIT 2

GRÖSSE

36-37/38-39/44-45
Die Angaben für die verschiedenen Größen sind durch Schrägstriche voneinander getrennt. Steht nur eine Angabe, gilt diese für alle Größen.

MATERIAL

- Lang Yarns Jawoll (LL 210 m/50 g) in Altrosa (Fb 248), Altrosa dunkel (Fb 348), Aubergine dunkel (Fb 390) und Apricot (Fb 127), je 50 g
- Nadelspiel 2,0-3,0 mm
- Wollnadel

MASCHENPROBE

Glatt rechts mit Nd 2,5-3,5 mm
30 M und 41 Rd = 10 cm x 10 cm

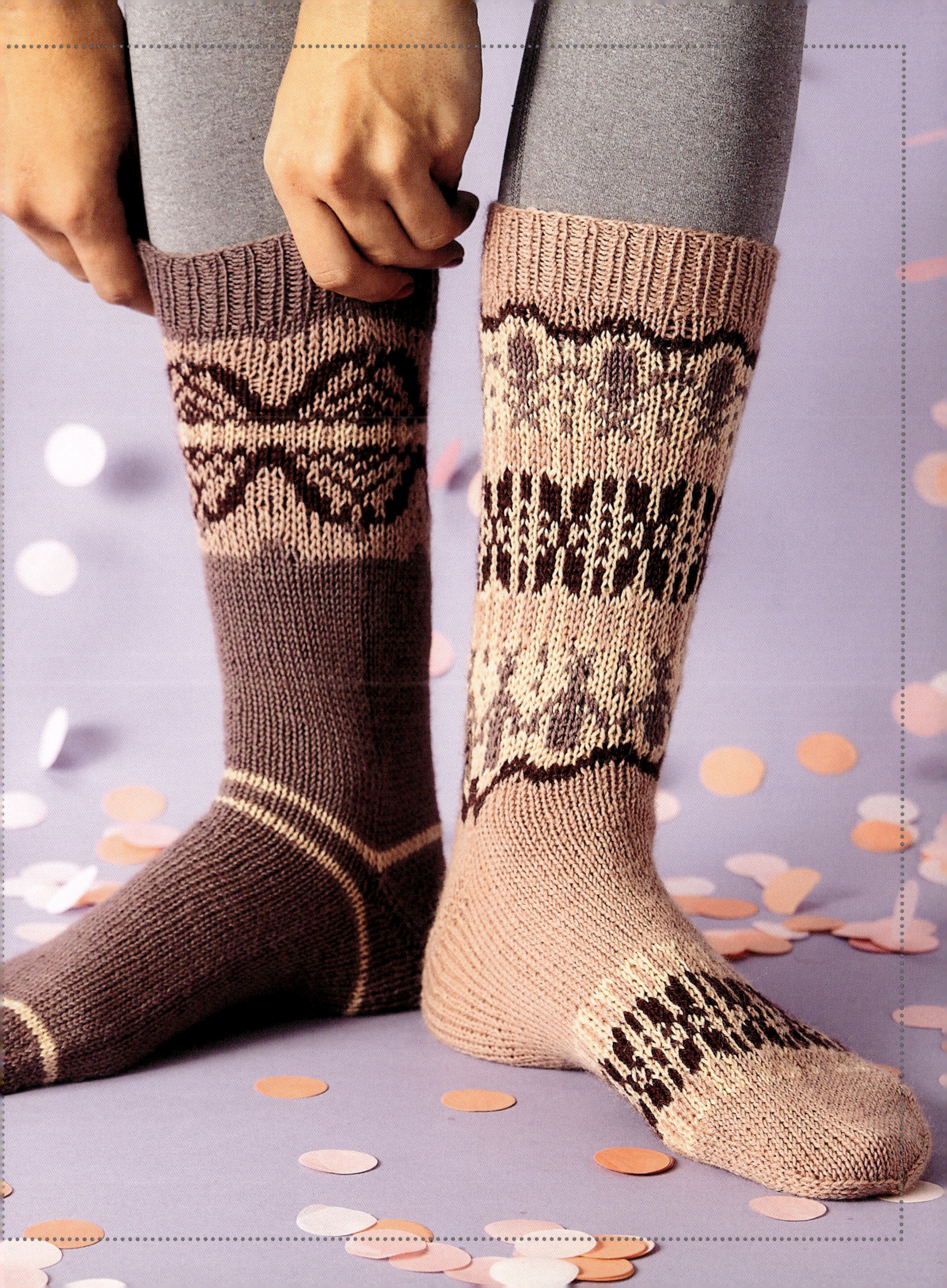

Rippenmuster

In Rd 1 M rechts, 1 M links im Wechsel str.

Glatt rechts

In Hinr rechte M, in Rückr linke M str. In Rd alle M rechts str.

Zählmuster

Glatt rechts in Rd in Jacquardtechnik str, dabei ist Altrosa in der 1., 2, 52. und 53. Rd die Hintergrund-Fb. Von der 3.-51. Rd ist Apricot die Hintergrund-Fb. Den Faden der nicht benötigten Fb hinter dem Gestrick mitführen, dabei auf eine gleichmäßige, weder zu feste noch zu lockere, Fadenspannung achten und beim Spannen über mehr als 5 M den Faden am besten einweben.
Den Rapport fortlaufend wdh. Die 1.-53. Rd 1x arb.

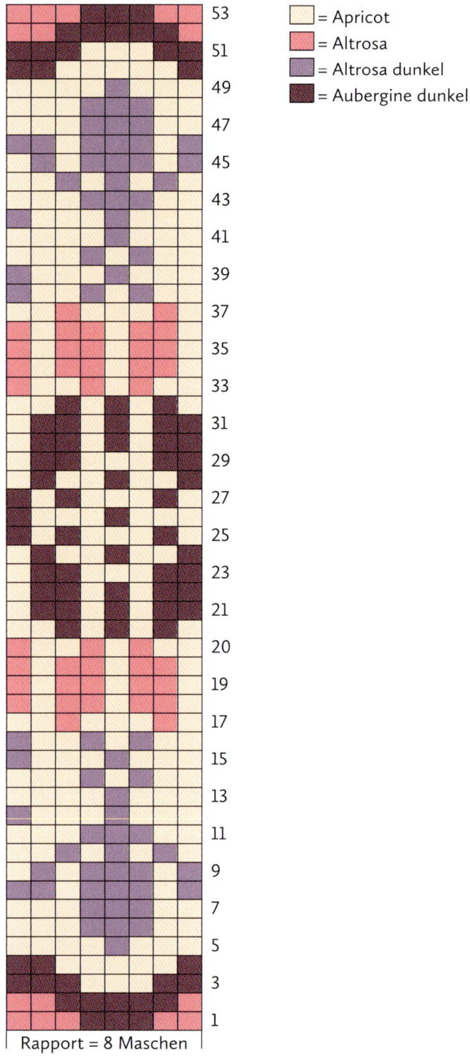

Anleitung

Für das Bündchen in Altrosa 64/64/72 M anschl und gleichmäßig auf die 4 Nd verteilen (= 16/16/18 M je Nd) und zur Rd schließen. Im Rippenmuster 17 Rd (= ca. 4 cm) str. Der Rd-Wechsel befindet sich in der hinteren Mitte.
Für den Schaft 2 Rd glatt rechts str. Weiter glatt rechts in Jacquardtechnik nach dem Zählmuster arb. Die 1.-53. Rd 1x str. Die Fäden in in Altrosa dunkel, Apricot und Aubergine dunkel abschneiden. Weitere 2 Rd in Altrosa glatt rechts str.
Die Bumerangferse (siehe Grundanleitung S. 148 f) in Altrosa str.

Den Fuß weiter in Altrosa bis zu einer Fußlänge von 12,5/13,5/16,5 cm str, dann die 17.-37. Rd des Zählmusters 1x str. Weiter in Altrosa glatt rechts bis zu einer Fußlänge von 19,5/20,5/23,5 cm arb.
Die Bandspitze (siehe Grundanleitung S. 150) in Altrosa str.

Fertigstellen

Alle Fäden vernähen. Die Socke anfeuchten, in Form ziehen und trocknen lassen.

Weitere Größen

Für eher schmale Füße in Größe 40-41 ebenfalls 64 M anschl und gemäß der Anleitung str. Den Fuß in Altrosa bis zu einer Fußlänge von 14,5 cm str, dann die 17.-39. Rd des Zählmusters 1x str. Weiter in Altrosa bis zu einer Fußlänge von 21,5 cm str. Dann die Bandspitze in Altrosa str.

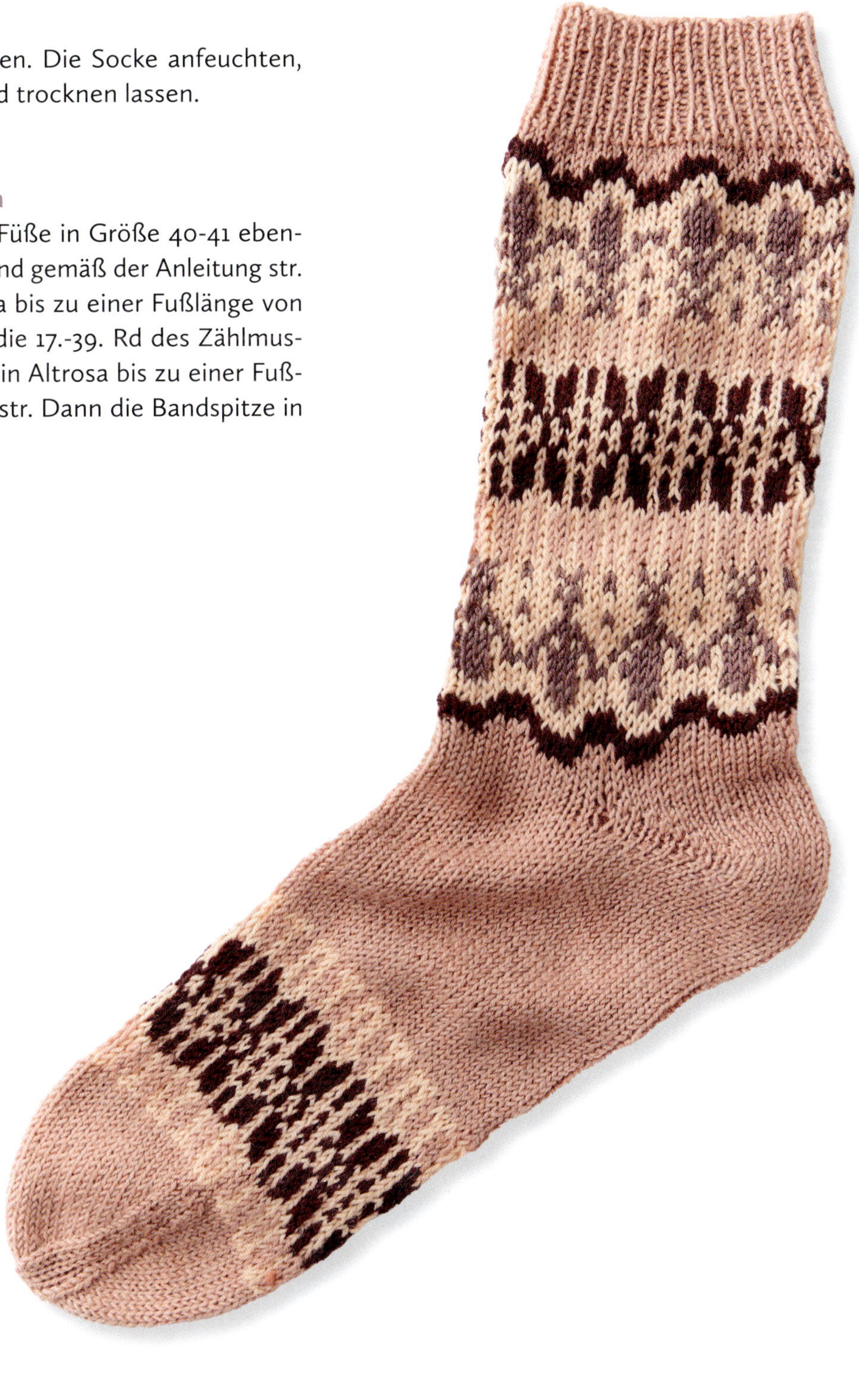

Ornament-Bordüre

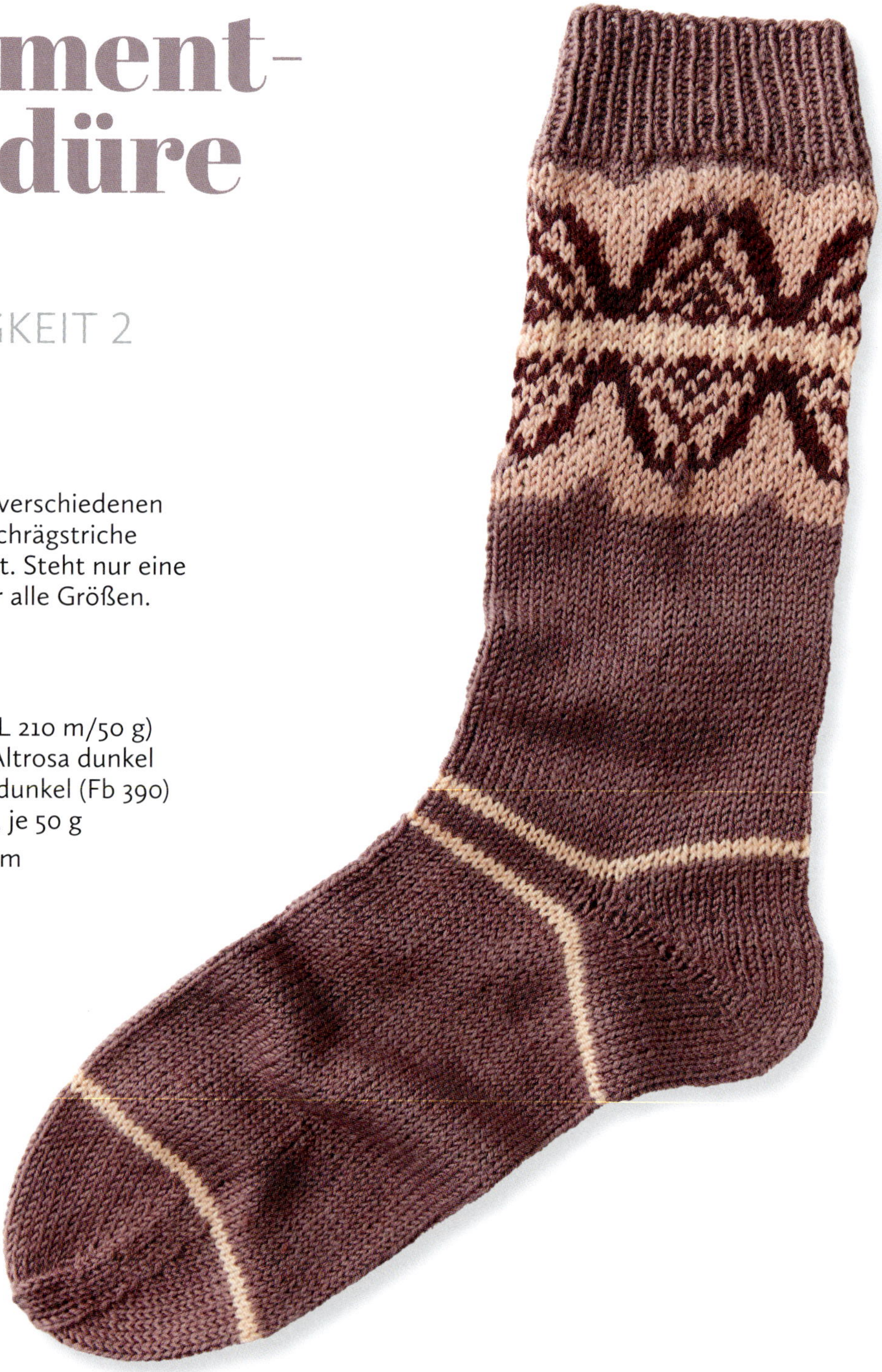

SCHWIERIGKEIT 2

GRÖSSE

36-37/38-39
Die Angaben für die verschiedenen Größen sind durch Schrägstriche voneinander getrennt. Steht nur eine Angabe, gilt diese für alle Größen.

MATERIAL

- Lang Yarns Jawoll (LL 210 m/50 g) in Altrosa (Fb 248), Altrosa dunkel (Fb 348), Aubergine dunkel (Fb 390) und Apricot (Fb 127), je 50 g
- Nadelspiel 2,0-3,0 mm
- Wollnadel

MASCHEN-PROBE

Glatt rechts
mit Nd 2,5-3,5 mm
30 M und 41 Rd
= 10 cm x 10 cm

Rippenmuster

In Rd 1 M rechts, 1 M links im Wechsel str.

Glatt rechts

In Hinr rechte M, in Rückr linke M str. In Rd alle M rechts str.

Zählmuster

Glatt rechts in Rd in Jacquardtechnik str, dabei ist Altrosa die Hintergrund-Fb. Den Faden der nicht benötigten Fb hinter dem Gestrick mitführen, dabei auf eine gleichmäßige, weder zu feste noch zu lockere, Fadenspannung achten und beim Spannen über mehr als 5 M den Faden am besten einweben.

Den Rapport fortlaufend wdh. Die 1.-31. Rd 1x str.

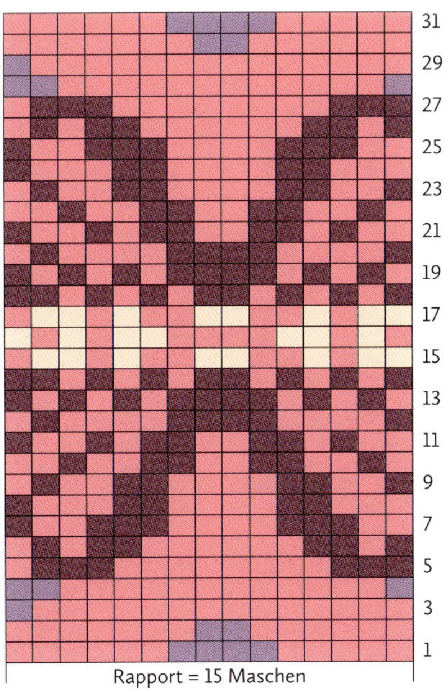

= Apricot
= Altrosa
= Altrosa dunkel
= Aubergine dunkel

Anleitung

Für das Bündchen in Altrosa dunkel 60 M anschl und gleichmäßig auf die 4 Nd verteilen (= 15 M je Nd). Im Rippenmuster 17 Rd (= ca. 4 cm) str. Der Rd-Wechsel befindet sich in der hinteren Mitte.

Für den Schaft 2 Rd glatt rechts str. Weiter in Jacquardtechnik nach dem Zählmuster die 1.-31. Rd 1x str. Die Fäden in Altrosa, Apricot und Aubergine dunkel abschneiden. Weiter in Altrosa dunkel bis zu einer Schaftlänge von 19 cm str, dann 2 Rd in Apricot und 1 Rd in Altrosa dunkel str. Den Faden in Apricot abschneiden.

Die Bumerangferse (siehe Grundanleitung S. 148 f) in Altrosa dunkel str. Für den Fuß 1 Rd in Altrosa dunkel und 2 Rd in Apricot str. Den Faden in Apricot abschneiden.

Weiter in Altrosa dunkel bis zu einer Fußlänge von 19/20 cm str. Dann 2 Rd in Apricot str. Den Faden in Apricot abschneiden.

Die Bandspitze (siehe Grundanleitung S. 150) in Altrosa dunkel str.

Fertigstellen

Alle Fäden vernähen. Die Socke anfeuchten, in Form ziehen und trocknen lassen.

Weitere Größen

Für eher schmale Füße kann in Größe 40-41 ebenfalls mit 60 M gearbeitet werden. Dafür den Fuß in Altrosa dunkel bis zu einer Länge von 21 cm str und wie angegeben beenden.

Ornamente allover

SCHWIERIGKEIT 3

GRÖSSE

36-37/38-39/44-45
Die Angaben für die verschiedenen Größen sind durch Schrägstriche voneinander getrennt. Steht nur eine Angabe, gilt diese für alle Größen.

MATERIAL

- Lang Yarns Jawoll (LL 210 m/50 g) in Altrosa (Fb 248), Aubergine dunkel (Fb 390) und Apricot (Fb 127), je 50 g
- Nadelspiel 2,0-3,0 mm
- Wollnadel

MASCHENPROBE

Glatt rechts mit Nd 2,5-3,5 mm
30 M und 41 Rd = 10 cm x 10 cm

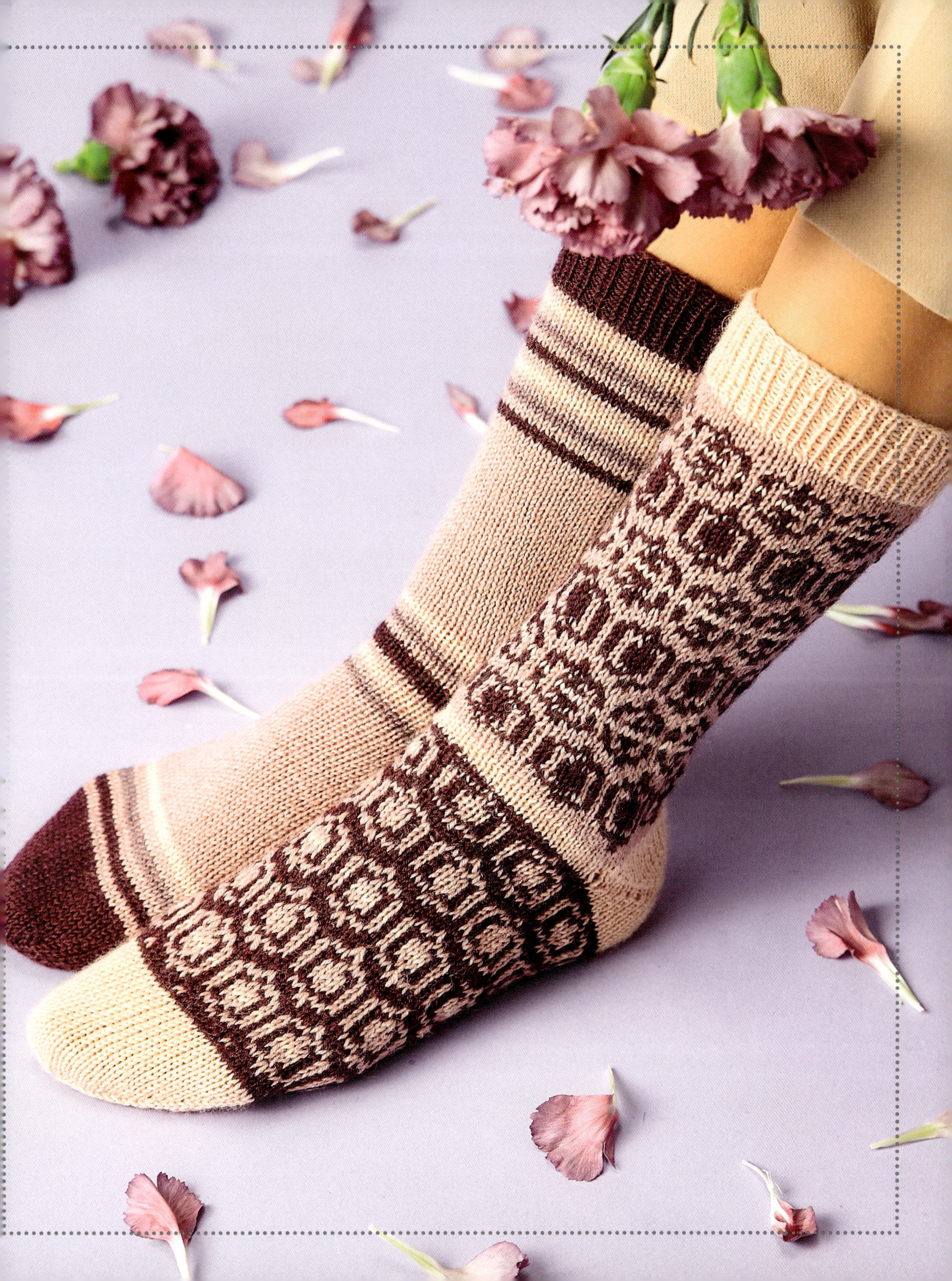

Rippenmuster

In Rd 1 M rechts, 1 M links im Wechsel str.

Glatt rechts

In Hinr rechte M, in Rückr linke M str. In Rd alle M rechts str.

Zählmuster 1

Glatt rechts in Rd in Jacquardtechnik str, dabei ist Altrosa die Hintergrund-Fb. Den Faden der nicht benötigten Fb hinter dem Gestrick mitführen, dabei auf eine gleichmäßige, weder zu feste noch zu lockere, Fadenspannung achten und beim Spannen über mehr als 5 M den Faden am besten einweben.

Den Rapport fortlaufend wdh. Die 1.-18. Rd 3x str.

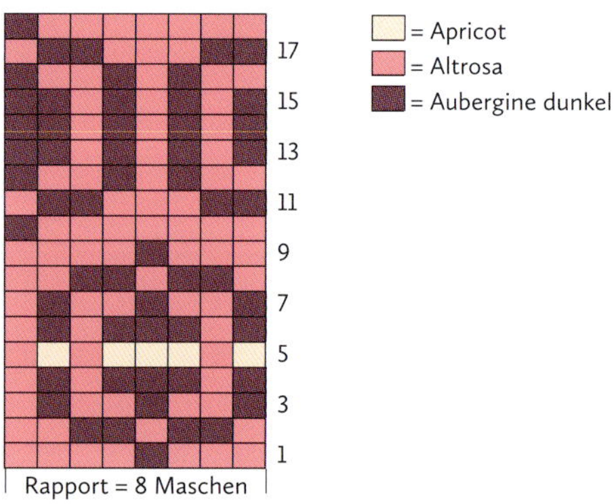

Zählmuster 2

Glatt rechts in Rd in Jacquardtechnik str, dabei ist Aubergine dunkel die Hintergrund-Fb. Den Faden der nicht benötigten Fb hinter dem Gestrick mitführen, dabei auf eine gleichmäßige, weder zu feste noch zu lockere, Fadenspannung achten und beim Spannen über mehr als 5 M den Faden am besten einweben. Den Rapport fortlaufend wdh. Die 1.-18. Rd 2x str, dann die 1.-18. Rd so oft wdh, bis die angegebene Länge erreicht ist.

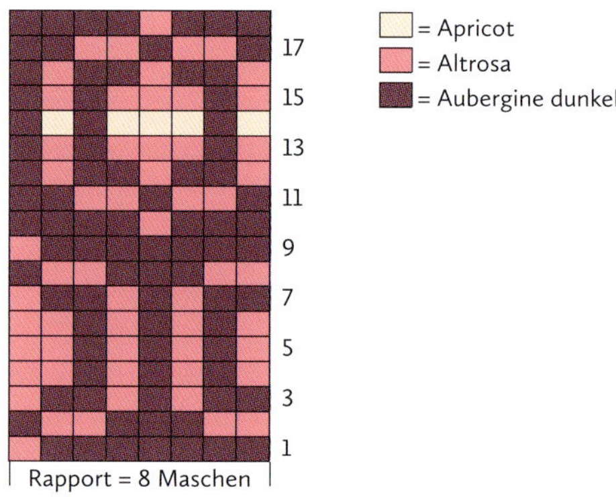

Anleitung

Für das Bündchen in Apricot 64/64/72 M anschl und gleichmäßig auf die 4 Nd verteilen (= 16/16/18 M je Nd). Im Rippenmuster 17 Rd (= ca. 4 cm) str. Der Rd-Wechsel befindet sich in der hinteren Mitte.

Den Schaft in glatt rechts wie folgt str: 2 Rd in Altrosa str. Weiter in Jacquardtechnik nach dem Zählmuster 1 arb. Die 1.-18. Rd 3x str. 2 Rd in Altrosa und 1 Rd in Apricot str. Die Fäden in Altrosa und Aubergine dunkel abschneiden.

Die Bumerangferse (siehe Grundanleitung S. 148 f) in Apricot str.

Für den Fuß 1 Rd in Apricot und 1 Rd in Aubergine dunkel str. Weiter in Jacquardtechnik nach dem Zählmuster 2 arb. Die 1.-18. Rd 2x str, dann die 1.-18. Rd so weit wdh, bis eine Fußlänge von 19,5/20,5/23,5 cm erreicht ist. Nun 1 Rd in Aubergine dunkel str. Die Fäden in Altrosa und Aubergine dunkel abschneiden. Die Bandspitze (siehe Grundanleitung S. 150) in Apricot str.

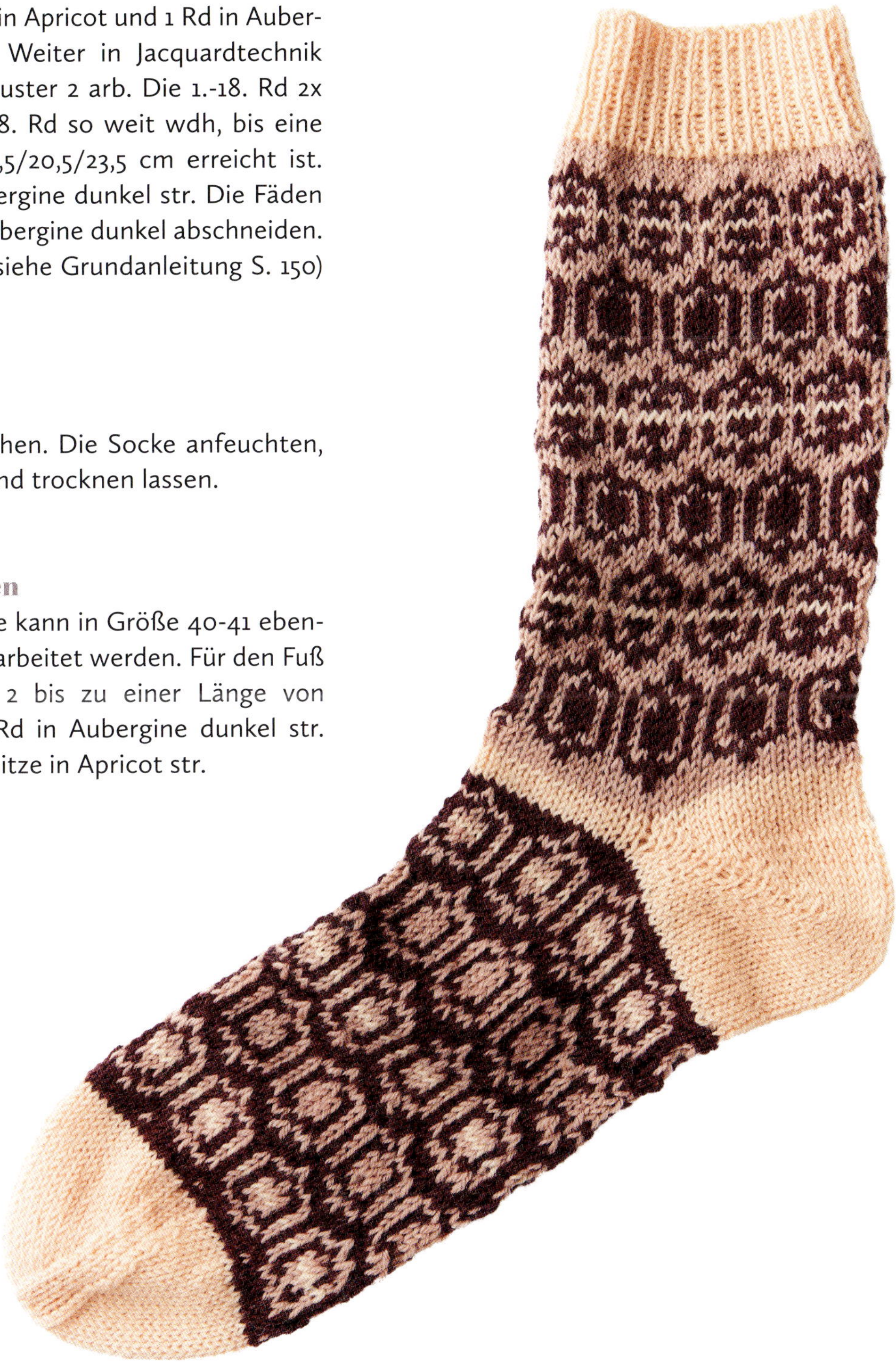

Fertigstellen

Alle Fäden vernähen. Die Socke anfeuchten, in Form ziehen und trocknen lassen.

Weitere Größen

Für schmale Füße kann in Größe 40-41 ebenfalls mit 64 M gearbeitet werden. Für den Fuß das Zählmuster 2 bis zu einer Länge von 21,5 cm wdh, 1 Rd in Aubergine dunkel str. Dann die Bandspitze in Apricot str.

Block-streifen

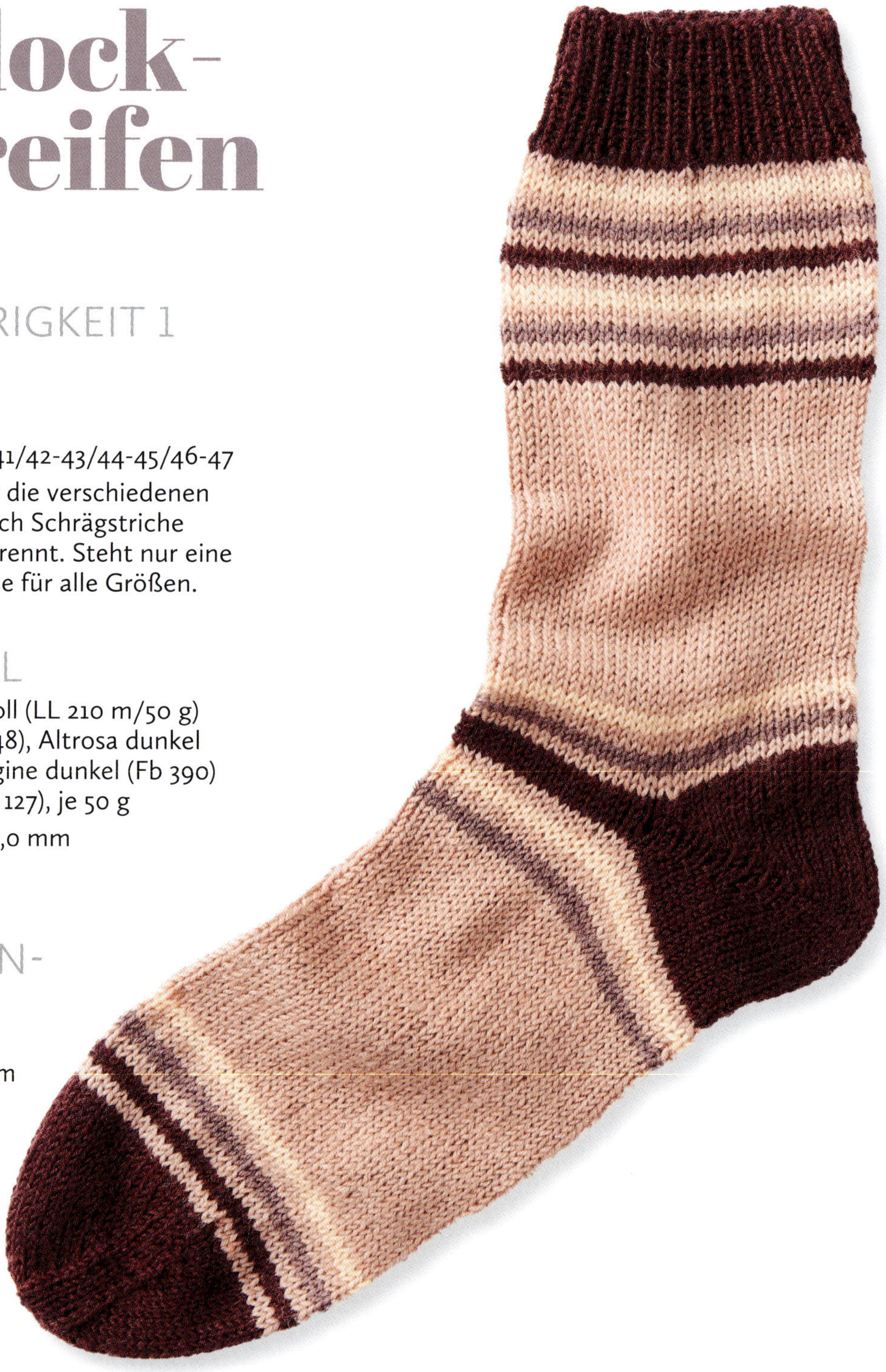

SCHWIERIGKEIT 1

GRÖSSE

36-37/38-39/40-41/42-43/44-45/46-47
Die Angaben für die verschiedenen Größen sind durch Schrägstriche voneinander getrennt. Steht nur eine Angabe, gilt diese für alle Größen.

MATERIAL

- Lang Yarns Jawoll (LL 210 m/50 g) in Altrosa (Fb 248), Altrosa dunkel (Fb 348), Aubergine dunkel (Fb 390) und Apricot (Fb 127), je 50 g
- Nadelspiel 2,0-3,0 mm
- Wollnadel

MASCHEN-PROBE

Glatt rechts
mit Nd 2,5-3,5 mm
30 M und 41 Rd
= 10 cm x 10 cm

Rippenmuster
In Rd 1 M rechts, 1 M links im Wechsel str.

Glatt rechts
In Hinr rechte M, in Rückr linke M str. In Rd alle M rechts str.

Streifenfolge
2 Rd Fb A: Altrosa
2 Rd Fb B: Apricot
2 Rd Fb A: Altrosa
2 Rd Fb C: Altrosa dunkel
2 Rd Fb A: Altrosa
2 Rd Fb D: Aubergine dunkel

Anleitung
In Fb D 60/60/64/64/68/72 M anschl, gleichmäßig auf die 4 Nd verteilen (= 15/15/16/16/17/18 M je Nd) und zur Rd schließen. Im Rippenmuster 17 Rd (= ca. 4 cm) str. Der Rd-Wechsel befindet sich in der hinteren Mitte. Dann glatt rechts die Streifenfolge 2x str. Die Fäden in Fb B-D abschneiden. Weiter glatt rechts in Farbe A bis zu einer Länge von ca. 17,5 cm str, weiter die ersten 10 Rd der Streifenfolge str. Die Fäden in Fb A-C abschneiden.
Die Bumerangferse in Farbe D str, dabei die Ferse mit 1 Rd in Fb D beginnen und enden. Danach die ersten 8 Rd der Streifenfolge arb. Die Fäden in Fb B-D abschneiden.
Weiter den Fuß in Farbe A bis zu einer Länge von 16/17/18/19,5/20/21 cm str. Dann die Streifenfolge 1x arb und 2 Rd in Fb A str. Die Fäden der Fb B-D abschneiden.
Die Bandspitze (siehe Grundanleitung S. 150) in Fb D str.

Fertigstellen
Alle Fäden vernähen. Die Socke anfeuchten, in Form ziehen und trocknen lassen.

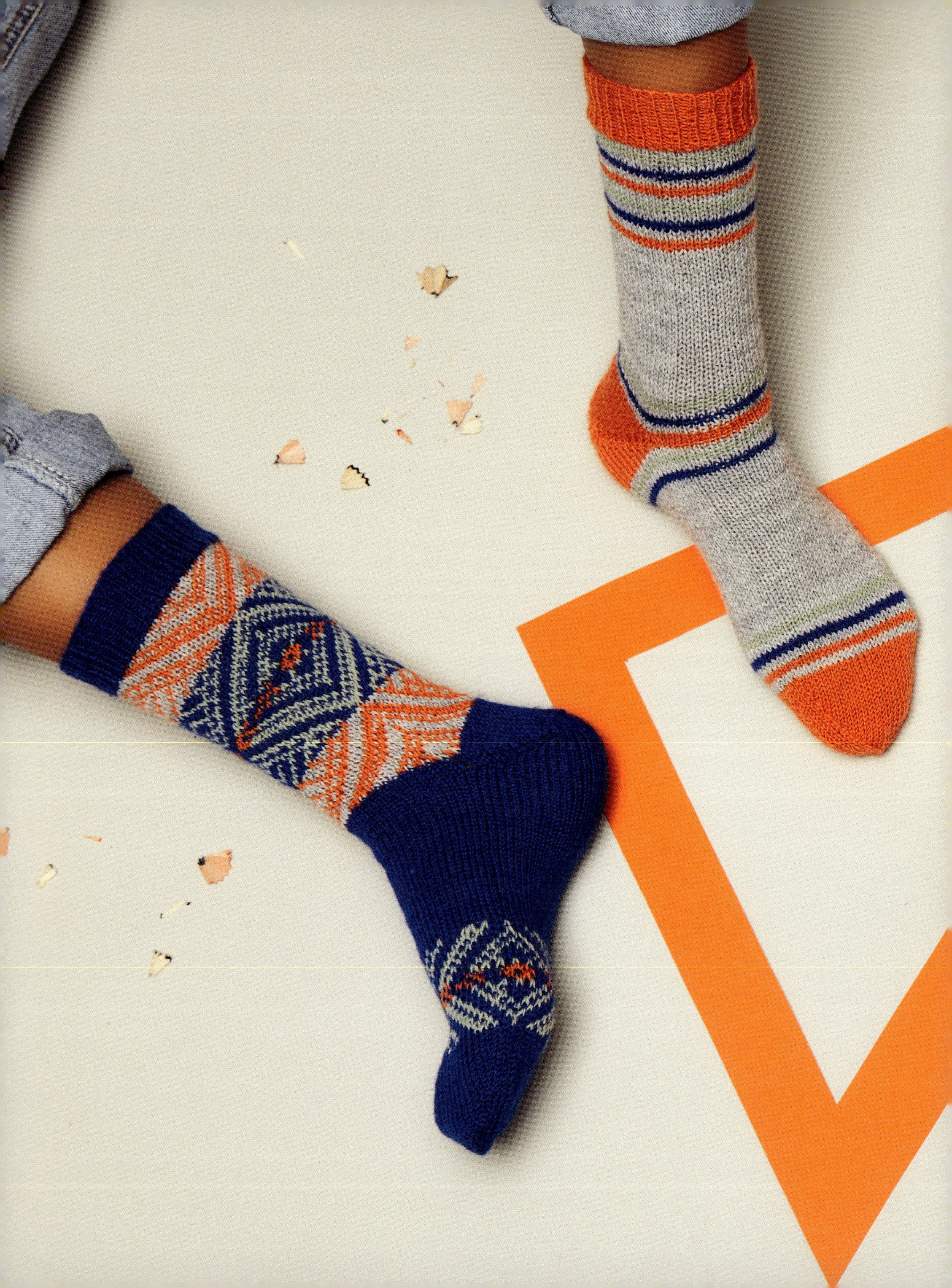

Geniale GEOMETRIE

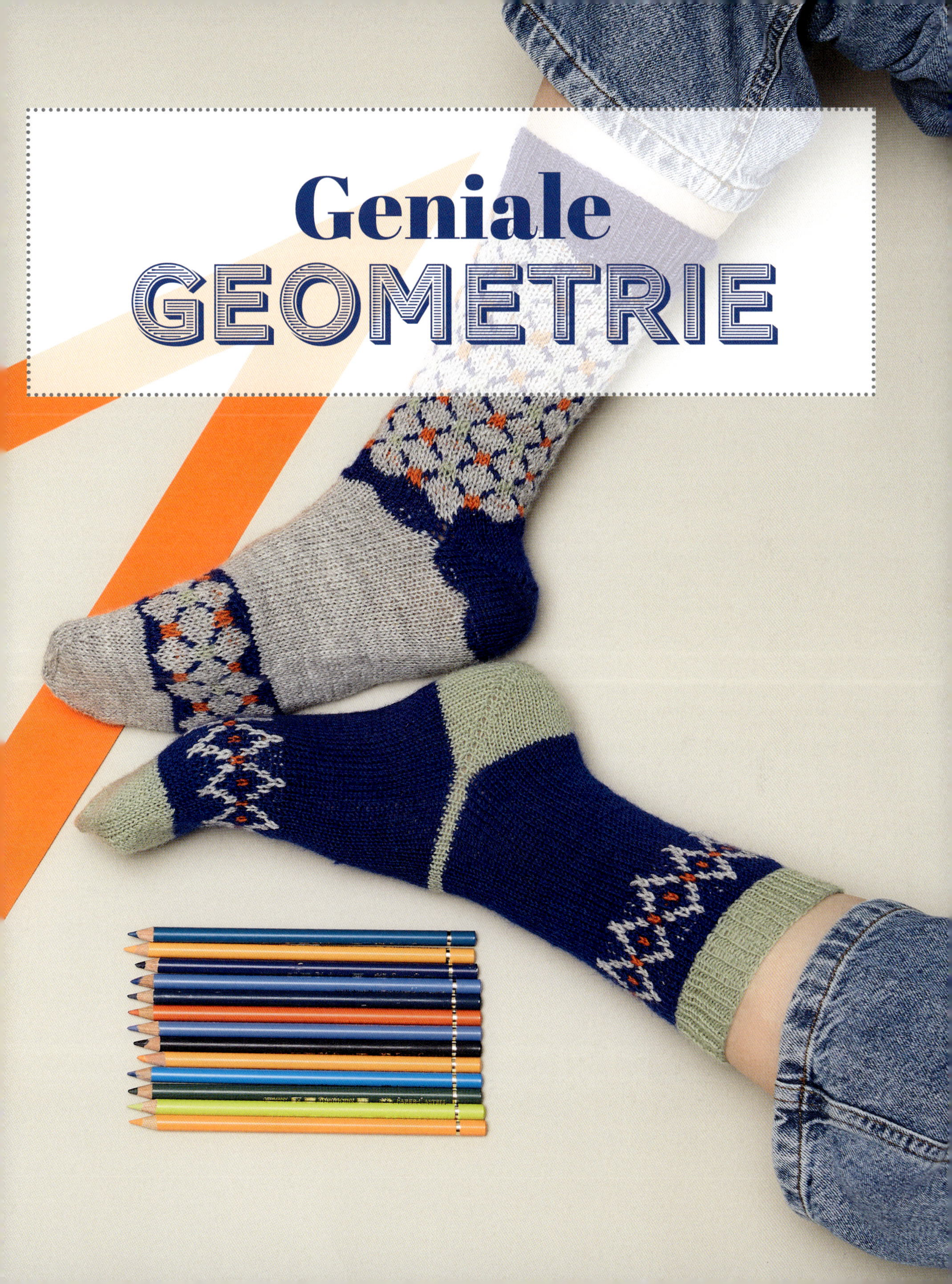

Rautengittter

SCHWIERIGKEIT 3

GRÖSSE

36-37/38-39/44-45
Die Angaben für die verschiedenen Größen sind durch Schrägstriche voneinander getrennt. Steht nur eine Angabe, gilt diese für alle Größen.

MATERIAL

- Lang Yarns Jawoll (LL 210 m/50 g) in Royal (Fb 06), Hellgrau Melange (Fb 23), Mandarine (Fb 159) und Salbei (Fb 191), je 50 g
- Nadelspiel 2,5-3,5 mm
- Wollnadel

MASCHENPROBE

Glatt rechts mit Nd 2,5-3,5 mm
30 M und 41 Rd = 10 cm x 10 cm

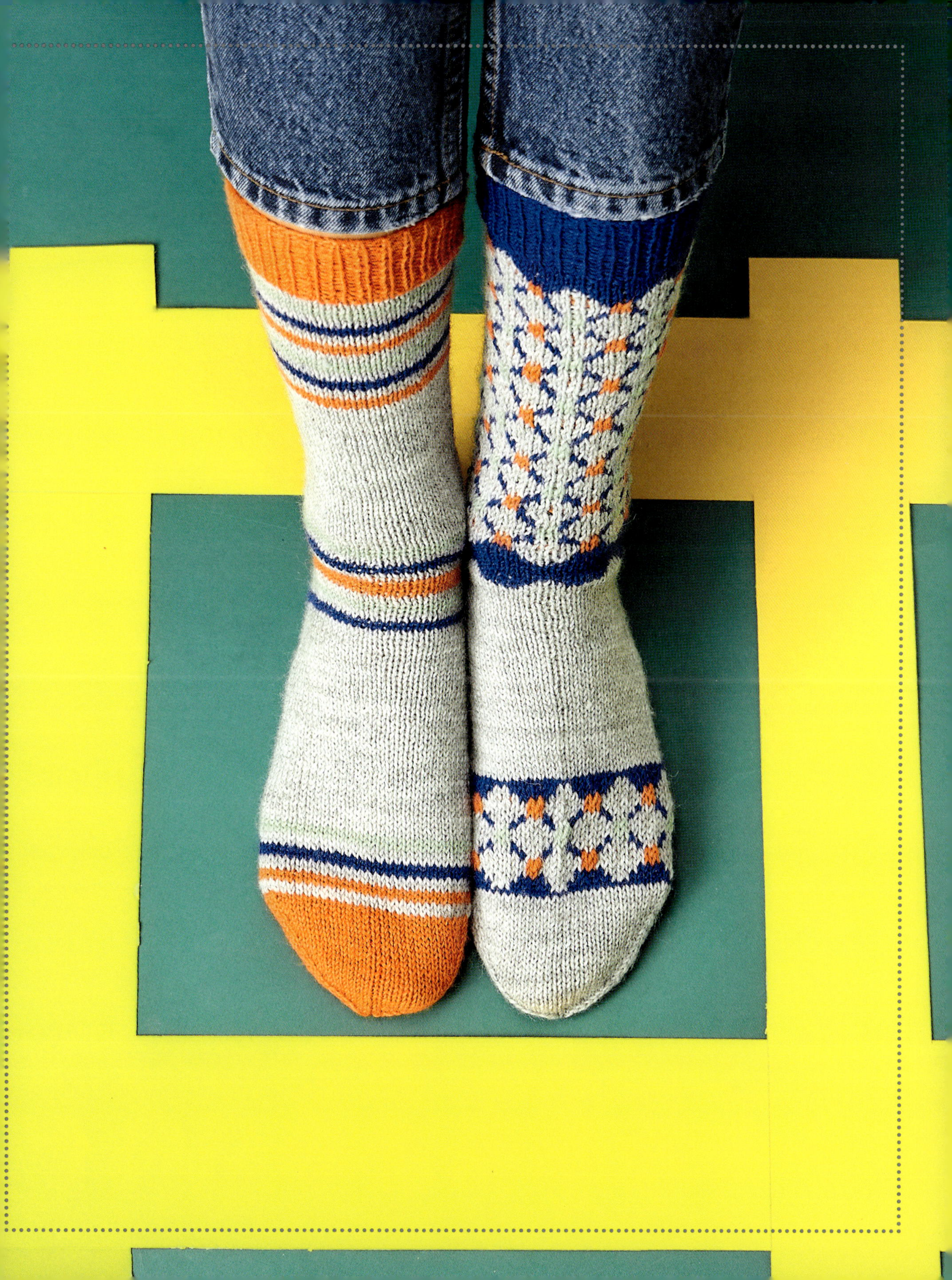

Rippenmuster

In Rd 1 M rechts, 1 M links im Wechsel str.

Glatt rechts

In Hinr rechte M, in Rückr linke M str. In Rd alle M rechts str.

Zählmuster

Glatt rechts in Rd in Jacquardtechnik str, dabei ist Hellgrau Melange die Hintergrund-Fb. Den Faden der nicht benötigten Fb hinter dem Gestrick mitführen, dabei auf eine gleichmäßige, weder zu feste noch zu lockere, Fadenspannung achten und beim Spannen über mehr als 5 M den Faden am besten einweben. Den Rapport fortlaufend wdh. Die 1.-26. Rd 1x str, die 3.-10. Rd 3x wdh, dann die 27.-30. Rd 1x arb.

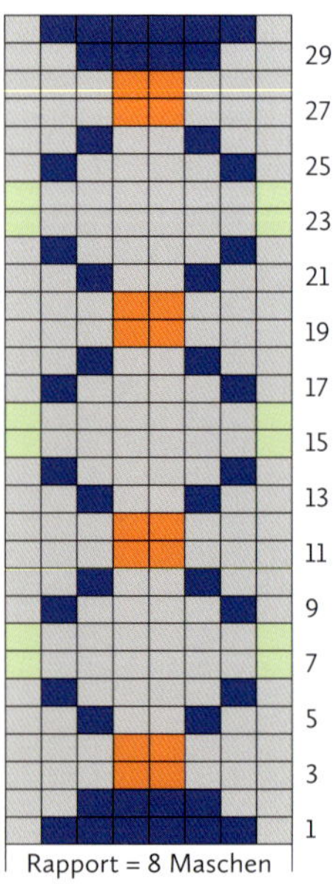

= Hellgrau Melange
= Royal
= Mandarine
= Salbei

Anleitung

Für das Bündchen in Royal 64/64/72 M anschl, gleichmäßig auf die 4 Nd verteilen (= 16 M je Nd) und zur Rd schließen. Im Rippenmuster 17 Rd (= ca. 4 cm) str. Der Rd-Wechsel befindet sich in der hinteren Mitte.

Für den Schaft in Royal 3 Rd glatt rechts str. Dann glatt rechts in Jacquardtechnik nach dem Zählmuster arb. Die 1.-26. Rd 1x str, die 3.-10. Rd 3x wdh, dann die 27.-30. Rd 1x arb. Die Fäden in Mandarine, Salbei und Hellgrau Melange abschneiden. In Royal weitere 2 Rd glatt rechts str.

Die Bumerangferse in Royal (siehe Grundanleitung S. 148 f) str. 1 Rd in Royal str. Dann die 1.-2. Rd des Zählmusters 1x str.

Weiter den Fuß in Hellgrau Melange bis zu einer Länge von 15/16/19 cm str. Dann 1 Rd in Royal, die 1.-12. und die 29.-30. Rd des Zählmusters str und 1 Rd in Royal arb. Die Fäden in Royal, Salbei und Mandarine abschneiden. Weiter glatt rechts in Hellgrau Melange bis zu einer Fußlänge von 19,5/20,5/23,5 cm str.

Die Bandspitze (siehe Grundanleitung S. 150) ebenfalls in Hellgrau Melange str.

Fertigstellen

Alle Fäden vernähen. Die Socke anfeuchten, in Form ziehen und trocknen lassen.

Weitere Größen

Für eher schmale Füße kann in Größe 40-41 ebenfalls mit 64 M gearbeitet werden. Dafür den Fuß in Hellgrau Melange bis zu einer Länge von 17 cm str, dann den Musterstreifen wie in der Anleitung beschrieben arb und in einer Fußlänge von 21,5 cm die Bandspitze in Hellgrau Melange str.

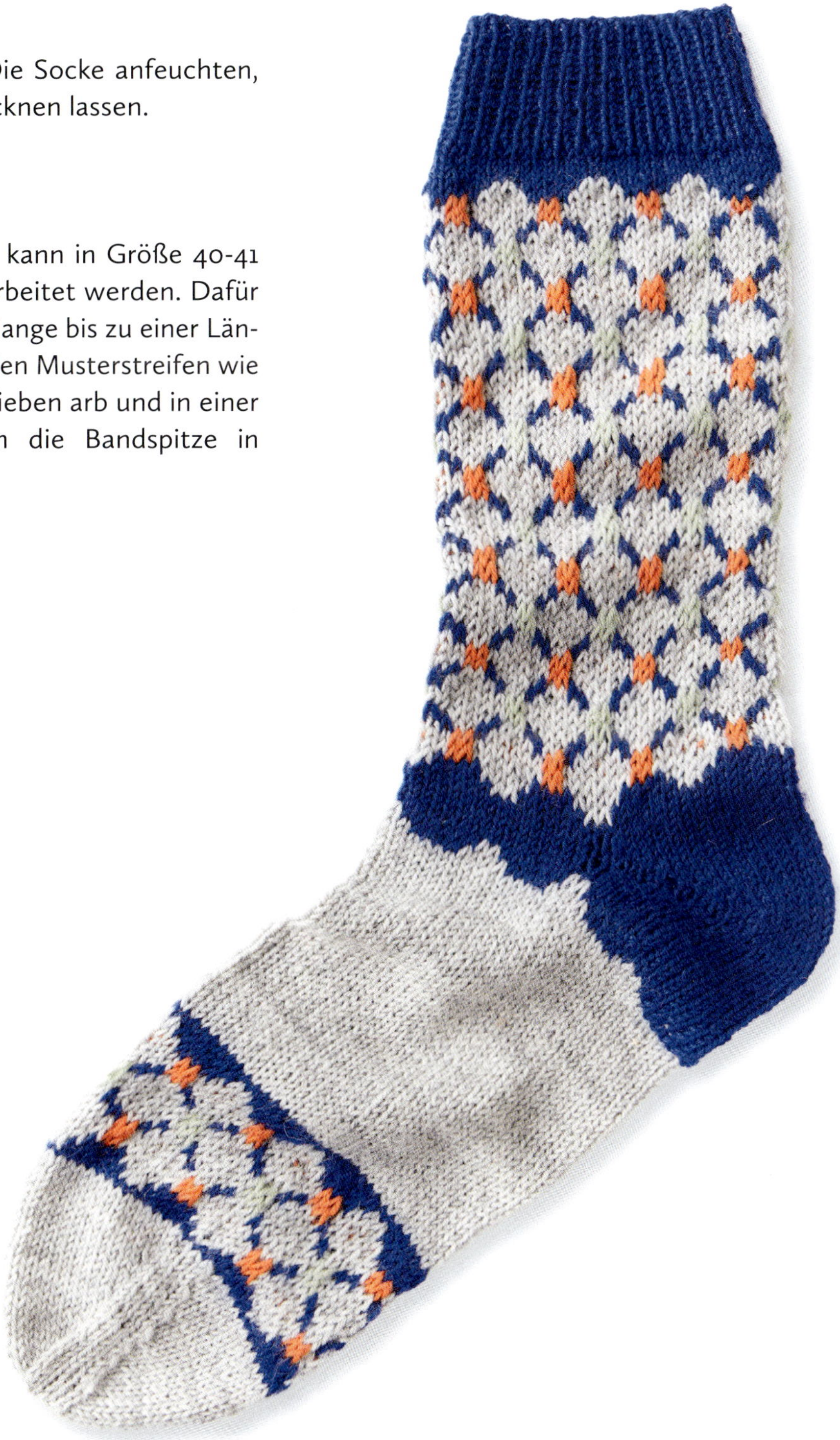

Große Raute

SCHWIERIGKEIT 3

GRÖSSE

36-37/38-39

Die Angaben für die verschiedenen Größen sind durch Schrägstriche voneinander getrennt. Steht nur eine Angabe, gilt diese für alle Größen.

MATERIAL

- Lang Yarns Jawoll (2LL 210 m/50 g) in Royal (Fb 06), Hellgrau Melange (Fb 23), Mandarine (Fb 159) und Salbei (Fb 191), je 50 g
- Nadelspiel 2,5-3,5 mm
- Wollnadel

MASCHENPROBE

Glatt rechts mit Nd 2,5-3,5 mm
30 M und 41 Rd = 10 cm x 10 cm

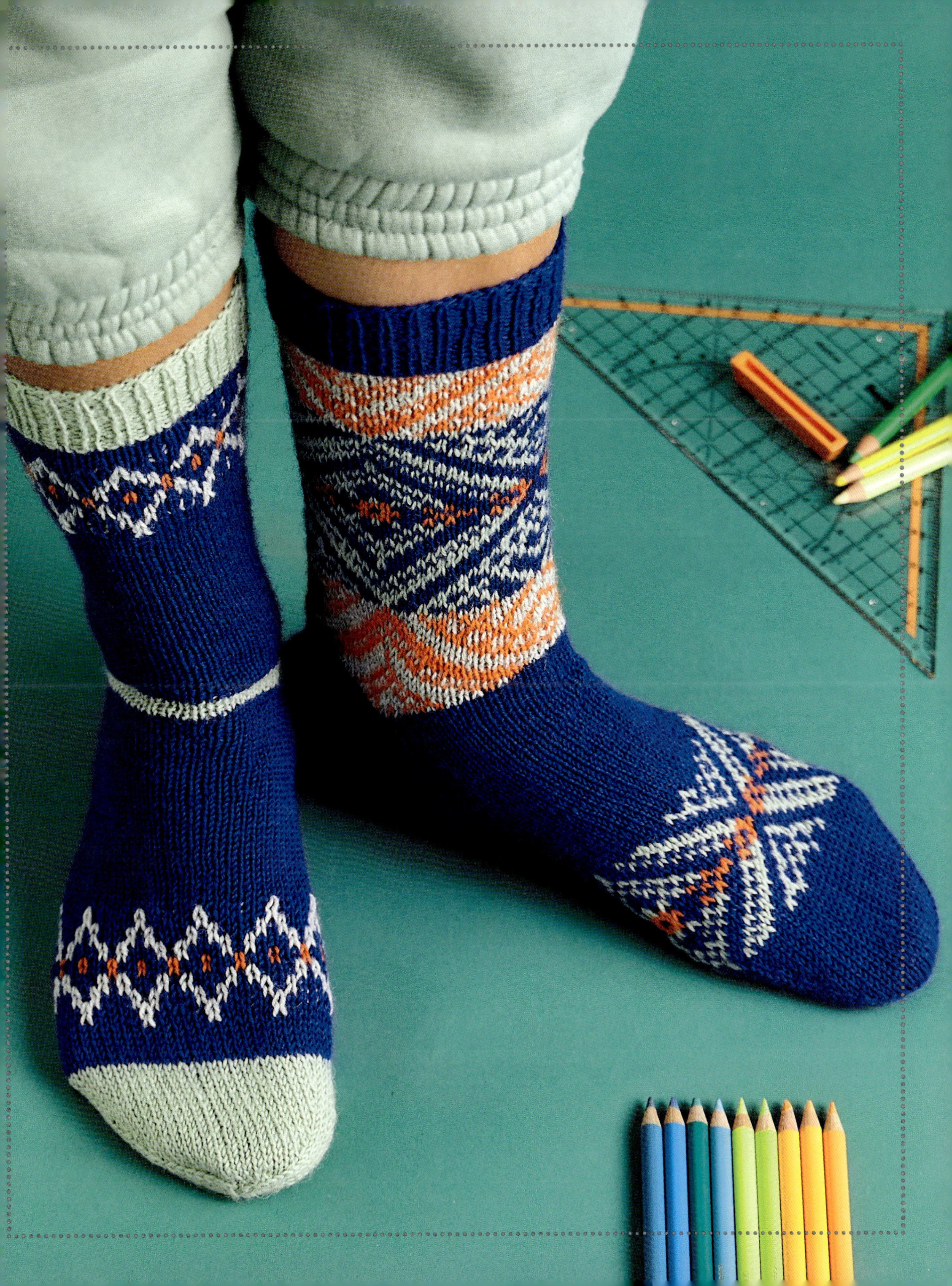

Rippenmuster

In Rd 1 M rechts, 1 M links im Wechsel str.

Glatt rechts

In Hinr rechte M, in Rückr linke M str. In Rd alle M rechts str.

Zählmuster

Glatt rechts in Rd in Jacquardtechnik str, dabei ist Hellgrau Melange die Hintergrund-Fb der 1.-14. Rd und 46.-59. Rd. Royal ist die Hintergrund-Fb der 15.-45. Rd. Den Faden der nicht benötigten Fb hinter dem Gestrick mitführen,

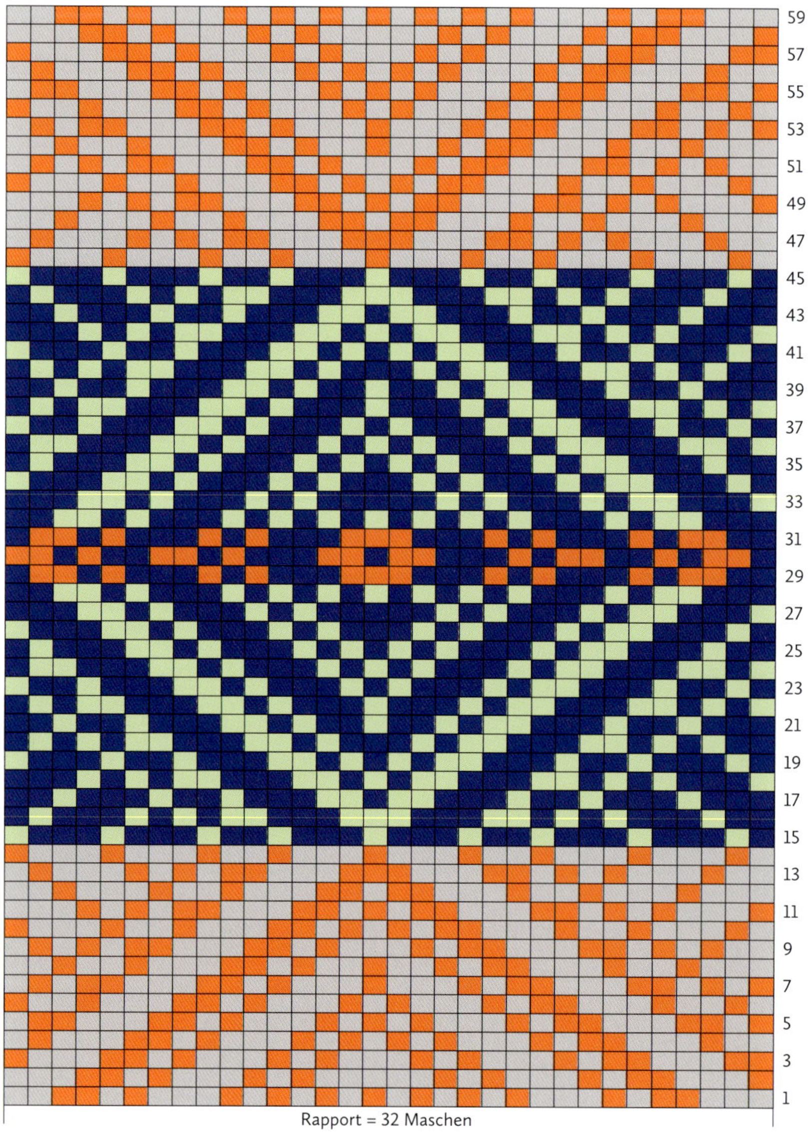

= Royal
= Mandarine
= Salbei
= Hellgrau Melange

dabei auf eine gleichmäßige, weder zu feste noch zu lockere, Fadenspannung achten. Den Rapport 2x wdh. Die 1.-59 Rd 1x str.

Anleitung

Für das Bündchen in Royal 64 M anschl, gleichmäßig auf die 4 Nd verteilen (= 16 M je Nd) und zur Rd schließen. Im Rippenmuster 17 Rd (= ca. 4 cm) str. Der Rd-Wechsel befindet sich in der hinteren Mitte.

Den Schaft glatt rechts in Jacquardtechnik nach dem Zählmuster arb. Die 1.-59. Rd 1x str. Die Fäden in Mandarine, Salbei und Hellgrau Melange abschneiden. In Royal 1 Rd glatt rechts str.

Die Bumerangferse in Royal (siehe Grundanleitung S. 148 f) str. Den Fuß in Royal bis zu einer Länge von 14/15 cm str, dann weiter die 15.-45. Rd des Zählmusters str. Die Fäden in Salbei und Mandarine abschneiden. Den Fuß weiter glatt rechts in Royal bis zu einer Länge von 19,5/20,5 cm str.

Die Bandspitze in Royal (siehe Grundanleitung S. 150 f) str.

Fertigstellen

Alle Fäden vernähen. Die Socke anfeuchten, in Form ziehen und trocknen lassen.

Weitere Größe

Für eher schmale Füße kann in Größe 40-41 ebenfalls mit 64 M gearbeitet werden. Dafür den Fuß in Royal bis zu einer Länge von 16 cm str, dann den Musterstreifen wie in der Anleitung beschrieben arb und nach einer Fußlänge von 21,5 cm die Bandspitze in Royal str.

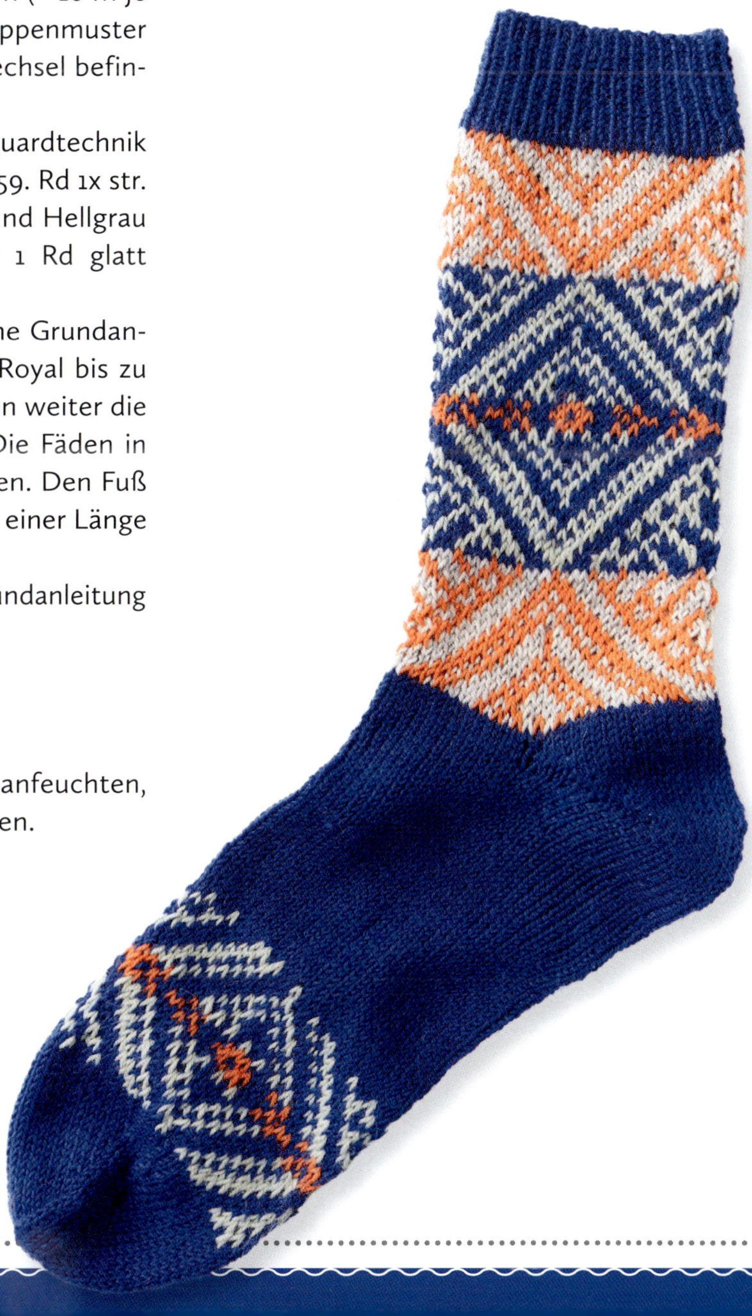

Kleine Rauten

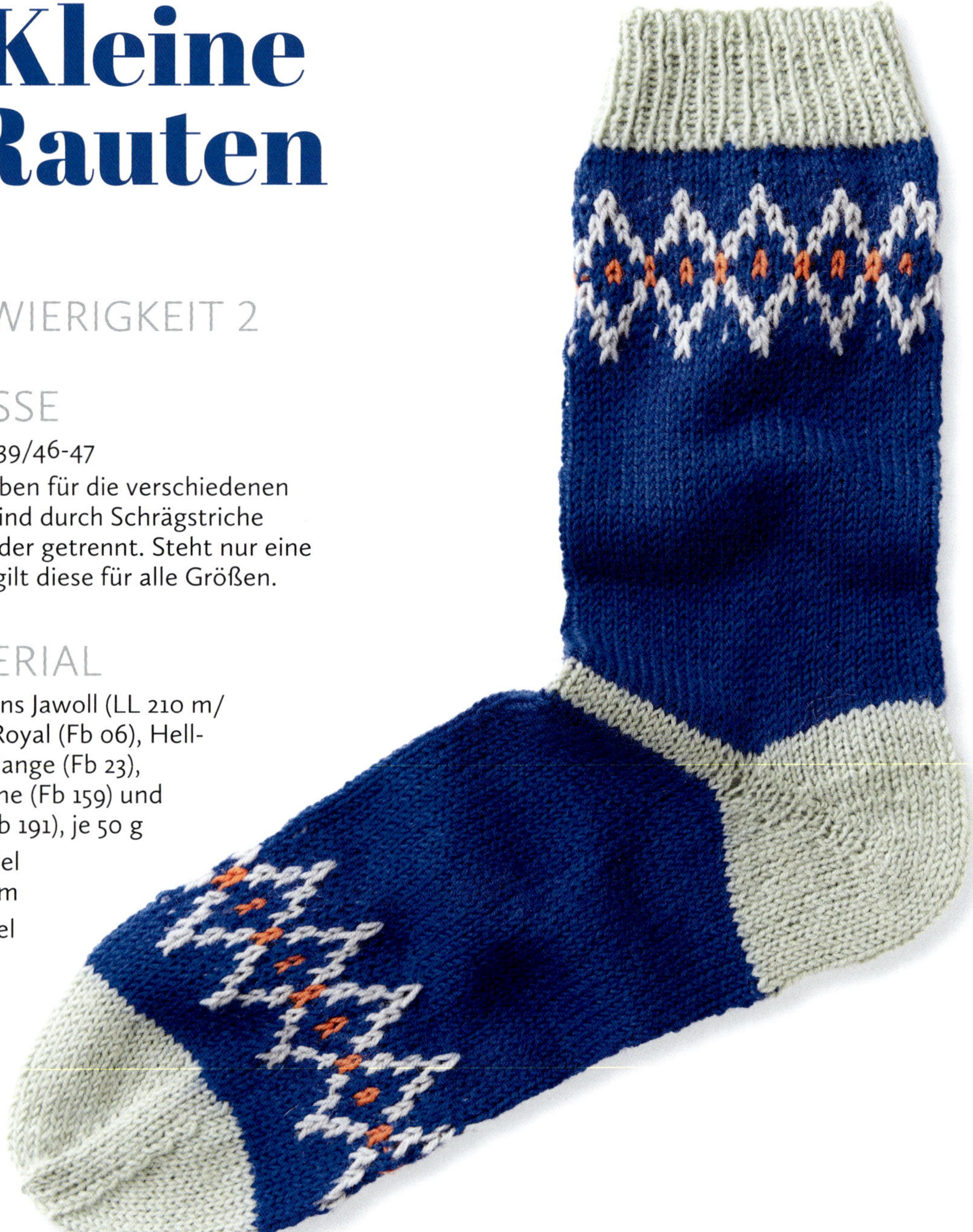

SCHWIERIGKEIT 2

GRÖSSE

36-37/38-39/46-47
Die Angaben für die verschiedenen Größen sind durch Schrägstriche voneinander getrennt. Steht nur eine Angabe, gilt diese für alle Größen.

MATERIAL

- Lang Yarns Jawoll (LL 210 m/50 g) in Royal (Fb 06), Hellgrau Melange (Fb 23), Mandarine (Fb 159) und Salbei (Fb 191), je 50 g
- Nadelspiel 2,5-3,5 mm
- Wollnadel

MASCHENPROBE

Glatt rechts mit Nd 2,5-3,5 mm
30 M und 41 Rd = 10 cm x 10 cm

Rippenmuster

In Rd 1 M rechts, 1 M links im Wechsel str.

Glatt rechts

In Hinr rechte M, in Rückr linke M str. In Rd alle M rechts str.

Zählmuster

Glatt rechts in Rd in Jacquardtechnik str, dabei ist Royal die Hintergrund-Fb. Den Faden der nicht benötigten Fb hinter dem Gestrick mitführen, dabei auf eine gleichmäßige, weder zu feste noch zu lockere, Fadenspannung achten und beim Spannen über mehr als 5 M den Faden am besten einweben.

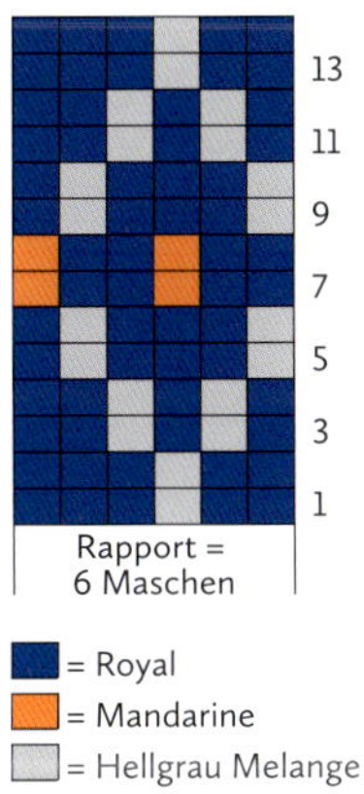

Den Rapport fortlaufend wdh. Die 1.-12 Rd 1x str.

Anleitung

In Salbei 60/60/72 M anschl, gleichmäßig auf die 4 Nd verteilen (= 15/15/18 M je Nd) und zur Rd schließen. Im Rippenmuster 17 Rd (= ca. 4 cm) str. Der Rd-Wechsel befindet sich in der hinteren Mitte. Den Faden in Salbei abschneiden.

Für den Schaft 6 Rd glatt rechts in Royal str. Dann die 1.-14. Rd des Zählmusters 1x str. Die Fäden in Hellgrau Melange und Mandarine abschneiden. Weiter in Royal bis zu einer Länge von ca. 20 cm str.

Für die Bumerangferse zuerst 1 Rd glatt rechts in Salbei str, dann die Bumerangferse (siehe Grundanleitung S. 148 f) in Salbei arb und mit 1 Rd in Salbei die Ferse beenden. Den Faden in Salbei abschneiden.

Für den Fuß in Royal bis zu einer Länge von 13/14/18 cm glatt rechts str, dann die 1.-14. Rd des Zählmusters 1x str. Weiter in Royal bis zu einer Länge von 19,5/20,5/24,5 cm str. Den Faden in Royal abschneiden.

Die Bandspitze (siehe Grundanleitung S. 150) in Salbei str.

Fertigstellen

Alle Fäden vernähen. Die Socke anfeuchten, in Form ziehen und trocknen lassen.

Weitere Größen

Für eher schmale Füße kann in Größe 40-41 ebenfalls mit 60 M gearbeitet werden. Dafür den Fuß in Royal bis zu einer Länge von 15 cm str, dann den Musterstreifen wie in der Anleitung beschrieben arb und in einer Fußlänge von 21,5 cm die Bandspitze str.

Für Größe 42-43 und 44-45 jeweils 66 M anschl und nach der Anleitung str. Die M der Bumerangferse in 11/11/11 M aufteilen. Den Fuß in Royal bis zu einer Länge von 16,5/17 cm str. Dann die 1.-14. Rd des Zählmusters 1x str. Weiter in Royal bis zu einer Fußlänge von 21,5/23 cm str. In der letzten Rd die zweit- und drittletzte M der 1. und 3. Nd rechts zusammenstr (= 64 M). Die Bandspitze in Salbei str.

Feine Streifen

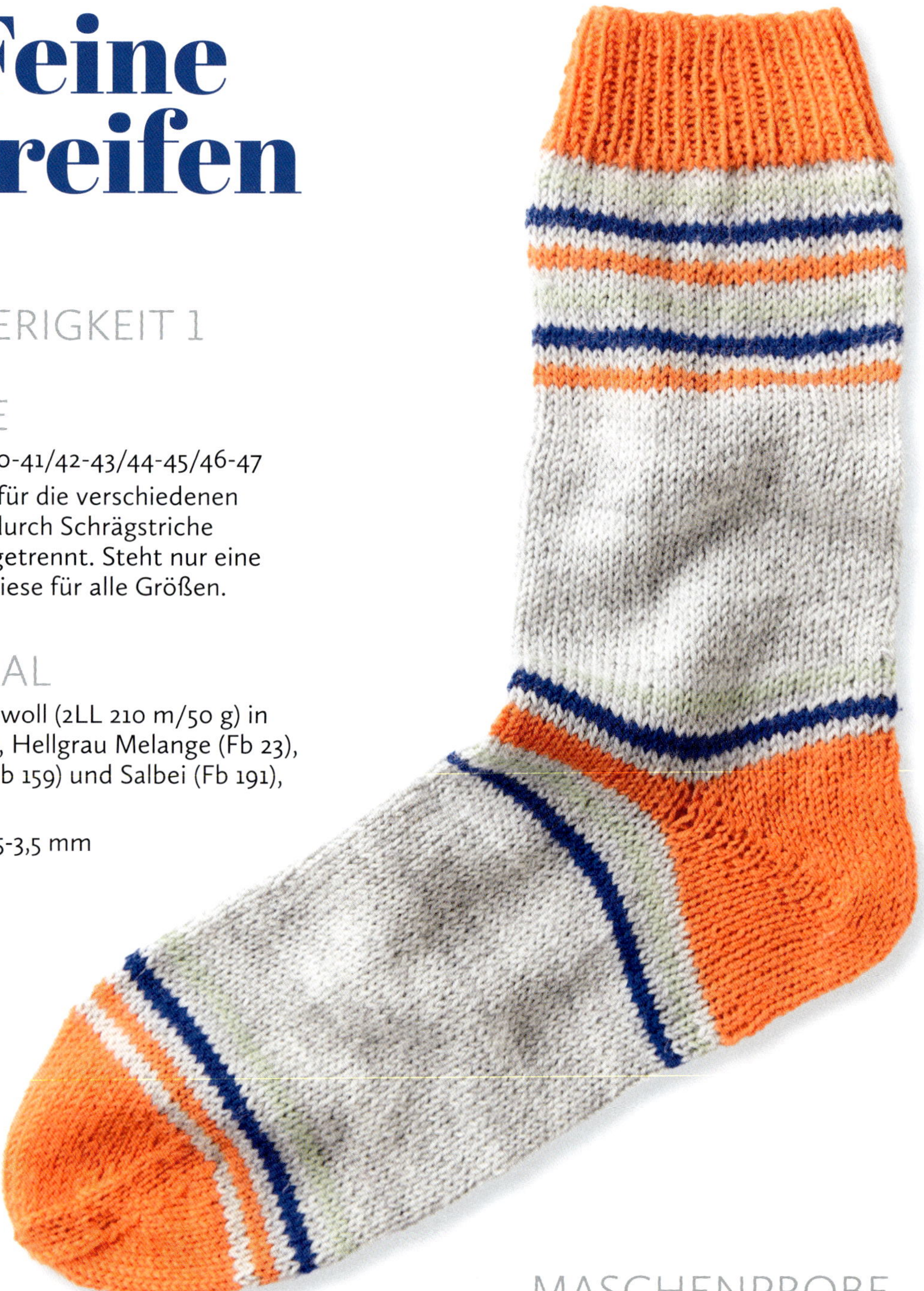

SCHWIERIGKEIT 1

GRÖSSE

36-37/38-39/40-41/42-43/44-45/46-47
Die Angaben für die verschiedenen Größen sind durch Schrägstriche voneinander getrennt. Steht nur eine Angabe, gilt diese für alle Größen.

MATERIAL

- Lang Yarns Jawoll (2LL 210 m/50 g) in Royal (Fb 06), Hellgrau Melange (Fb 23), Mandarine (Fb 159) und Salbei (Fb 191), je 50 g
- Nadelspiel 2,5-3,5 mm
- Wollnadel

MASCHENPROBE

Glatt rechts mit Nd 2,5-3,5 mm
30 M und 41 Rd = 10 cm x 10 cm

Rippenmuster
In Rd 1 M rechts, 1 M links im Wechsel str.

Glatt rechts
In Hinr rechte M, in Rückr linke M str. In Rd alle M rechts str.

Streifenfolge
2 Rd Fb A: Hellgrau Melange
2 Rd Fb B: Salbei
2 Rd Fb A: Hellgrau Melange
2 Rd Fb C: Royal
2 Rd Fb A: Hellgrau Melange
2 Rd Fb D: Mandarine

Anleitung
In Fb D 60/60/64/64/68/72 M anschl, gleichmäßig auf die 4 Nd verteilen (= 15/15/16/16/17/18 M je Nd) und zur Rd schließen. Im Rippenmuster 17 Rd (= ca. 4 cm) str. Der Rd-Wechsel befindet sich in der hinteren Mitte. Dann glatt rechts die Streifenfolge 2x str. Die Fäden in Fb B-D abschneiden. Weiter glatt rechts in Farbe A bis zu einer Länge von ca. 17,5 cm str, weiter die ersten 10 Rd der Streifenfolge str. Die Fäden in Fb A-C abschneiden.
Die Bumerangferse in Farbe D str, dabei die Ferse mit 1 Rd in Fb D beginnen und enden. Danach die ersten 8 Rd der Streifenfolge arb. Die Fäden in Fb B-D abschneiden.
Weiter den Fuß in Farbe A bis zu einer Länge von 16/17/18/19,5/20/21 cm str. Dann die Streifenfolge 1x arb und 2 Rd in Fb A str. Die Fäden der Fb B-D abschneiden.
Die Bandspitze (siehe Grundanleitung S. 150) in Fb D str.

Fertigstellen
Alle Fäden vernähen. Die Socke anfeuchten, in Form ziehen und trocknen lassen.

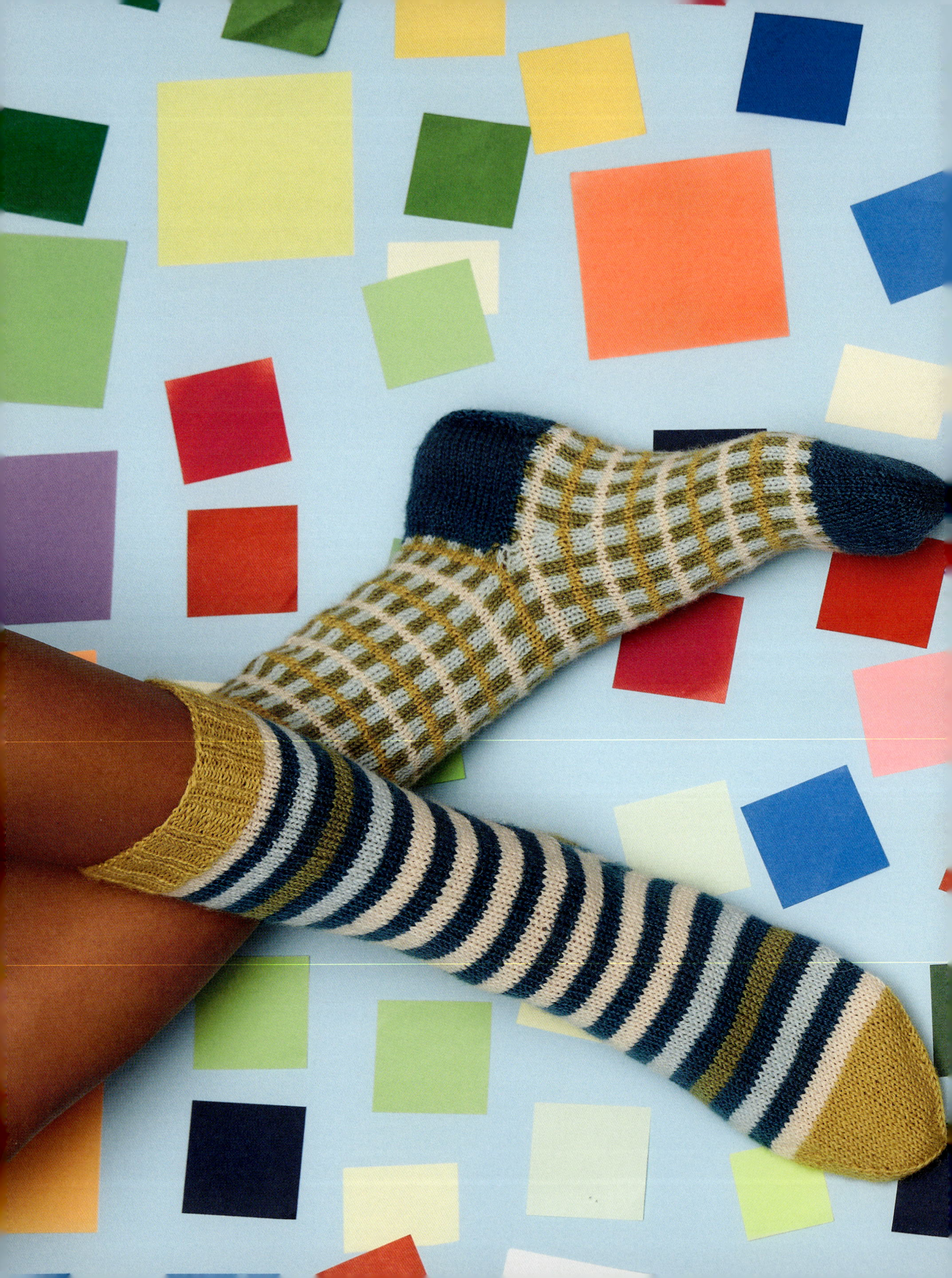

Kleine Muster – GROSSE WIRKUNG

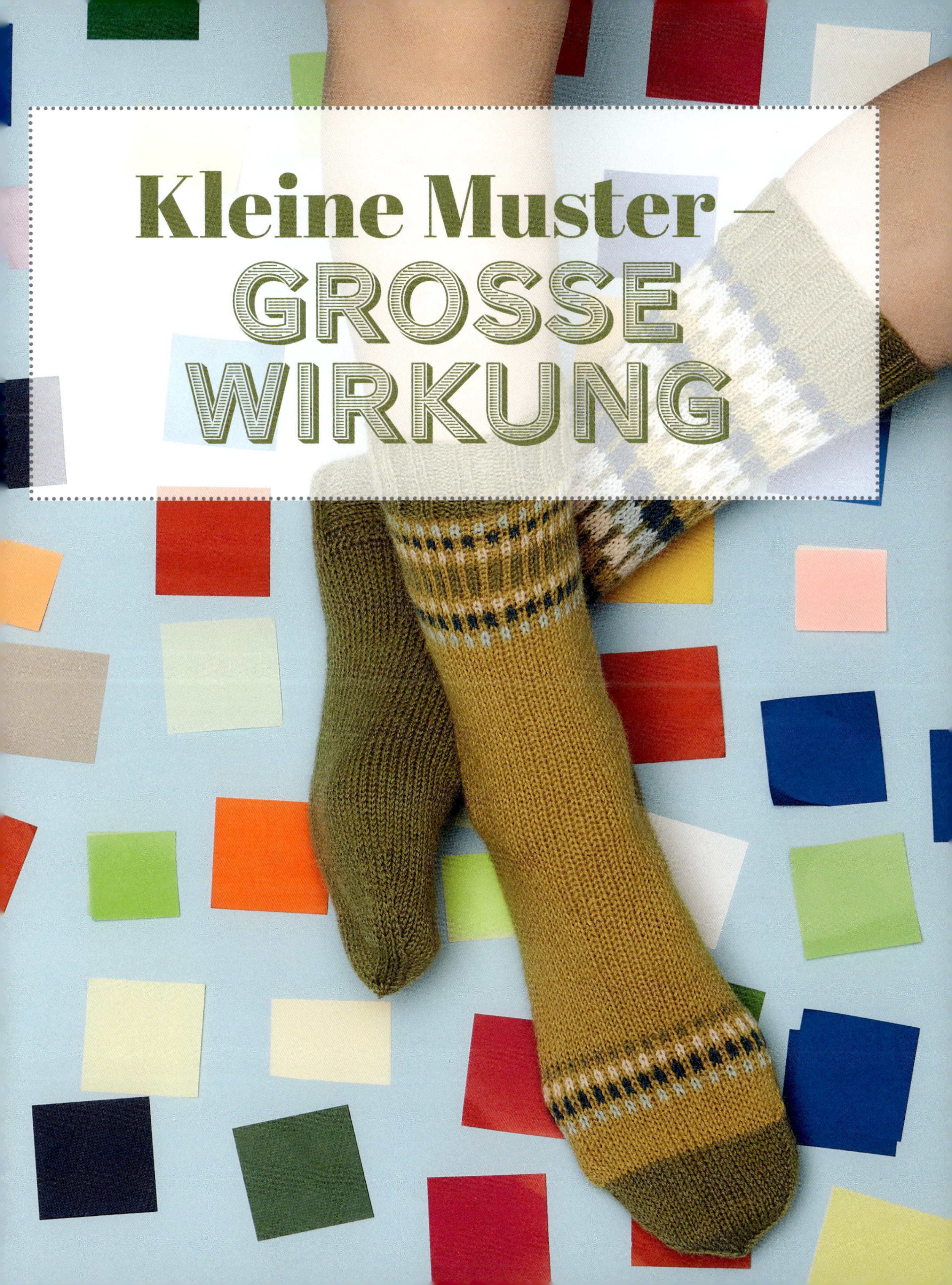

Versetzte Karos

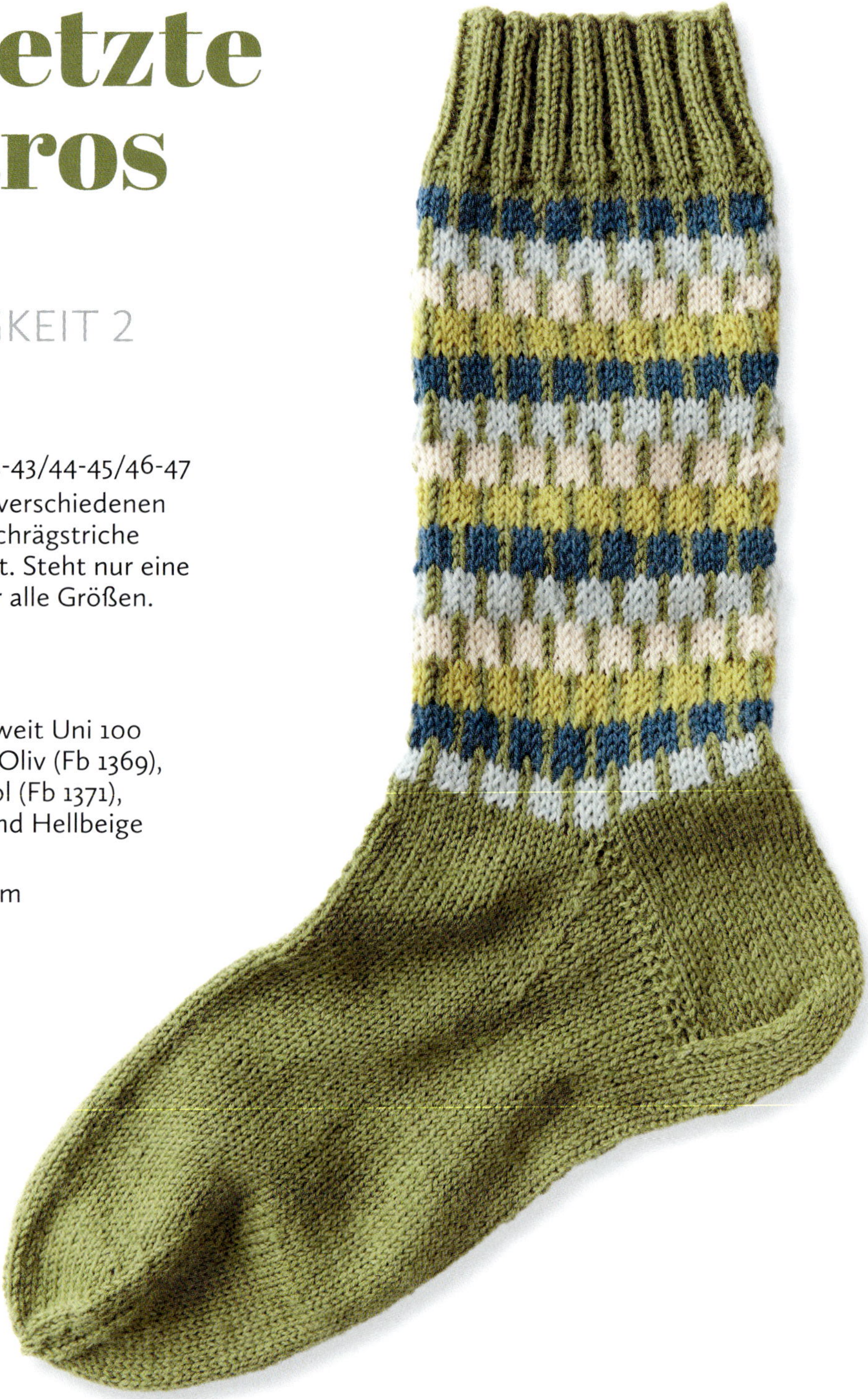

SCHWIERIGKEIT 2

GRÖSSE

36-37/38-39/40-41/42-43/44-45/46-47
Die Angaben für die verschiedenen Größen sind durch Schrägstriche voneinander getrennt. Steht nur eine Angabe, gilt diese für alle Größen.

MATERIAL

- Lana Grossa Meilenweit Uni 100 (LL 420 m/100 g) in Oliv (Fb 1369), Mint (Fb 1386), Petrol (Fb 1371), Senfgelb (Fb 1370) und Hellbeige (Fb 1387), je 100 g
- Nadelspiel 2,0-3,0 mm
- Wollnadel

MASCHEN-PROBE

Glatt rechts
mit Nd 2,0-3,0 mm
30 M und 42 Rd
= 10 cm x 10 cm

Rippenmuster

In Rd 2 M rechts, 2 M links im Wechsel str.

Glatt rechts

In Hinr rechte M, in Rückr linke M str. In Rd alle M rechts str.

Zählmuster

Glatt rechts in Rd in Jacquardtechnik str, dabei ist Oliv die Hintergrund-Fb. Den Faden der nicht benötigten Fb hinter dem Gestrick mitführen, dabei auf eine gleichmäßige, weder zu feste noch zu lockere, Fadenspannung achten. Den Rapport fortlaufend wdh. Die 1.-16. Rd 3x, dann die 1.-8. Rd 1x arb.

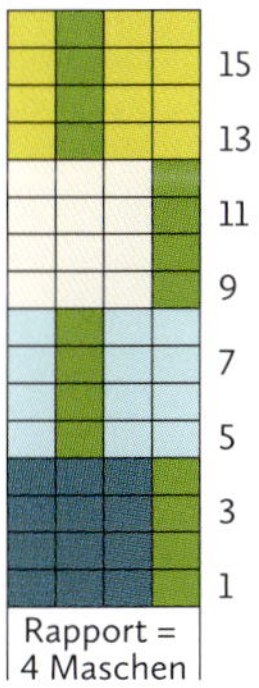

= Senfgelb
= Oliv
= Hellbeige
= Mint
= Petrol

Anleitung

Für das Bündchen in Oliv 64/64/68/68/72/76 M anschl, gleichmäßig auf die 4 Nd verteilen (= 16/16/17/17/18/19 M je Nd) und zur Rd schließen. Im Rippenmuster 17 Rd (= ca. 4 cm) str. Der Rd-Wechsel befindet sich in der hinteren Mitte.

Für den Schaft in Oliv 2 Rd glatt rechts str. Dann glatt rechts in Jacquardtechnik nach dem Zählmuster arb. Die 1.-16. Rd 3x, dann die 1.-8. Rd 1x str. In Oliv weitere 2 Rd glatt rechts str. Die Fäden in Hellbeige, Senf, Mint und Petrol abschneiden.

Die 3-teilige Käppchenferse (siehe Grundanleitung S. 145 ff) in Oliv str.

Den Fuß ebenfalls in Oliv bis zu einer Fußlänge von 19,5/20,5/21,5/23/23,5/24,5 cm str.

Die Bandspitze (siehe Grundanleitung S. 150) in Oliv str.

Fertigstellen

Alle Fäden vernähen. Die Socke anfeuchten, in Form ziehen und trocknen lassen.

Drunter & drüber

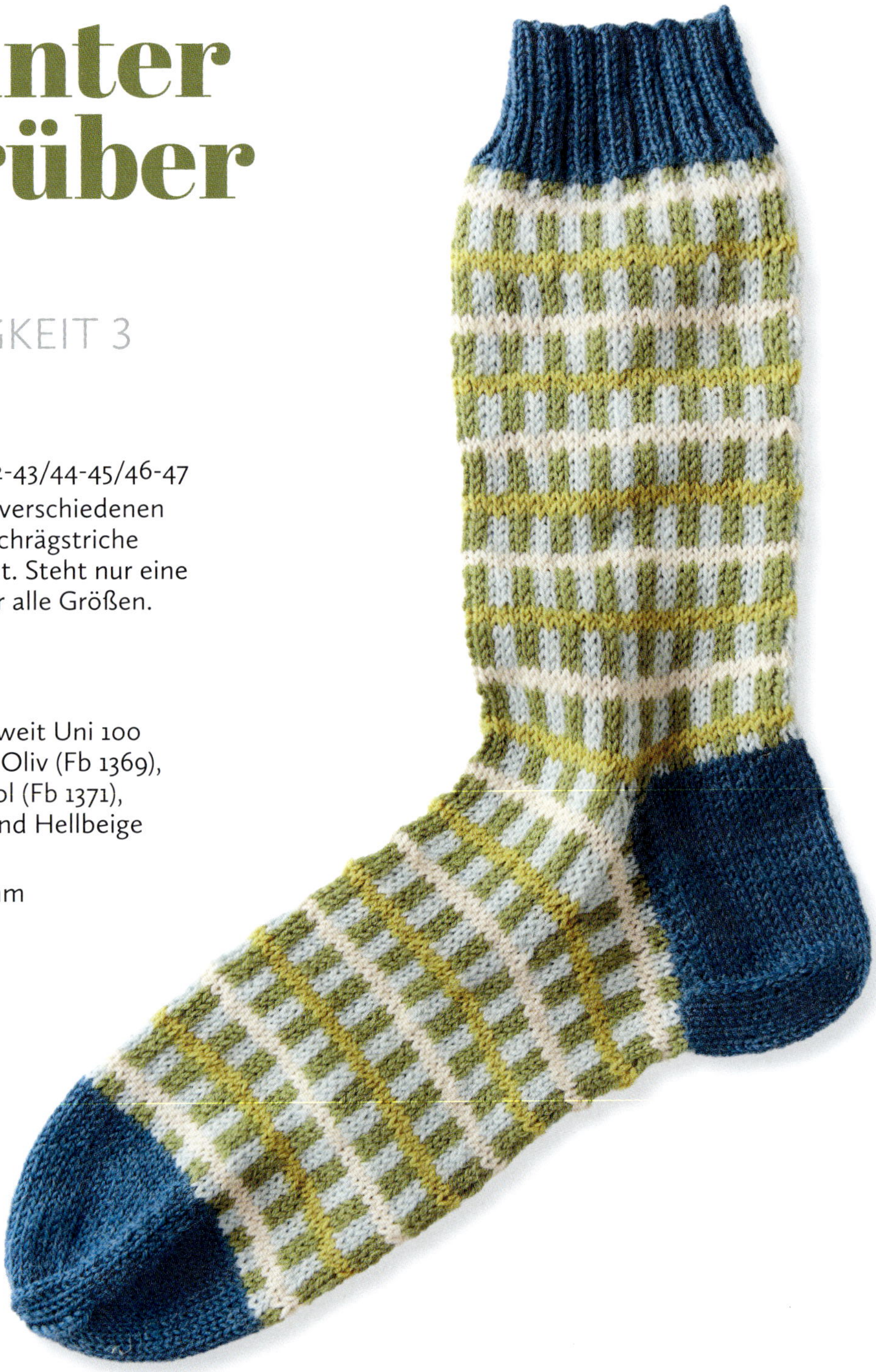

SCHWIERIGKEIT 3

GRÖSSE

36-37/38-39/40-41/42-43/44-45/46-47
Die Angaben für die verschiedenen Größen sind durch Schrägstriche voneinander getrennt. Steht nur eine Angabe, gilt diese für alle Größen.

MATERIAL

- Lana Grossa Meilenweit Uni 100 (LL 420 m/100 g) in Oliv (Fb 1369), Mint (Fb 1386), Petrol (Fb 1371), Senfgelb (Fb 1370) und Hellbeige (Fb 1387), je 100 g
- Nadelspiel 2,0-3,0 mm
- Wollnadel

MASCHEN-PROBE

Glatt rechts
mit Nd 2,0-3,0 mm
30 M und 42 Rd
= 10 cm x 10 cm

Rippenmuster

In Rd 2 M rechts, 2 M links c

Glatt rechts

In Hinr rechte M, in Rückr linke M str. In Rd alle M rechts str.

Zählmuster

Glatt rechts in Rd in Jacquardtechnik str, dabei ist Mint die Hintergrundfarbe. Den Faden der nicht benötigten Fb hinter dem Gestrick mitführen, dabei auf eine gleichmäßige, weder zu feste noch zu lockere, Fadenspannung achten. Den Rapport fortlaufend wdh. Die 1.-12 Rd fortlaufend wdh.

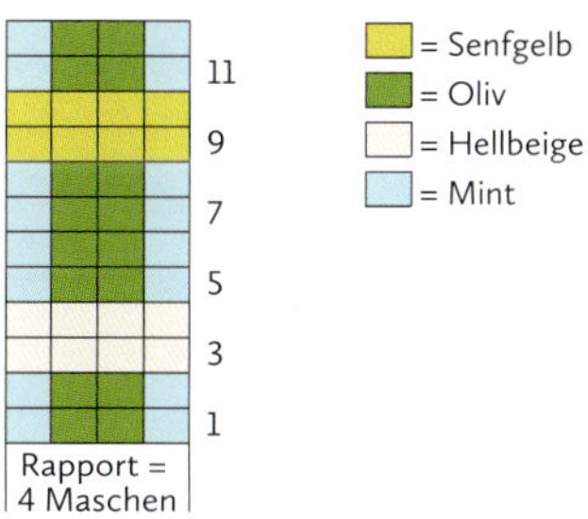

Anleitung

Für das Bündchen in Petrol 64/64/68/68/72/76 M anschl, gleichmäßig auf die 4 Nd verteilen (= 16/16/17/17/18/19 M je Nd) und zur Rd schließen. Im Rippenmuster 17 Rd (= ca. 4 cm) str. Der Rd-Wechsel befindet sich in der hinteren Mitte. Den Faden in Petrol abschneiden.
Für den Schaft glatt rechts in Jacquardtechnik nach dem Zählmuster arb. Die 1.-12. Rd 5x wdh. Die Fäden in Hellbeige, Mint, Oliv und Senfgelb abschneiden.
Die 3-teilige Käppchenferse (siehe Grundanleitung S. 145 ff) in Petrol str. Den Faden in Petrol abschneiden. Beim Herausstr der Fersen-M darauf achten, dass das Jacquardmuster auf der 1. Nd in der 1. Rd des Zählmusters neu eingeteilt wird, dabei den Rapport fortlaufend wdh und, je nach M-Anzahl auf der 1. Nd, weiter 1-3 M eines neuen Rapports str. Das Zählmuster vom Schaft auf der 2. und 3. Nd weiterführen. Auf der 4. Nd das Zählmuster gegengleich zur 1. Nd einteilen. So endet das Zählmuster auf der 4. Nd wieder mit dem Ende eines Rapports, also 1 M in Mint.
Für den Fuß weiter in Jacquardtechnik bis zu einer Länge von 19,5/20,521,5/23/23,5/24,5 cm str. Alle Fäden abschneiden.
Die Bandspitze (siehe Grundanleitung S. 150) in Petrol str.

Fertigstellen

Alle Fäden vernähen. Die Socke anfeuchten, in Form ziehen und trocknen lassen.

Breite Streifen

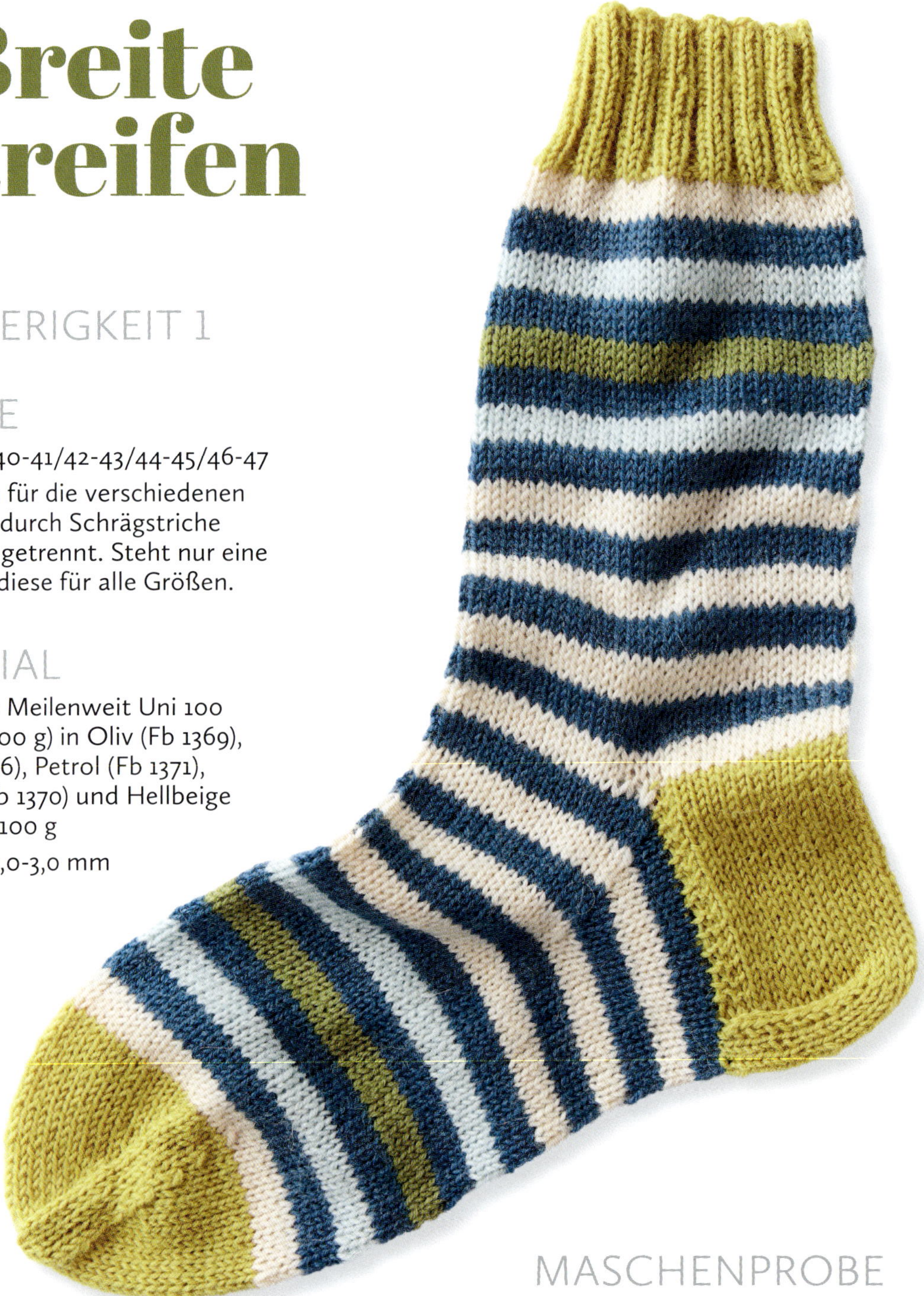

SCHWIERIGKEIT 1

GRÖSSE

36-37/38-39/40-41/42-43/44-45/46-47
Die Angaben für die verschiedenen Größen sind durch Schrägstriche voneinander getrennt. Steht nur eine Angabe, gilt diese für alle Größen.

MATERIAL

- Lana Grossa Meilenweit Uni 100 (LL 420 m/100 g) in Oliv (Fb 1369), Mint (Fb 1386), Petrol (Fb 1371), Senfgelb (Fb 1370) und Hellbeige (Fb 1387), je 100 g
- Nadelspiel 2,0-3,0 mm
- Wollnadel

MASCHENPROBE

Glatt rechts mit Nd 2,0-3,0 mm
30 M und 42 Rd = 10 cm x 10 cm

Rippenmuster

In Rd 2 M rechts, 2 M links im Wechsel str.

Glatt rechts

In Hinr rechte M, in Rückr linke M str. In Rd alle M rechts str.

Streifenfolge 1

4 Rd Hellbeige und 4 Rd Petrol im Wechsel str.

Streifenfolge 2

4 Rd Mint
4 Rd Petrol
4 Rd Oliv
4 Rd Petrol
4 Rd Mint
4 Rd Petrol

Streifenfolge 3

4 Rd Petrol und 4 Rd Hellbeige im Wechsel str.

Anleitung

In Senfgelb 60/60/64/64/68/72 M anschl und gleichmäßig auf die 4 Nd verteilen (= 15/15/16/16/17/18 M je Nd). Im Rippenmuster 17 Rd (= ca. 4 cm) str. Der Rd-Wechsel befindet sich in der hinteren Mitte. Den Faden in Senfgelb abschneiden.

Dann glatt rechts 1x die Streifenfolge 1 und 1x die Streifenfolge 2 str. Die Fäden in Mint und Oliv abschneiden. Anschließend 3x die Streifenfolge 1 str. Weitere 4 Rd in Hellbeige str. Die Fäden in Hellbeige und Petrol abschneiden.

Die 3-teilige Käppchenferse (siehe Grundanleitung S. 145 ff) in Senfgelb str. Den Faden in Senfgelb abschneiden und die Streifenfolge 3 noch 2x/3x/3x/4x/4x/4x str, dann 4 Rd in Petrol str, 1x die Streifenfolge 2 und weiter die Streifenfolge 1 bis zu einer Fußlänge von 19,5/20,5/21,5/23/23,5/24,5 cm str. Die Fäden in Petrol, Oliv, Mint und Hellbeige abschneiden. Die Bandspitze (siehe Grundanleitung S. 150) in Senfgelb str.

Fertigstellen

Alle Fäden vernähen. Die Socke anfeuchten, in Form ziehen und trocknen lassen.

Jacquard-Ringel

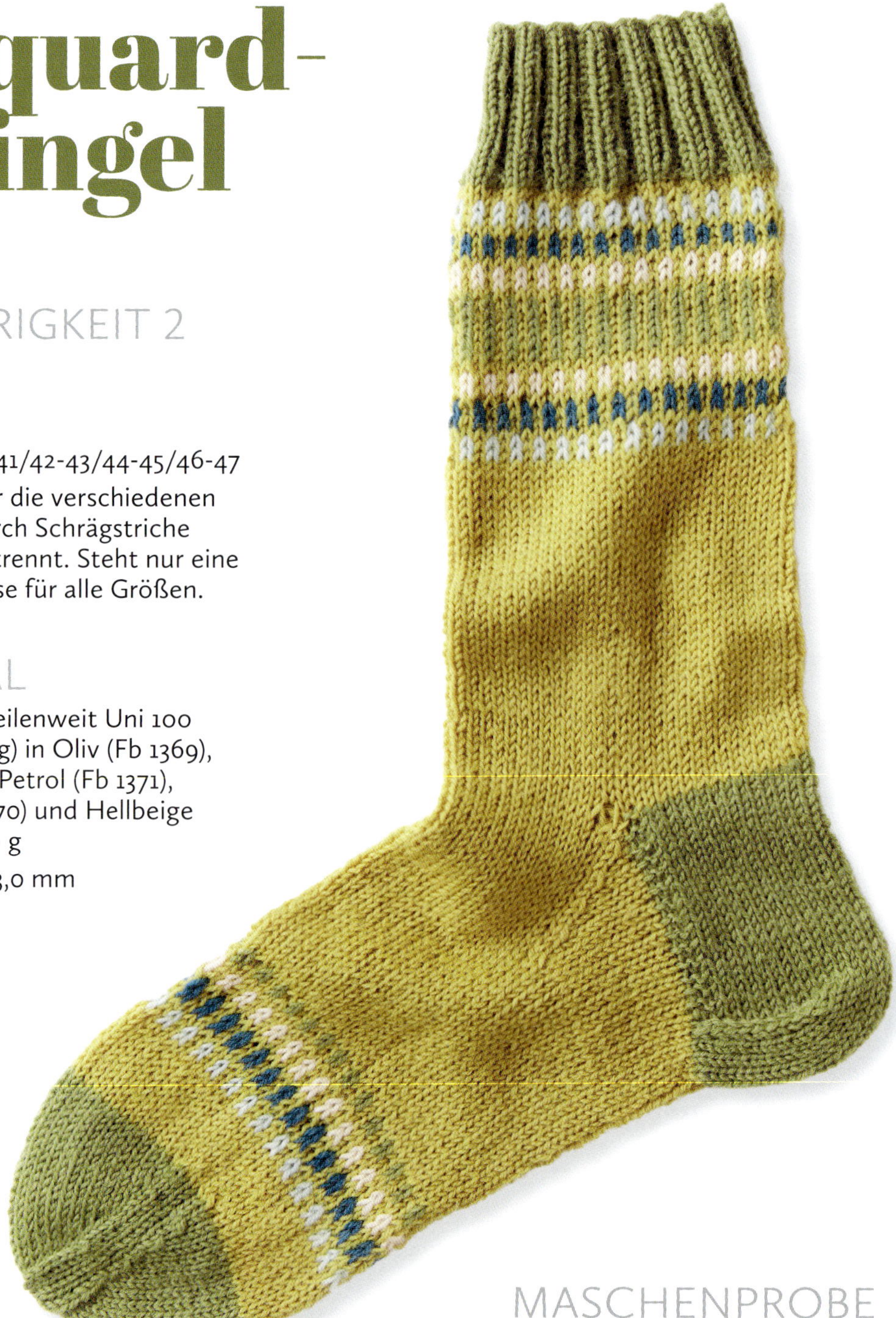

SCHWIERIGKEIT 2

GRÖSSE

36-37/38-39/40-41/42-43/44-45/46-47
Die Angaben für die verschiedenen Größen sind durch Schrägstriche voneinander getrennt. Steht nur eine Angabe, gilt diese für alle Größen.

MATERIAL

- Lana Grossa Meilenweit Uni 100 (LL 420 m/100 g) in Oliv (Fb 1369), Mint (Fb 1386), Petrol (Fb 1371), Senfgelb (Fb 1370) und Hellbeige (Fb 1387), je 100 g
- Nadelspiel 2,0-3,0 mm
- Wollnadel

MASCHENPROBE

Glatt rechts mit Nd 2,0-3,0 mm
30 M und 42 Rd = 10 cm x 10 cm

Rippenmuster

In Rd 2 M rechts, 2 M links im Wechsel str.

Glatt rechts

In Hinr rechte M, in Rückr linke M str. In Rd alle M rechts str.

Zählmuster

Glatt rechts in Rd in Jacquardtechnik str, dabei ist Senfgelb die Hintergrund-Fb. Den Faden der nicht benötigten Fb hinter dem Gestrick mitführen, dabei auf eine gleichmäßige, weder zu feste noch zu lockere, Fadenspannung achten.

Den Rapport fortlaufend wdh. Die 1.-24. Rd 1x str.

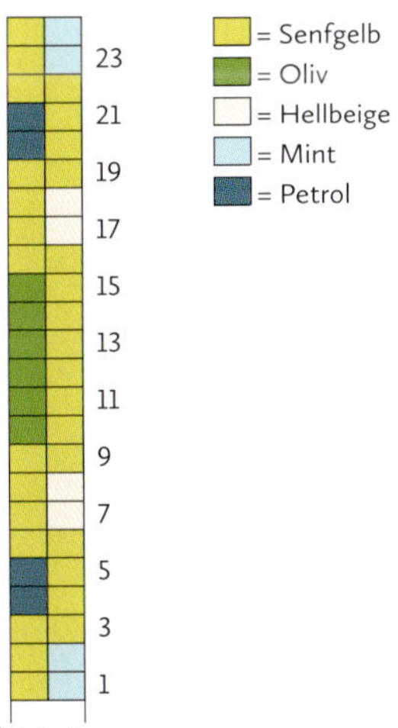

Rapport = 2 Maschen

Anleitung

In Oliv 60/60/64/64/68/72 M anschl und gleichmäßig auf die 4 Nd verteilen (= 15/15/16/16/17/18 M je Nd). Im Rippenmuster 17 Rd (= ca. 4 cm) str. Der Rd-Wechsel befindet sich in der hinteren Mitte. Den Faden in Oliv abschneiden.

Für den Schaft 2 Rd in Senfgelb glatt rechts str. Weiter in Jacquardtechnik nach dem Zählmuster arb und die 1.-24. Rd 1x str. Die Fäden in Oliv, Hellbeige, Mint und Petrol abschneiden. Weiter bis zu einer Schaftlänge von ca. 20 cm in Senfgelb str.

Die 3-teilige Käppchenferse (siehe Grundanleitung S. 145 ff) in Oliv str.

Für den Fuß in Senf bis zu einer Länge von 14,5/15,5/16,5/18/18,5/19,5 cm str. Dann nach dem Zählmuster die 14.-24. Rd 1x str. Die Fäden in Oliv, Hellbeige, Petrol und Mint abschneiden und in Senfgelb bis zu einer Länge von 19,5/20,5/21,5/23/23,5/24,5 cm str. Den Faden in Senfgelb abschneiden.

Die Bandspitze (siehe Grundanleitung S. 150) in Oliv str.

Fertigstellen

Alle Fäden vernähen. Die Socke anfeuchten, in Form ziehen und trocknen lassen.

SOCKEN FÜR DAS GANZE JAHR

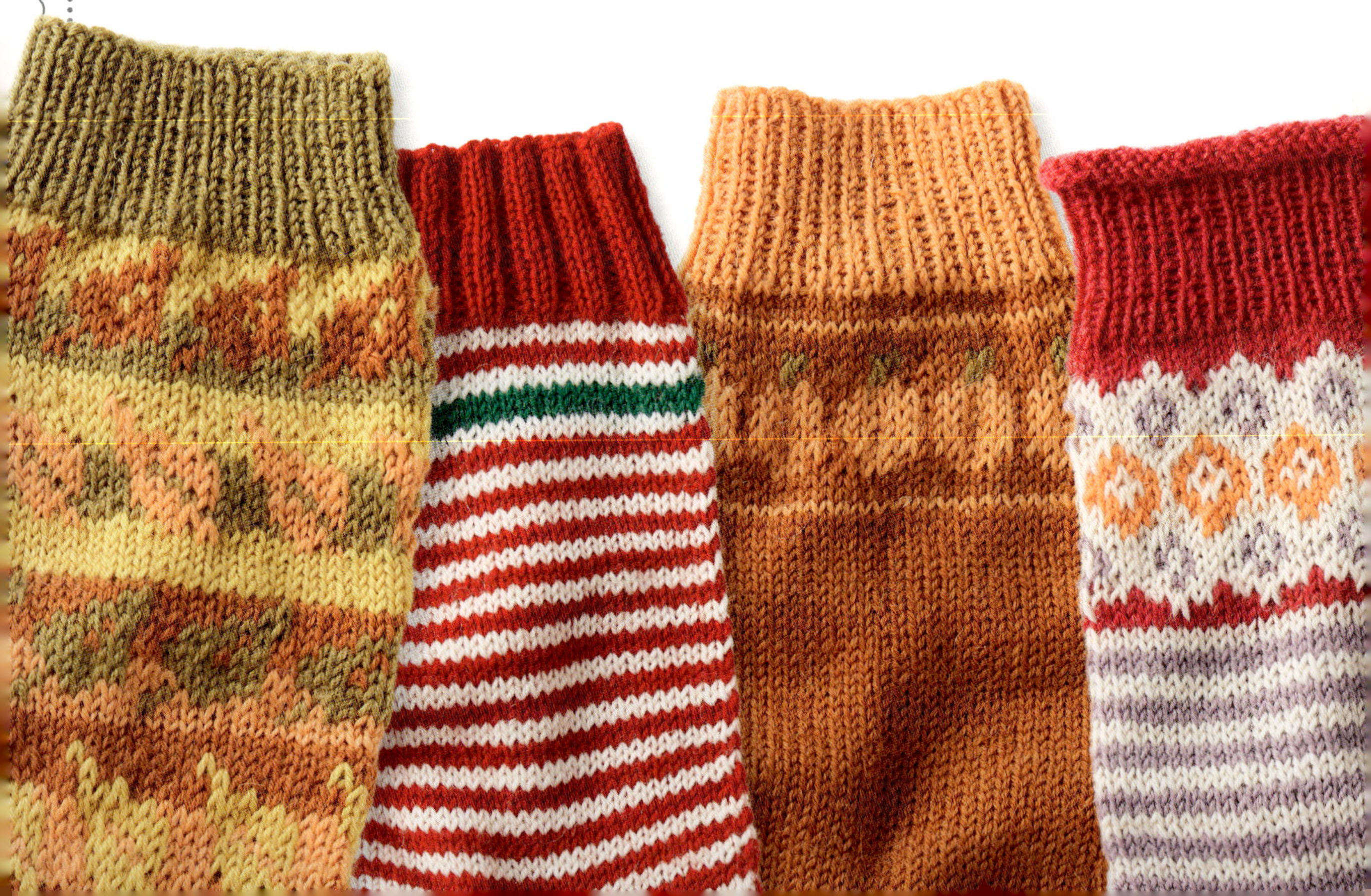

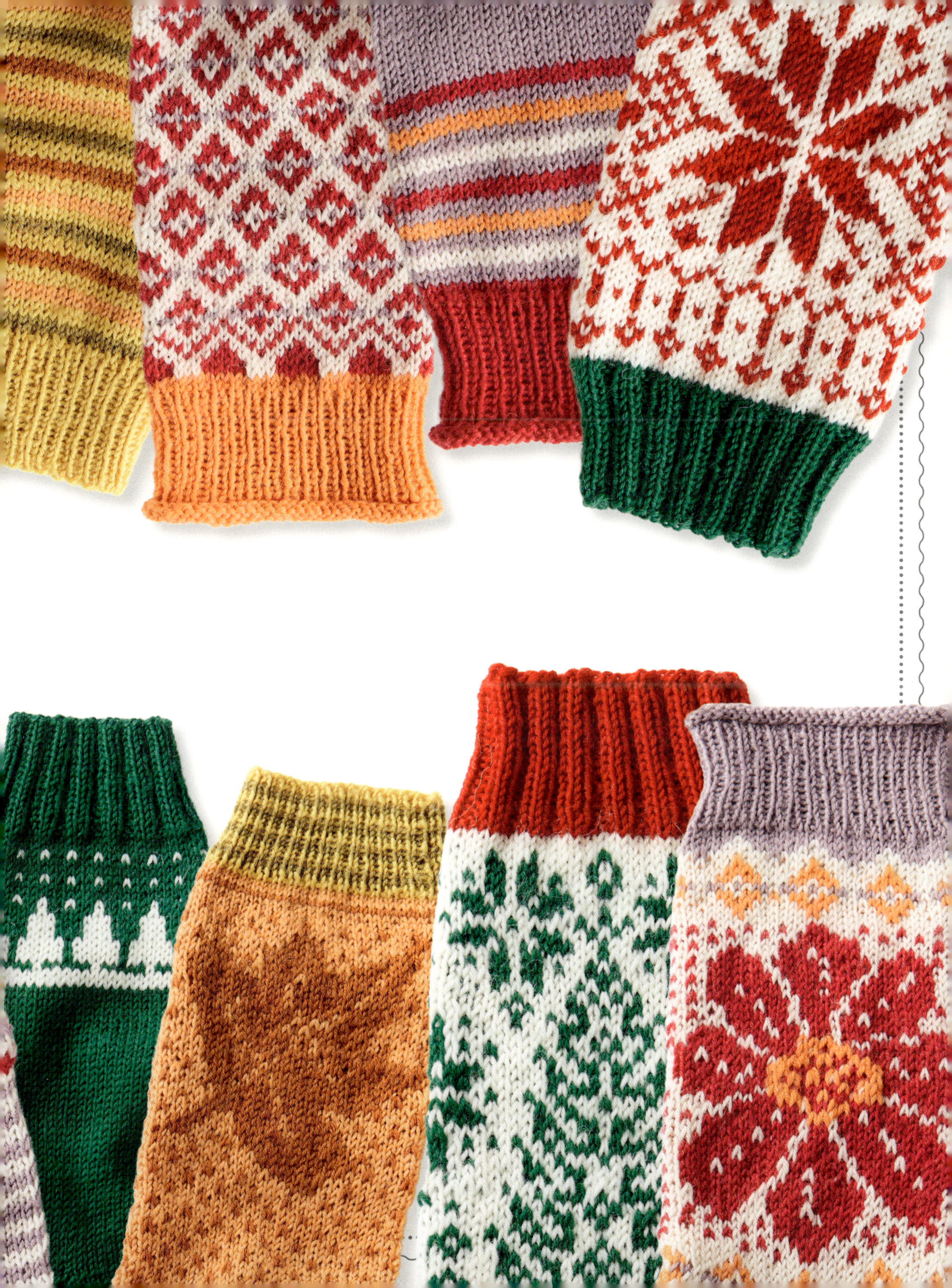

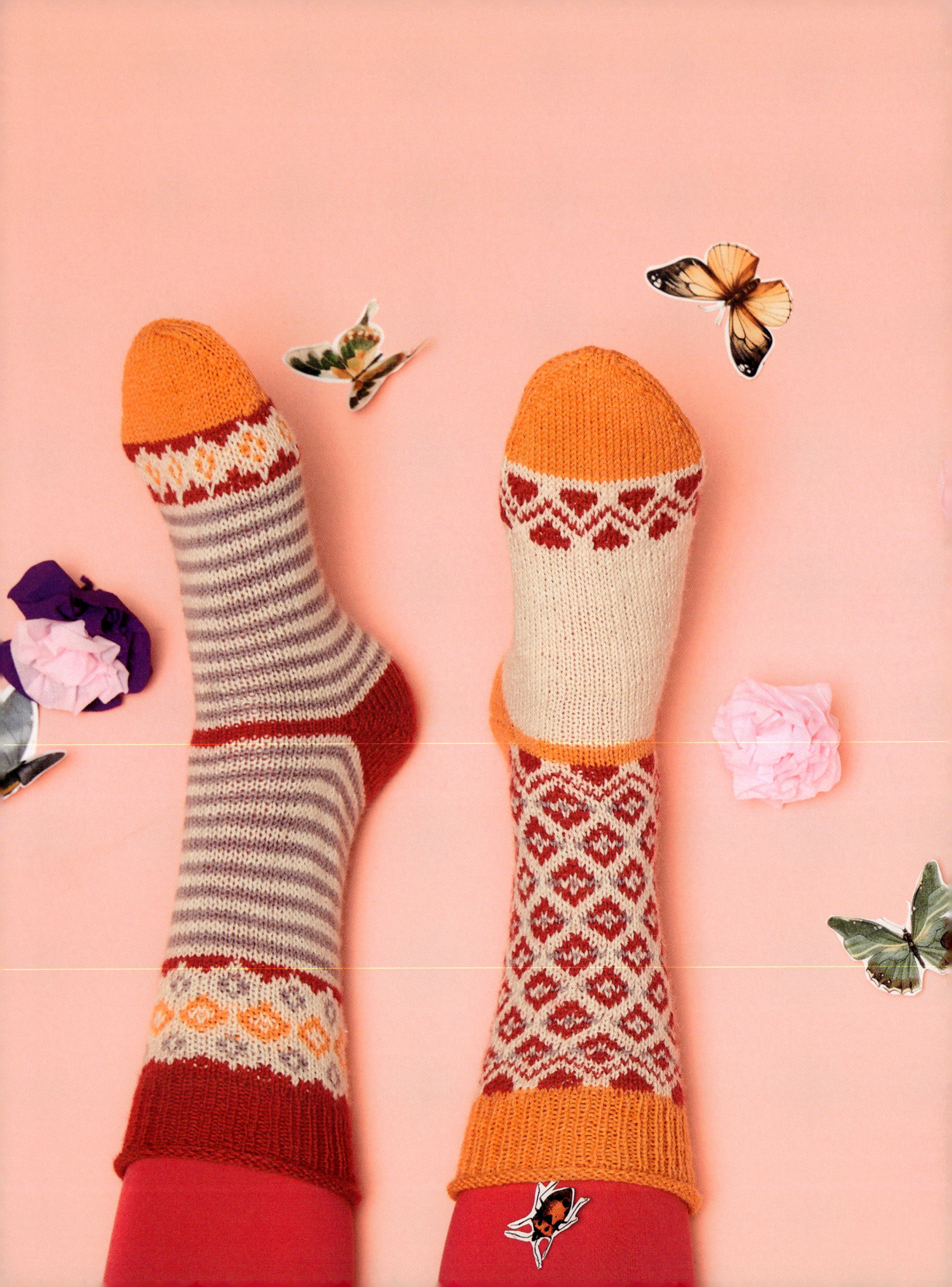

FRÜHLING trifft SOMMER

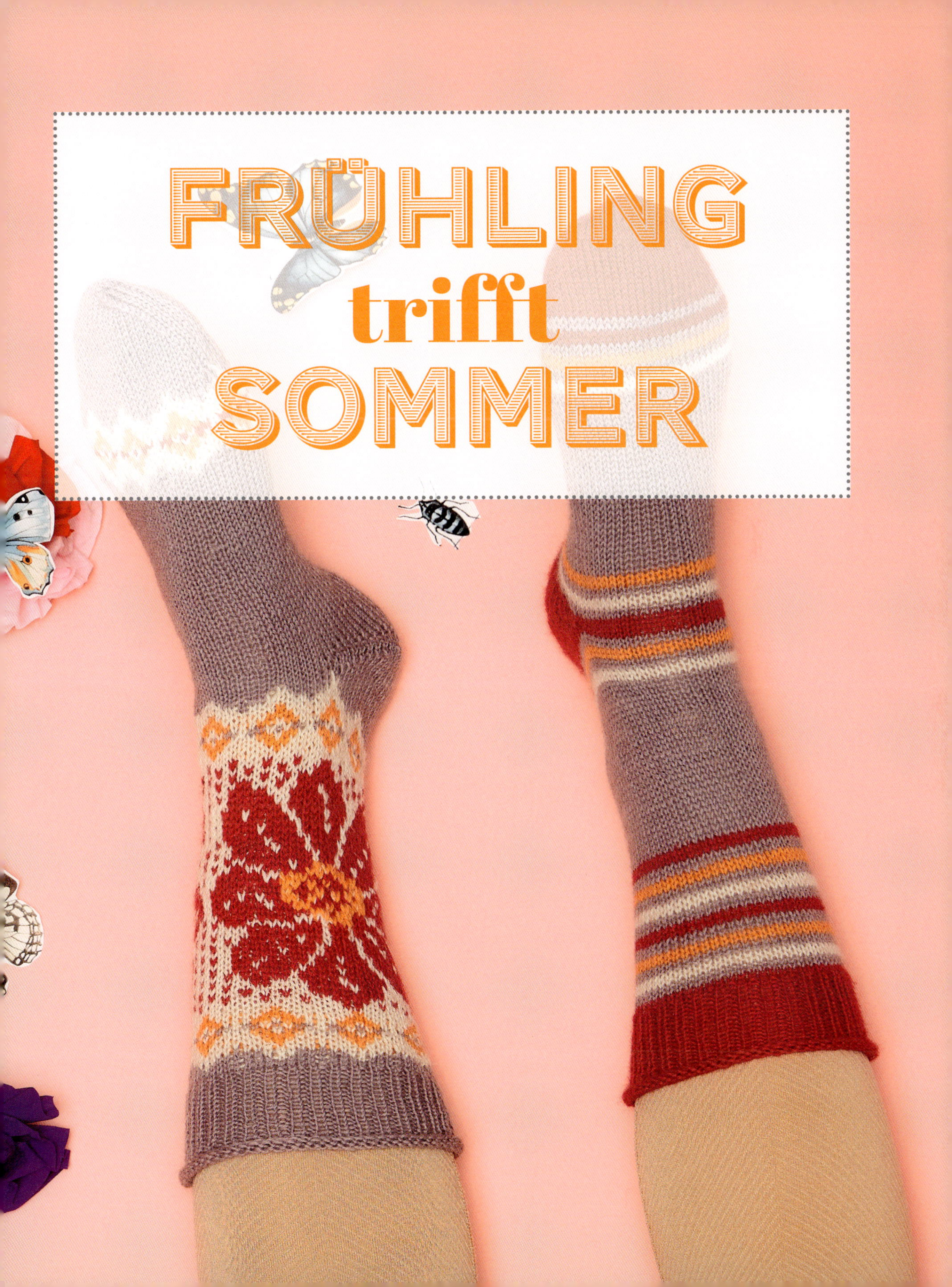

Prächtige Blüte

SCHWIERIGKEIT 3

GRÖSSEN

36-37/38-39/44-45
Die Angaben für die verschiedenen Größen sind durch Schrägstriche voneinander getrennt. Steht nur eine Angabe, gilt diese für alle Größen.

MATERIAL

- Lana Grossa Meilenweit Uni 50 (LL 210 m/50 g) in Eierschale (Fb 1405), Pink (Fb 1313), Mauve (Fb 1403) und Mandarin (Fb 1409), je 50 g
- Nadelspiel 2,5-3,0 mm
- Wollnadel

MASCHENPROBE

Glatt rechts mit Nd 2,5-3,0 mm
30 M und 42 Rd = 10 cm x 10 cm

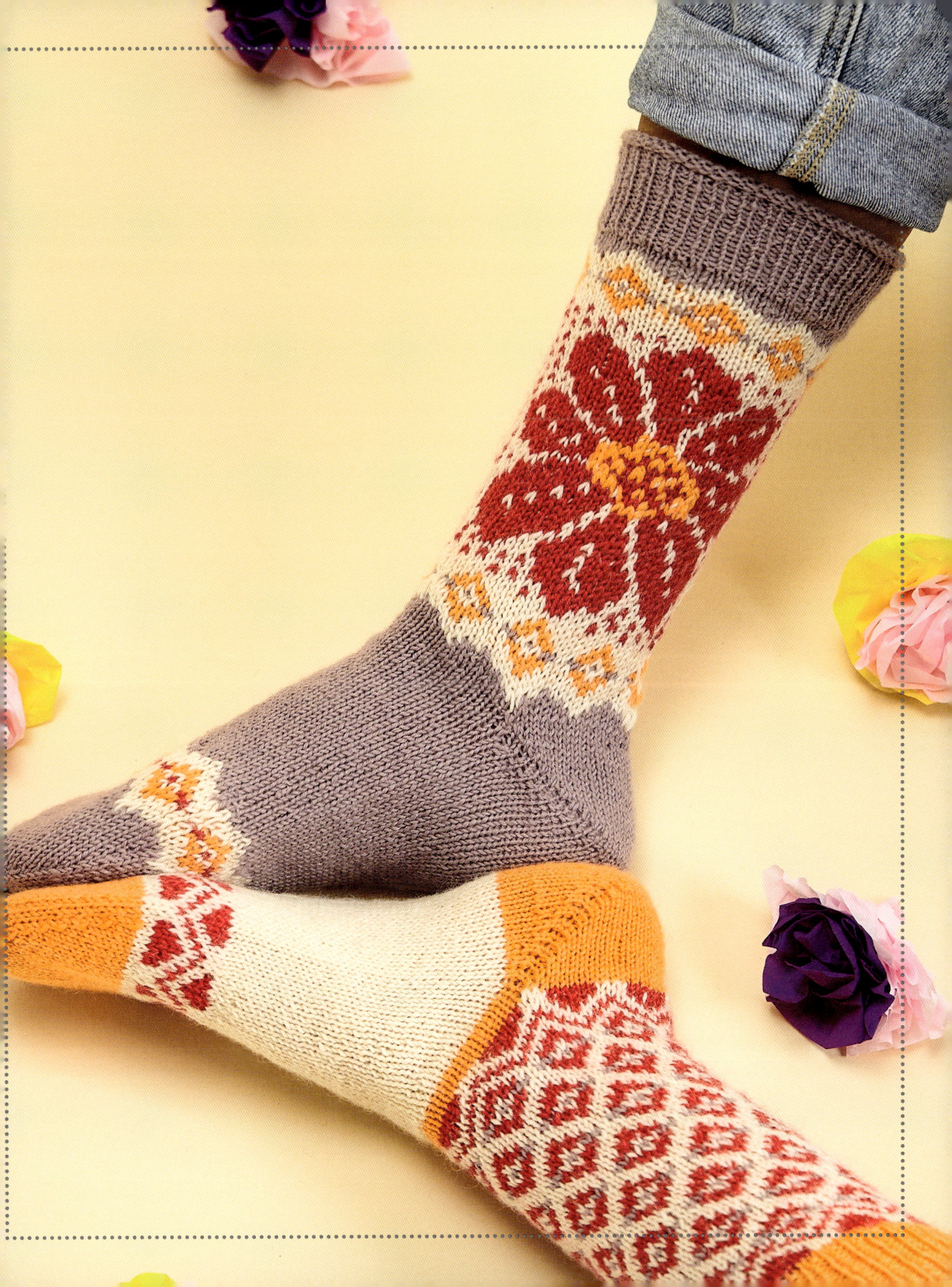

Rippenmuster

In Rd 1 M rechts, 1 M links im Wechsel str.

Glatt rechts

In Hinr rechte M, in Rückr linke M str. In Rd alle M rechts str.

Zählmuster 1

Glatt rechts in Rd in Jacquardtechnik str, dabei ist Eierschale die Hintergrundfarbe. Den Faden der nicht benötigten Fb hinter dem Gestrick mitführen, dabei auf eine gleichmäßige, weder zu feste noch zu lockere, Fadenspannung achten und beim Spannen über mehr als 5 M den Faden am besten einweben.

Den Rapport 2x wdh. Die 1.-37. Rd 1x str. Die in Mandarin gezeichneten M der 15.-23. Rd werden in Pink gestrickt und später im M-Stich in Mandarin bestickt.

Zählmuster 2

Glatt rechts in Rd in Jacquardtechnik str, dabei ist Eierschale die Hintergrund-Fb. Den Faden der nicht benötigten Fb hinter dem Gestrick mitführen, dabei auf eine gleichmäßige, weder

Zählmuster 1

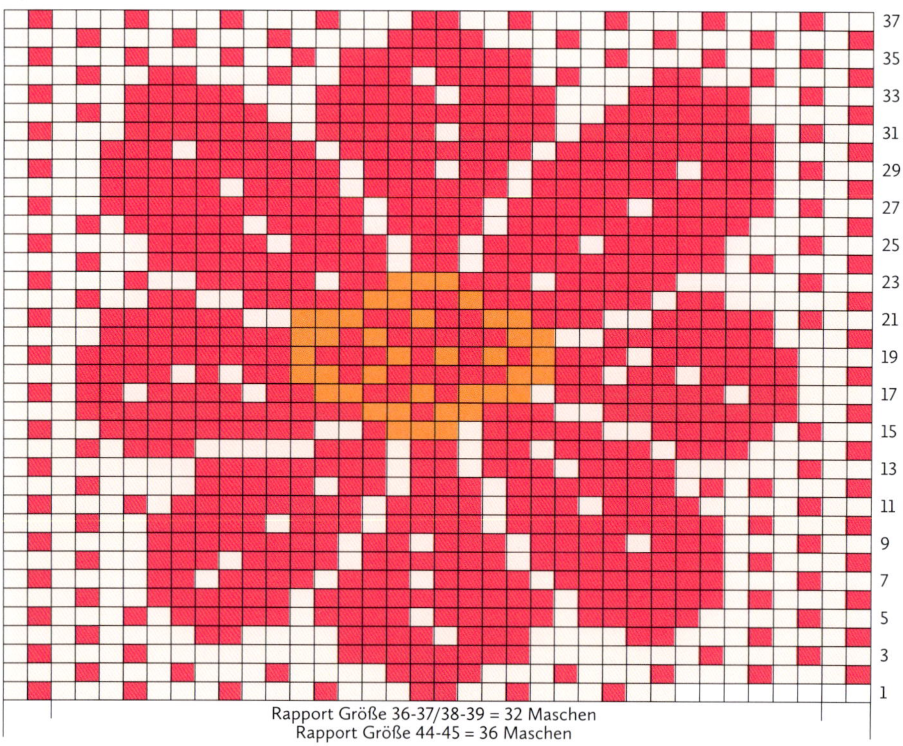

☐ = Eierschale
■ = Pink
■ = in Pink stricken, in Mandarin im Maschenstich besticken

Zählmuster 2

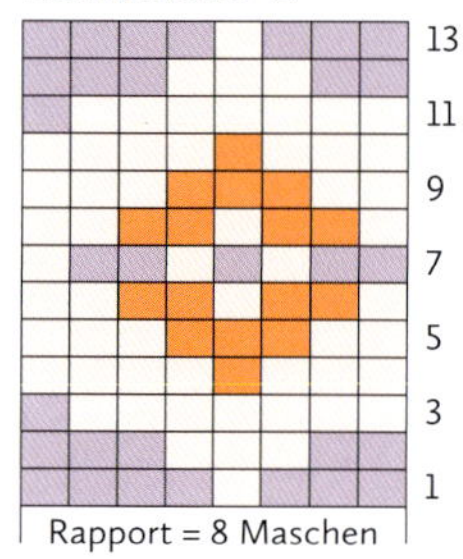

☐ = Eierschale
■ = Mandarin
■ = Mauve

Zählmuster 3

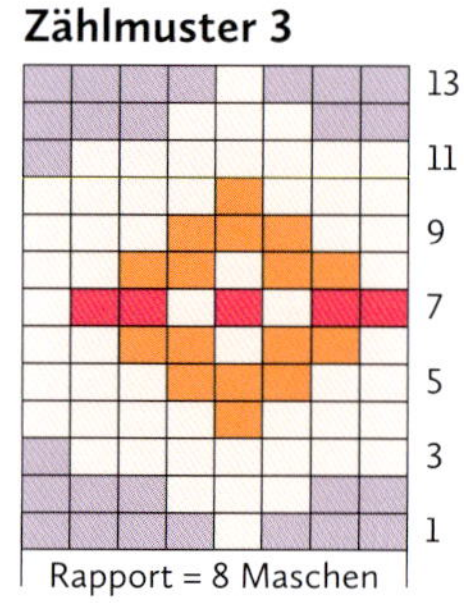

☐ = Eierschale
■ = Pink
■ = Mandarin
■ = Mauve

zu feste noch zu lockere, Fadenspannung achten und beim Spannen über mehr als 5 M den Faden am besten einweben.
Den Rapport fortlaufend wdh.

Zählmuster 3

Glatt rechts in Rd in Jacquardtechnik str, dabei ist Eierschale die Hintergrund-Fb. Den Faden der nicht benötigten Fb hinter dem Gestrick mitführen, dabei auf eine gleichmäßige, weder zu feste noch zu lockere, Fadenspannung achten und beim Spannen über mehr als 5 M, den Faden am besten einweben.
Den Rapport fortlaufend wdh. Die 1.-13. Rd 1x str.

Anleitung

Für das Bündchen in Mauve 64/64/72 M anschl, gleichmäßig auf die 4 Nd verteilen (= 16/16/18 M je Nd) und zur Rd schließen. Für das Rollbündchen 5 Rd glatt rechts str. Weiter im Rippenmuster 17 Rd (= ca. 4 cm) str. Der Rd-Wechsel befindet sich in der hinteren Mitte.
Für den Schaft 1 Rd glatt rechts str. Dann in Jacquardtechnik nach dem Zählmuster 2 die 1.-10. Rd 1x str. 1 Rd in Eierschale str. Weiter in Jacquardtechnik nach dem Zählmuster 1 str, dabei die in Mandarin gezeichneten M in der 15.-23. Rd in Pink str, sie werden später im M-Stich in Mandarin bestickt. Die 1.-37. Rd 1x str. Die Fäden in Mandarin, Eierschale und Pink abschneiden. In Eierschale 1 Rd glatt rechts str und weiter in Jacquardtechnik nach dem Zählmuster 2 die 4.-13. Rd str. Die Fäden in Eierschale, Pink und Mandarin abschneiden. In Mauve 1 Rd glatt rechts str.
Die Bumerangferse (siehe Grundanleitung S. 148 f) in Mauve str.
Für den Fuß glatt rechts bis zu einer Fußlänge von 16,5/17,5/20,5 cm str. Weiter in Jacquardtechnik nach dem Zählmuster 3 die 1.-13. Rd 1x str. In Mauve 1 Rd glatt rechts str. Die Fäden in Eierschale, Pink und Mandarin abschneiden. Die Bandspitze (siehe Grundanleitung S. 150) in Mauve str.

Fertigstellen

Alle Fäden vernähen. Die Socke anfeuchten, in Form ziehen und trocknen lassen.
Die in Mandarin gezeichneten M der 15.-23. Rd im M-Stich besticken.

Weitere Größen

Für eher schmale Füße kann in Größe 40-41 ebenfalls mit 64 M und in Größe 46-47 mit 72 M gearbeitet werden. Dafür den Fuß in Mauve bis zu einer Länge von 17,5 bzw. 20,5 cm str, dann weiter wie in der Anleitung beschrieben, str.

Blüten-meer

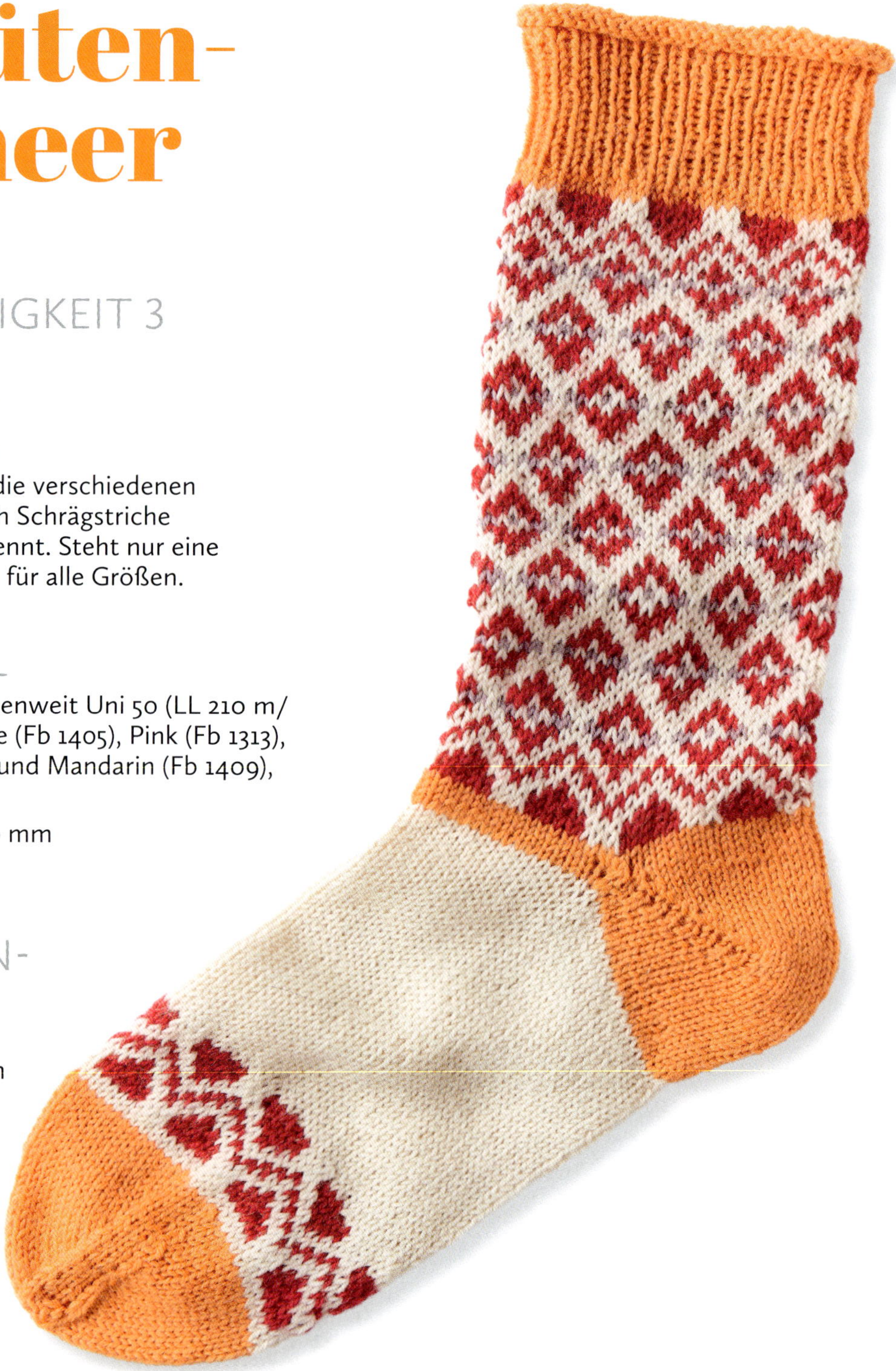

SCHWIERIGKEIT 3

GRÖSSEN

36-37/38-39/44-45
Die Angaben für die verschiedenen Größen sind durch Schrägstriche voneinander getrennt. Steht nur eine Angabe, gilt diese für alle Größen.

MATERIAL

- Lana Grossa Meilenweit Uni 50 (LL 210 m/ 50 g) in Eierschale (Fb 1405), Pink (Fb 1313), Mauve (Fb 1403) und Mandarin (Fb 1409), je 50 g
- Nadelspiel 2,5-3,0 mm
- Wollnadel

MASCHEN-PROBE

Glatt rechts
mit Nd 2,5-3,0 mm
30 M und 42 Rd
= 10 cm x 10 cm

Rippenmuster

In Rd 1 M rechts, 1 M links im Wechsel str.

Glatt rechts

In Hinr rechte M, in Rückr linke M str. In Rd alle M rechts str.

Zählmuster

Glatt rechts in Rd in Jacquardtechnik str, dabei ist Eierschale die Hintergrund-Fb. Den Faden der nicht benötigten Fb hinter dem Gestrick mitführen, dabei auf eine gleichmäßige, weder zu feste noch zu lockere, Fadenspannung achten und beim Spannen über mehr als 5 M, den Faden am besten einweben.

Den Rapport fortlaufend wdh. Die 1.-19. Rd 1x, dann die 8.-19. Rd 2x und die 20.-33. Rd 1x str.

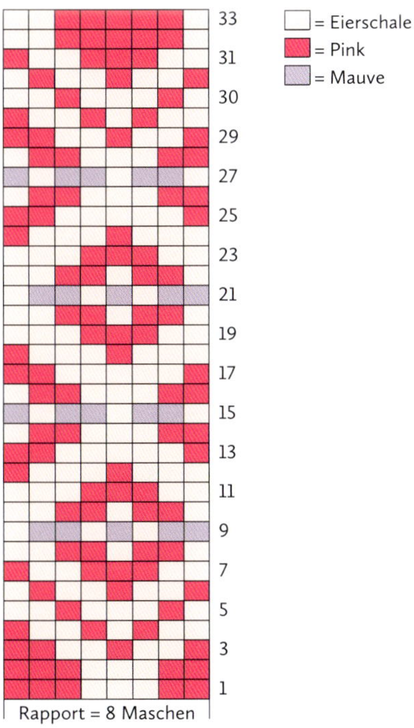

Anleitung

Für das Bündchen in Mandarin 64/64/72 M anschl, gleichmäßig auf die 4 Nd verteilen (= 16/16/18 M je Nd) und zur Rd schließen. Für das Rollbündchen 5 Rd glatt rechts str. Weiter im Rippenmuster 17 Rd (= ca. 4 cm) str. Der Rd-Wechsel befindet sich in der hinteren Mitte.

Für den Schaft 1 Rd glatt rechts str. Den Faden in Mandarin abschneiden. Weiter in Jacquardtechnik nach dem Zählmuster 1 arb. Die 1.-19. Rd 1x, dann die 8.-19. Rd 2x und die 20.-33. Rd 1x str. Die Fäden in Eierschale, Pink und Mauve abschneiden. In Mandarin 1 Rd glatt rechts str.

Die Bumerangferse (siehe Grundanleitung S. 148 f) in Mandarin str.

Für den Fuß in Mandarin 1 Rd glatt rechts str. Den Faden in Mandarin abschneiden. Weiter in Eierschale bis zu einer Fußlänge von 17/18/21 cm str. Dann in Jacquardtechnik nach dem Zählmuster die 1.-6. und die 31.-33. Rd 1x arb. Weiter in Eierschale bis zu einer Fußlänge von 19,5/20,5/23,5 cm str. Die Fäden in Eierschale und Pink abschneiden.

Die Bandspitze (siehe Grundanleitung S. 150) in Mandarin str.

Fertigstellen

Alle Fäden vernähen. Die Socke anfeuchten, in Form ziehen und trocknen lassen.

Weitere Größen

Für schmale Füße kann in Größe 40-41 ebenfalls mit 64 M und in Größe 46-47 mit 72 M gearbeitet werden. Dafür den Fuß in Eierschale bis zu einer Länge von 19 bzw. 22 cm str, dann weiter wie in der Anleitung beschrieben str.

Blütenringel

SCHWIERIGKEIT 2

GRÖSSEN

36-37/38-39/40-41/42-43/44-45/46-47
Die Angaben für die verschiedenen Größen sind durch Schrägstriche voneinander getrennt. Steht nur eine Angabe, gilt diese für alle Größen.

MATERIAL

- Lana Grossa Meilenweit Uni 50 (LL 210 m/ 50 g) in Eierschale (Fb 1405), Pink (Fb 1313), Mauve (Fb 1403) und Mandarin (Fb 1409), je 50 g
- Nadelspiel 2,5-3,0 mm
- Wollnadel

MASCHENPROBE

Glatt rechts mit Nd 2,5-3,0 mm
30 M und 42 Rd = 10 cm x 10 cm

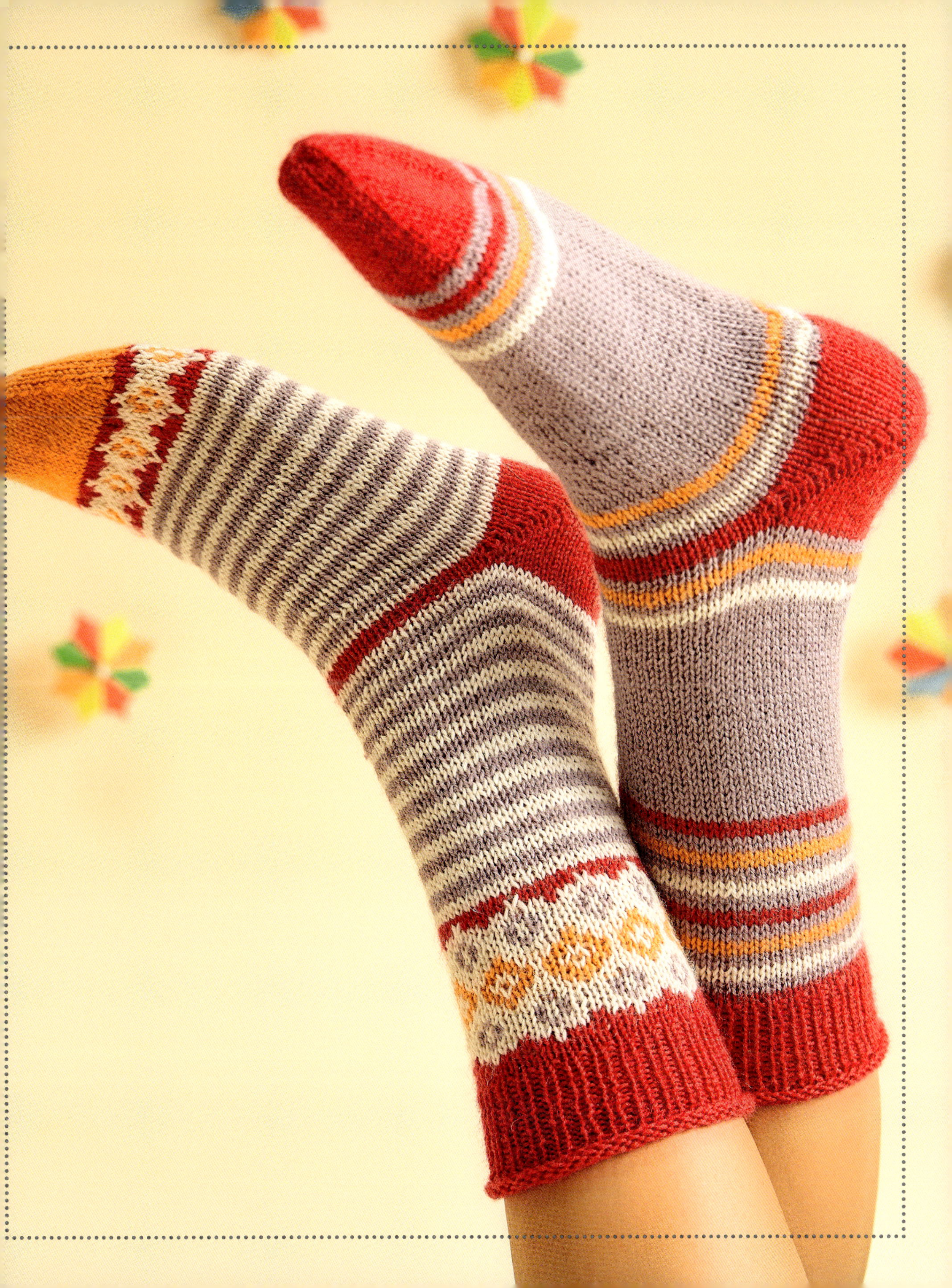

Rippenmuster

In Rd 1 M rechts, 1 M links im Wechsel str.

Glatt rechts

In Hinr rechte M, in Rückr linke M str. In Rd alle M rechts str.

Streifenfolge

2 Rd in Eierschale und 2 Rd in Mauve im Wechsel str.

Zählmuster 1

Glatt rechts in Rd in Jacquardtechnik str, dabei ist Eierschale die Hintergrund-Fb. Den Faden der nicht benötigten Fb hinter dem Gestrick mitführen, dabei auf eine gleichmäßige, weder zu feste noch zu lockere, Fadenspannung achten und beim Spannen über mehr als 5 M, den Faden am besten einweben.

Den Rapport fortlaufend wdh. Die 1.-19. Rd 1x str.

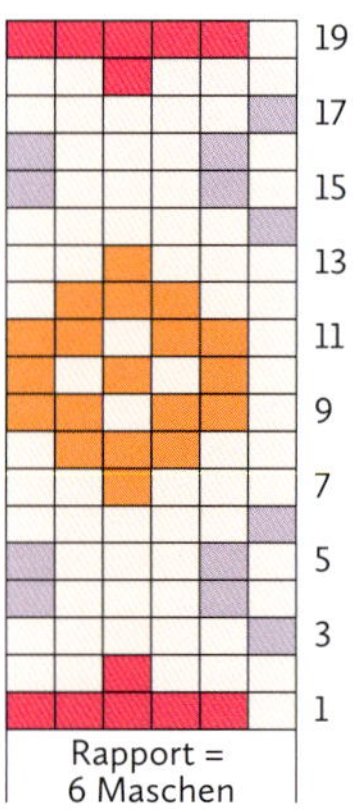

= Eierschale
= Pink
= Mandarin
= Mauve

Zählmuster 2

Glatt rechts in Rd in Jacquardtechnik str, dabei ist Eierschale die Hintergrund-Fb. Den Faden der nicht benötigten Fb hinter dem Gestrick mitführen, dabei auf eine gleichmäßige, weder zu feste noch zu lockere, Fadenspannung achten und beim Spannen über mehr als 5 M, den Faden am besten einweben.

Den Rapport fortlaufend wdh. Die 1.-8. Rd 1x str.

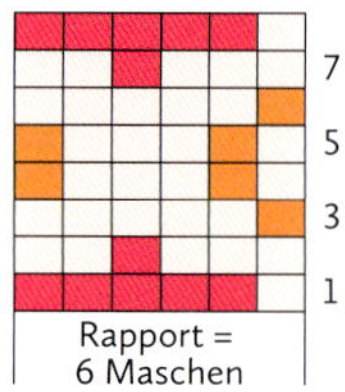

= Eierschale
= Pink
= Mandarin

Anleitung

Für das Bündchen in Pink 60/60/60/66/66/72 M anschl, gleichmäßig auf die 4 Nd verteilen (= 15/15/15/16-17-16-17/16-17-16-17/18 M je Nd) und zur Rd schließen. Für das Rollbündchen 5 Rd glatt rechts str. Weiter im Rippenmuster 17 Rd (= ca. 4 cm) str. Der Rd-Wechsel befindet sich in der hinteren Mitte.

Für den Schaft in glatt rechts 2 Rd str. Weiter in Jacquardtechnik nach dem Zählmuster 1 arb. Die 1.-19. Rd 1x, dann 1 Rd glatt rechts in Pink str. Den Faden in Pink und Mandarin abschneiden. Weiter in der Streifenfolge bis zu einer Schaftlänge von ca. 20 cm str, dabei mit 2 Rd in Eierschale enden. Die Fäden in Eierschale und Mauve abschneiden. 1 Rd in Pink glatt rechts str.

Die Bumerangferse (siehe Grundanleitung S. 148 f) in Pink str, dabei die 66 M der Größen 42-43 und 44-45 für die Fersenmaschen in 11/11/11 M aufteilen.

Für den Fuß 1 Rd in Pink glatt rechts str. Den Faden in Pink abschneiden. Weiter in der Streifenfolge bis zu einer Fußlänge von 17/18/19/ 20,5/21/22 cm str, dabei mit 2 Rd in Eierschale enden. Den Faden in Mauve abschneiden. Weiter 1 Rd in Pink glatt rechts und dann in Jacquardtechnik nach dem Zählmuster 2 die 1.-8. Rd 1x str. 1 Rd in Pink glatt rechts str, dabei für Größe 42-43 gleichmäßig verteilt 2x 2 M rechts zusammenstr (= 64 M). Die Fäden in Eierschale und Pink abschneiden.
Die Bandspitze (siehe Grundanleitung S. 150) in Mandarin str dabei für Größe 44-45 in der 1. Abnahme-Rd nur die M der 1. und 3. Nd rechts zusammenstr (= 64 M).

Fertigstellen

Alle Fäden vernähen. Die Socke anfeuchten, in Form ziehen und trocknen lassen.

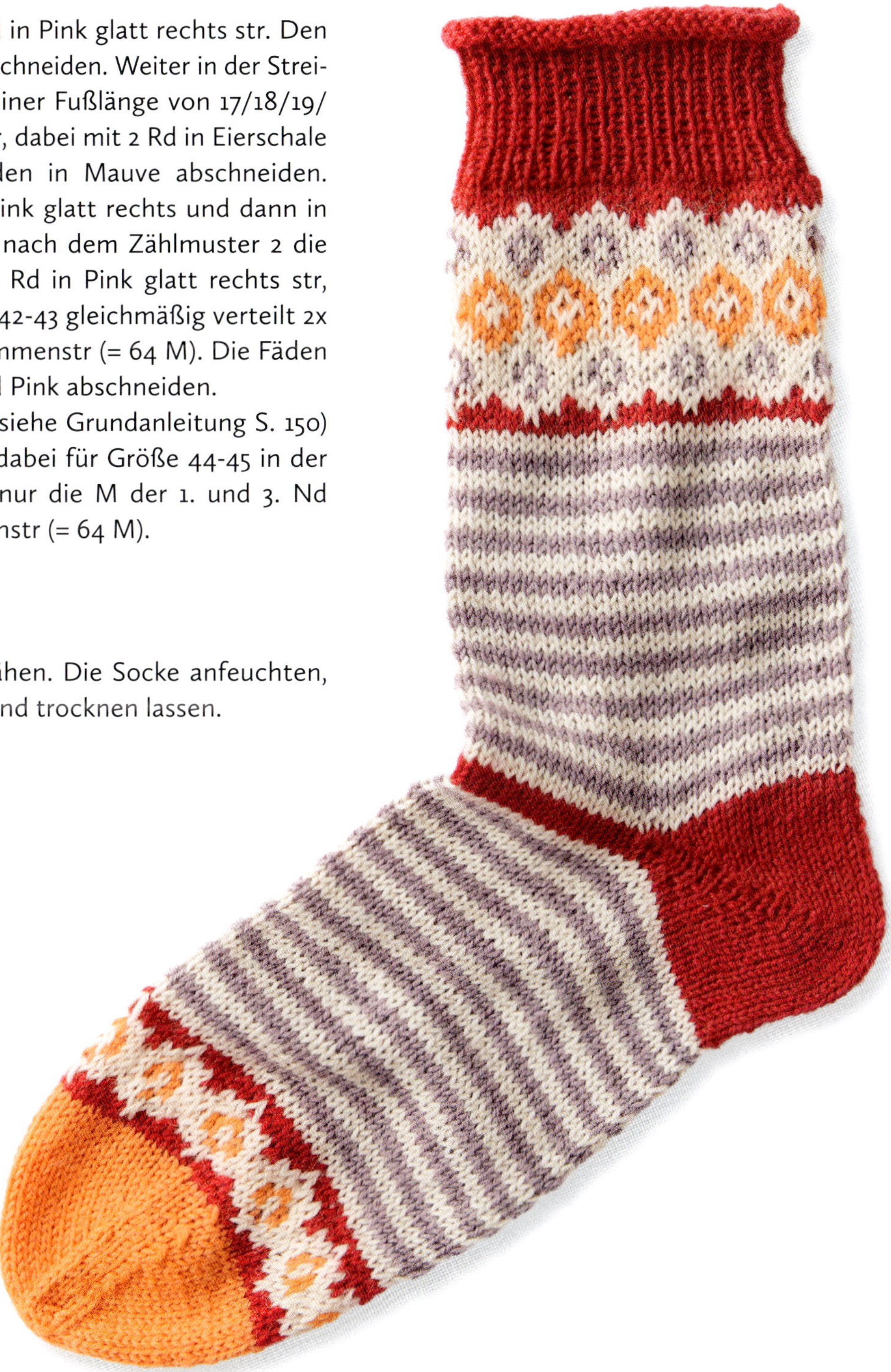

Sommer-Streifen

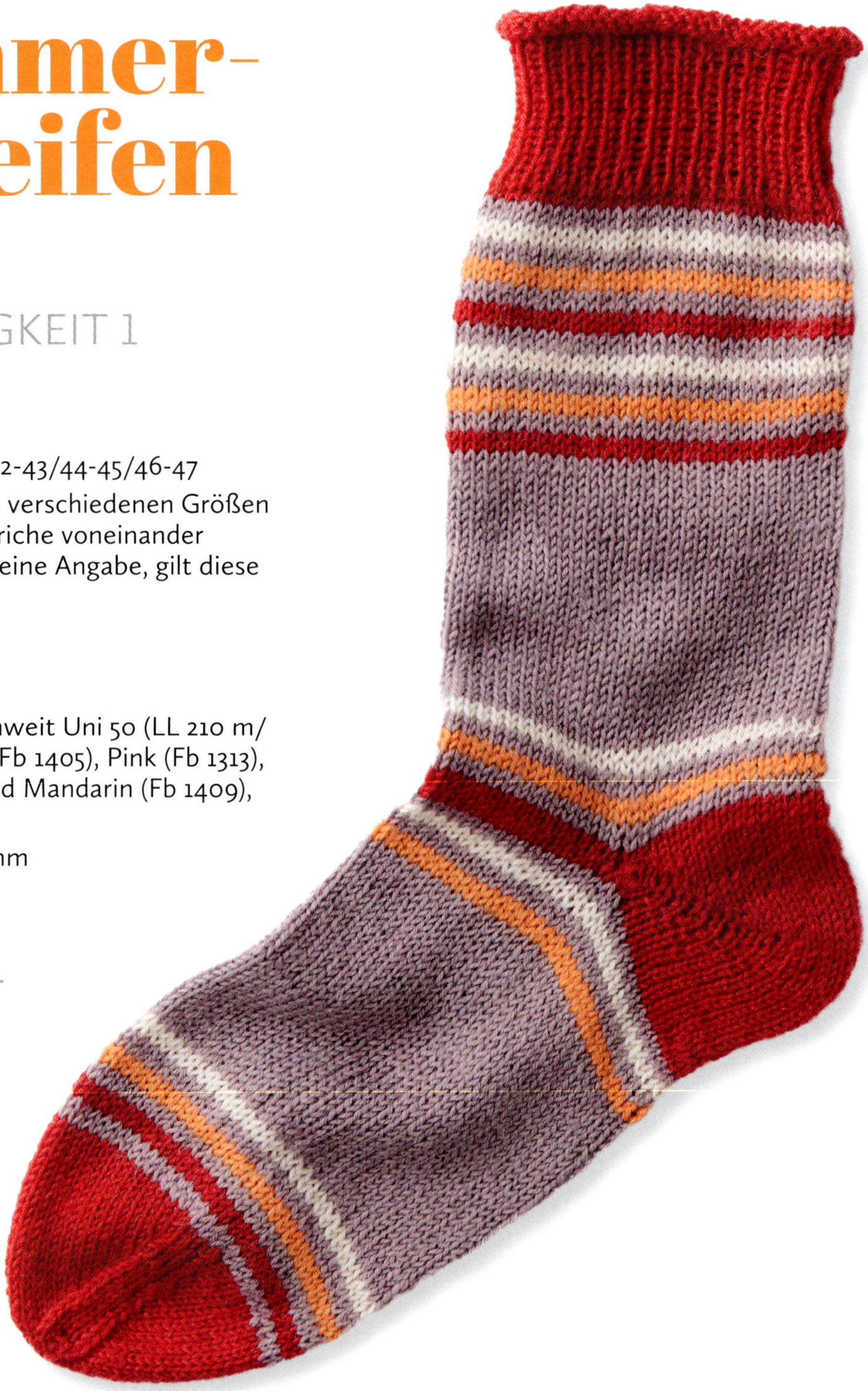

SCHWIERIGKEIT 1

GRÖSSEN

36-37/38-39/40-41/42-43/44-45/46-47
Die Angaben für die verschiedenen Größen sind durch Schrägstriche voneinander getrennt. Steht nur eine Angabe, gilt diese für alle Größen.

MATERIAL

- Lana Grossa Meilenweit Uni 50 (LL 210 m/50 g) in Eierschale (Fb 1405), Pink (Fb 1313), Mauve (Fb 1403) und Mandarin (Fb 1409), je 50 g
- Nadelspiel 2,5-3,0 mm
- Wollnadel

MASCHEN-PROBE

Glatt rechts
mit Nd 2,5-3,0 mm
30 M und 42 Rd
= 10 cm x 10 cm

Rippenmuster

In Rd 1 M rechts, 1 M links im Wechsel str.

Glatt rechts

In Hinr rechte M, in Rückr linke M str. In Rd alle M rechts str.

Streifenfolge

2 Rd Fb A: Mauve
2 Rd Fb B: Eierschale
2 Rd Fb A: Mauve
2 Rd Fb C: Mandarin
2 Rd Fb A: Mauve
2 Rd Fb D: Pink

Anleitung

In Fb D 60/60/64/64/68/72 M anschl, gleichmäßig auf die 4 Nd verteilen (= 15/15/16/16/17/18 M je Nd) und zur Rd schließen. Zunächst 5 Rd glatt rechts str und weiter im Rippenmuster 17 Rd (= ca. 4 cm) str. Der Rd-Wechsel befindet sich in der hinteren Mitte. Dann glatt rechts die Streifenfolge 2x str. Die Fäden in Fb B-D abschneiden. Weiter glatt rechts in Farbe A bis zu einer Länge von ca. 17,5 cm str, weiter die ersten 10 Rd der Streifenfolge str. Die Fäden in Fb A-C abschneiden.
Die Bumerangferse in Farbe D str, dabei die Ferse mit 1 Rd in Fb D beginnen und enden. Danach die ersten 8 Rd der Streifenfolge arb. Die Fäden in Fb B-D abschneiden.
Weiter den Fuß in Farbe A bis zu einer Länge von 16/17/18/19,5/20/21 cm str. Dann die Streifenfolge 1x arb und 2 Rd in Fb A str. Die Fäden der Fb B-D abschneiden. Dann die Bandspitze (siehe Grundanleitung S. 150) in Fb D str.

Fertigstellen

Alle Fäden vernähen. Die Socke anfeuchten, in Form ziehen und trocknen lassen.

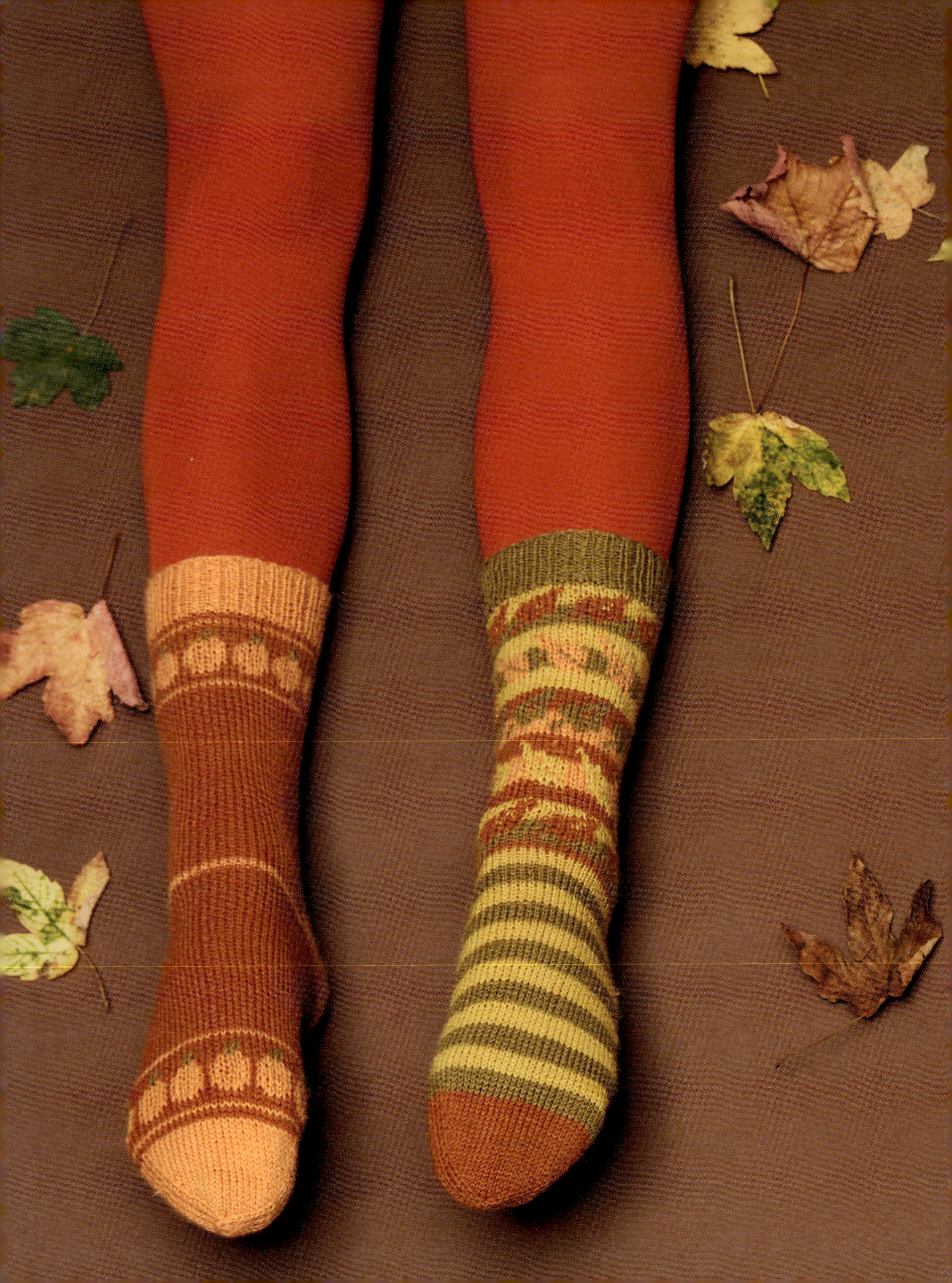

Gemütliche HERBSTZEIT

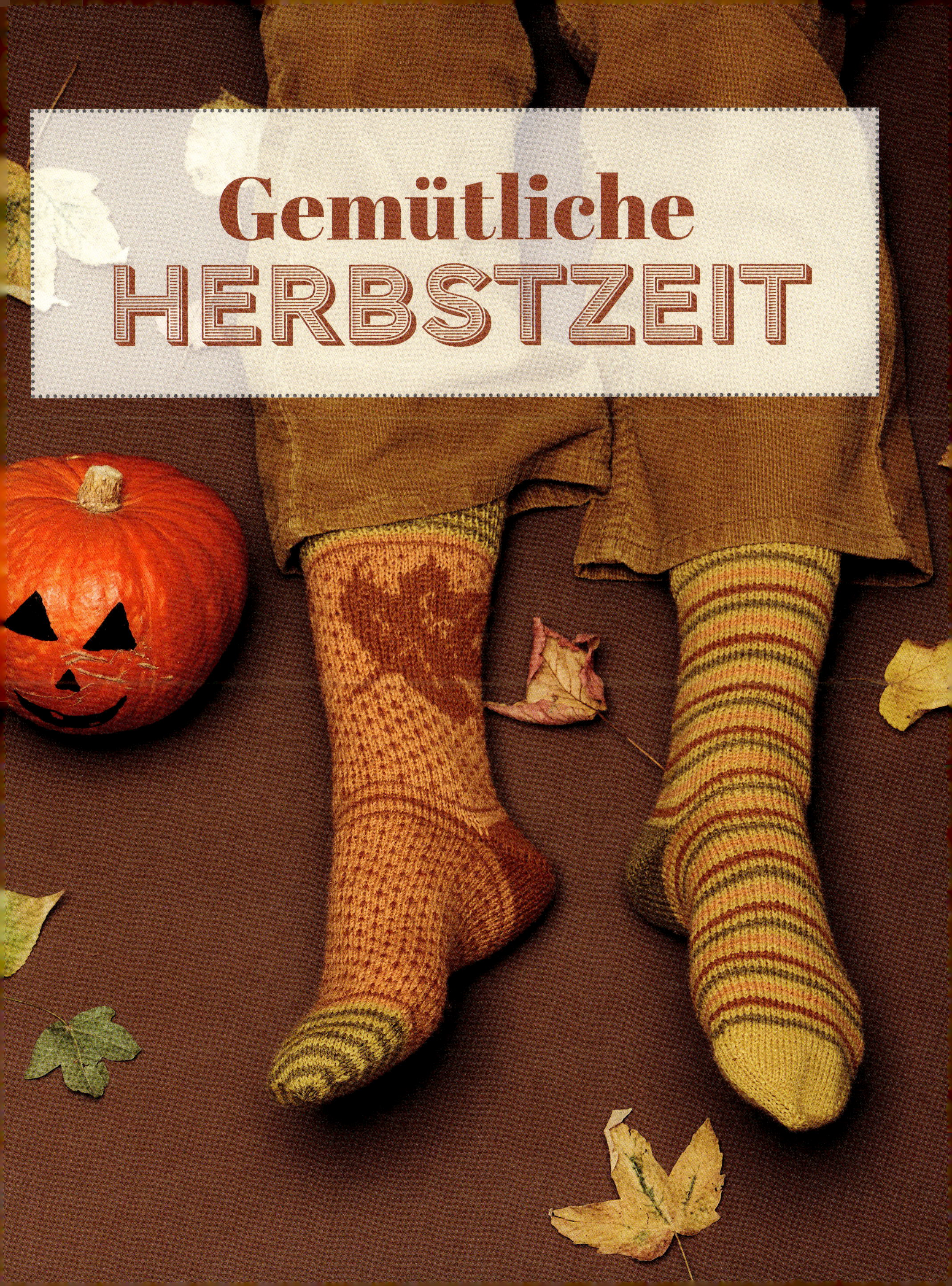

Buntes Herbstlaub

SCHWIERIGKEIT 2

GRÖSSEN

36-37/38-39/44-45
Die Angaben für die verschiedenen Größen sind durch Schrägstriche voneinander getrennt. Steht nur eine Angabe, gilt diese für alle Größen.

MATERIAL

- Westyorkshire Spinners Signature (LL 400 m/100 g) in Cardamom (Fb 351), Turmaric (Fb 358), Nutmeg (Fb 620) und Butterscotch (Fb 240), je 100 g
- Nadelspiel 2,5-3,0 mm
- Wollnadel

MASCHENPROBE

Glatt rechts mit Nd 2,5-3,5 mm
30 M und 42 Rd = 10 cm x 10 cm

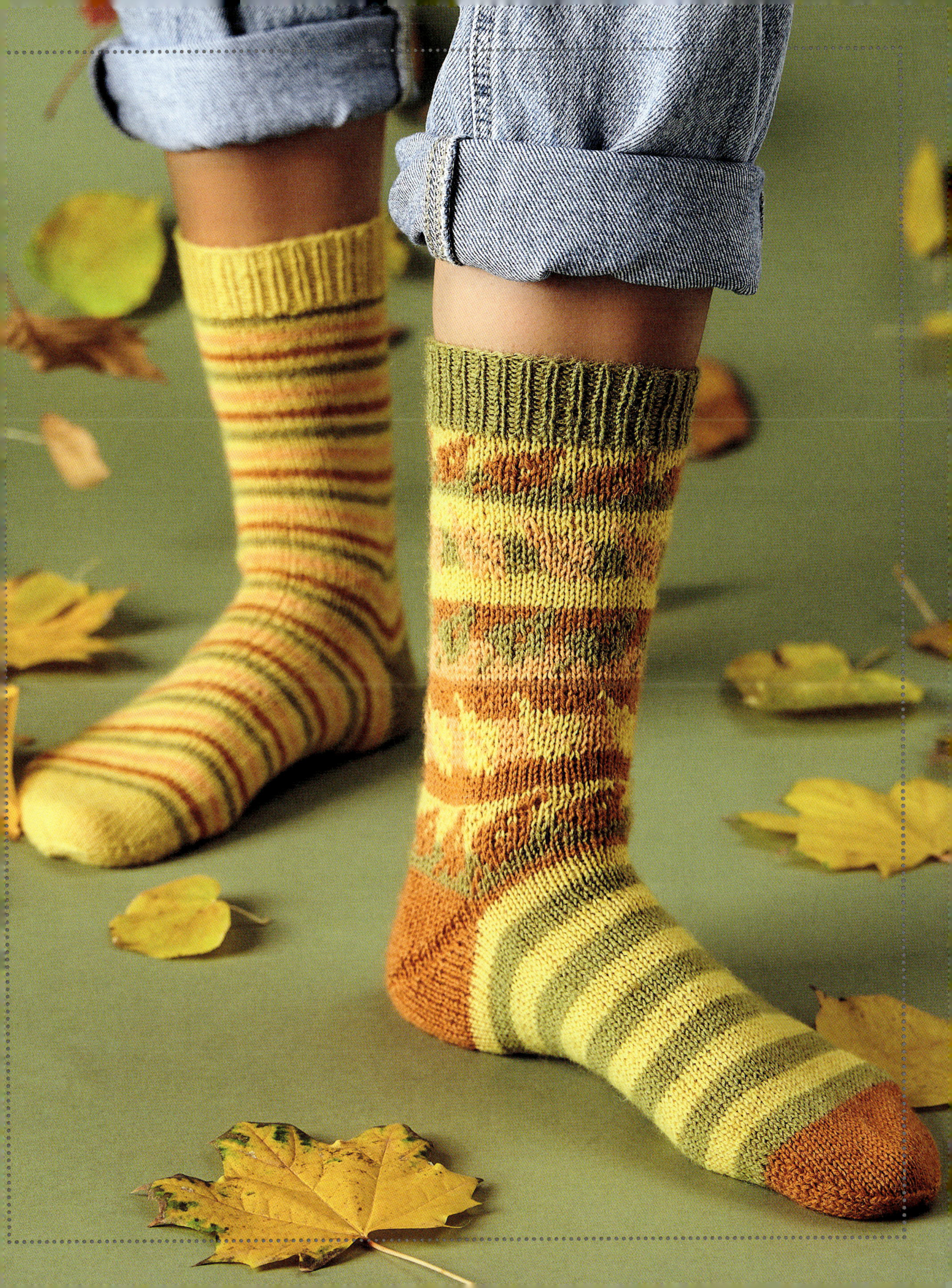

Rippenmuster

In Rd 1 M rechts, 1 M links im Wechsel str.

Glatt rechts

In Hinr rechte M, in Rückr linke M str. In Rd alle M rechts str.

Streifenfolge

5 Rd in Butterscotch und 5 Rd in Cardamom im Wechsel str.

Zählmuster

Glatt rechts in Rd in Jacquardtechnik str, dabei sind Butterscotch und Cardamom die Hintergrund-Fb für die 1.-25. Rd und Turmaric und Nutmeg die Hintergrund-Fb für die 26.-50. Rd. Den Faden der nicht benötigten Fb hinter dem Gestrick mitführen, dabei auf eine gleichmäßige, weder zu feste noch zu lockere, Fadenspannung achten und beim Spannen über mehr als 5 M den Faden am besten einweben. Den Rapport fortlaufend wdh. Die 1.-50. Rd 1x str, dann die 1.-10. Rd noch 1x wdh.

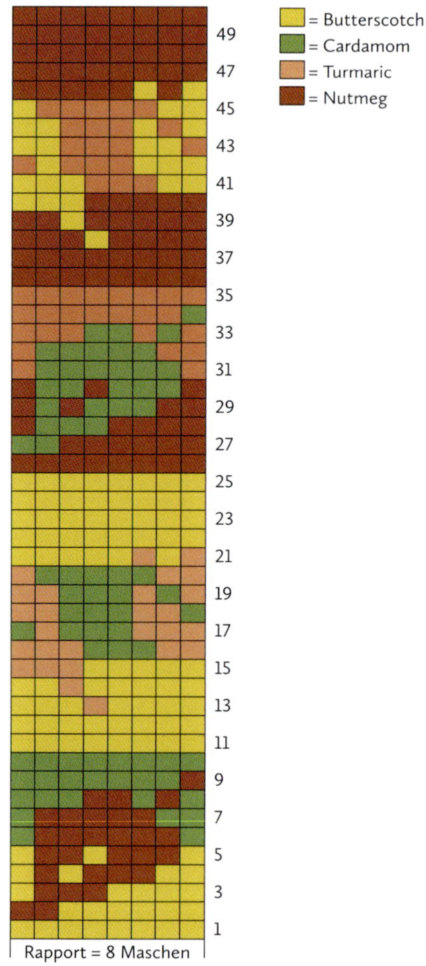

Anleitung

Für das Bündchen in Cardamom 64/64/72 M anschl, gleichmäßig auf die 4 Nd verteilen (= 16/16/18 M je Nd) und zur Rd schließen. Im Rippenmuster 17 Rd (= ca. 4 cm) str. Der Rd-Wechsel befindet sich in der hinteren Mitte.

Für den Schaft glatt rechts in Jacquardtechnik nach dem Zählmuster arb. Die 1.-50. Rd 1x str, dann die 1.-10. Rd noch 1x wdh. Die Fäden in Cardamom, Turmaric und Butterscotch abschneiden.

Die Bumerangferse (siehe Grundanleitung S. 148 f) in Nutmeg str. Den Faden in Nutmeg abschneiden.

Für den Fuß in der Streifenfolge bis zu einer Fußlänge von 19,5/20,5/23,5 cm str. Dann 1 Rd in Nutmeg glatt rechts str.

Die Bandspitze (siehe Grundanleitung S. 150) ebenfalls in Nutmeg str.

Fertigstellen

Alle Fäden vernähen. Die Socke anfeuchten, in Form ziehen und trocknen lassen.

Weitere Größen

Für eher schmale Füße kann in Größe 40-41 ebenfalls mit 64 M und in Größe 46-47 mit 72 M gearbeitet werden. Dafür den Fuß in der angegebenen Streifenfolge bis zu einer Länge von 21,5 bzw. 24,5 cm str, dann weiter wie in der Anleitung beschrieben, str.

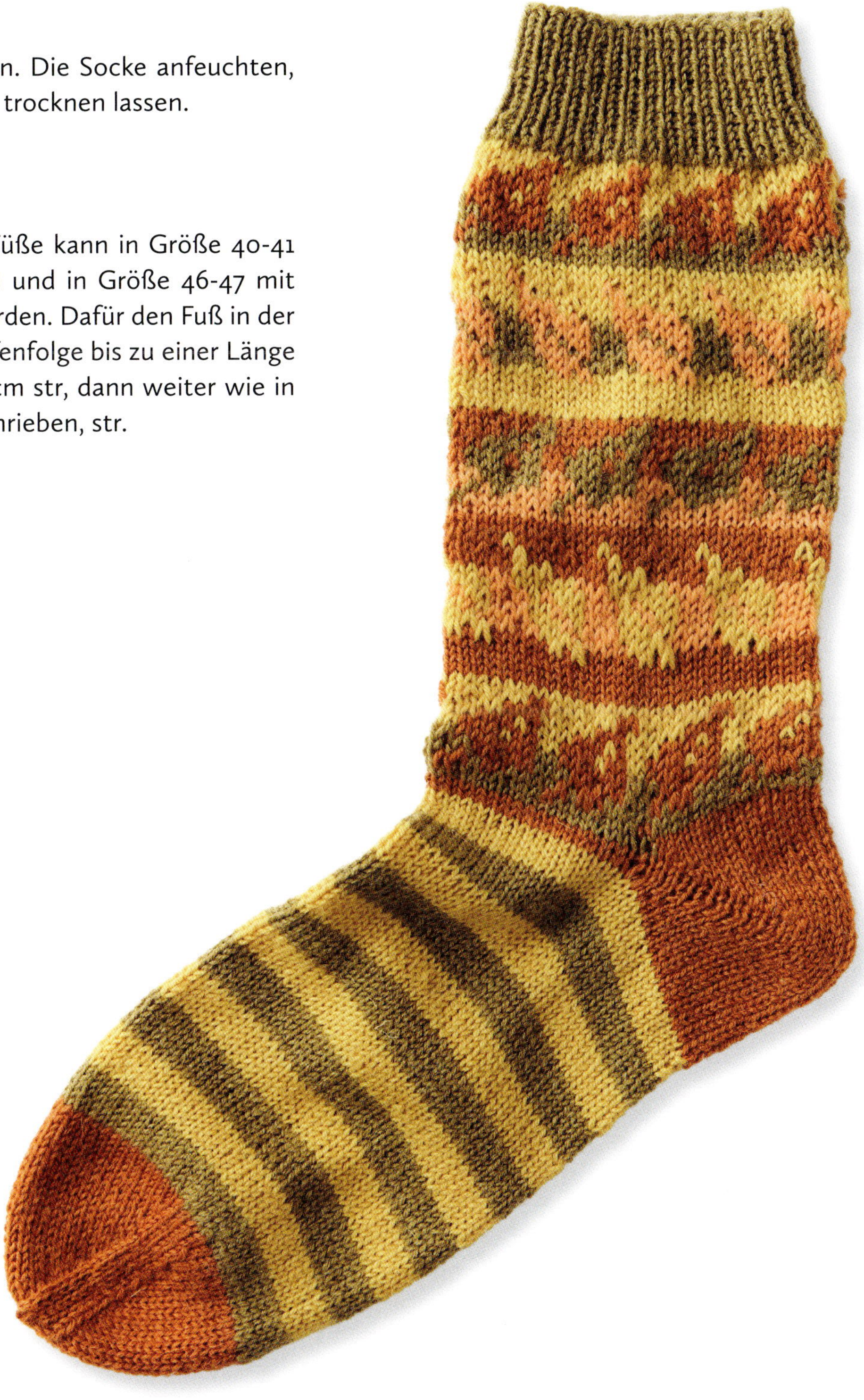

Großes Blatt

SCHWIERIGKEIT 3

GRÖSSEN

36-37/38-39/40-41/42-43/44-45/46-47
Die Angaben für die verschiedenen Größen sind durch Schrägstriche voneinander getrennt. Steht nur eine Angabe, gilt diese für alle Größen.

MATERIAL

- Westyorkshire Spinners Signature (LL 400 m/100 g) in Cardamom (Fb 351), Turmaric (Fb 358), Nutmeg (Fb 620) und Butterscotch (Fb 240), je 100 g
- Nadelspiel 2,5-3,0 mm
- Wollnadel

MASCHENPROBE

Glatt rechts mit Nd 2,5-3,0 mm
30 M und 42 Rd = 10 cm x 10 cm

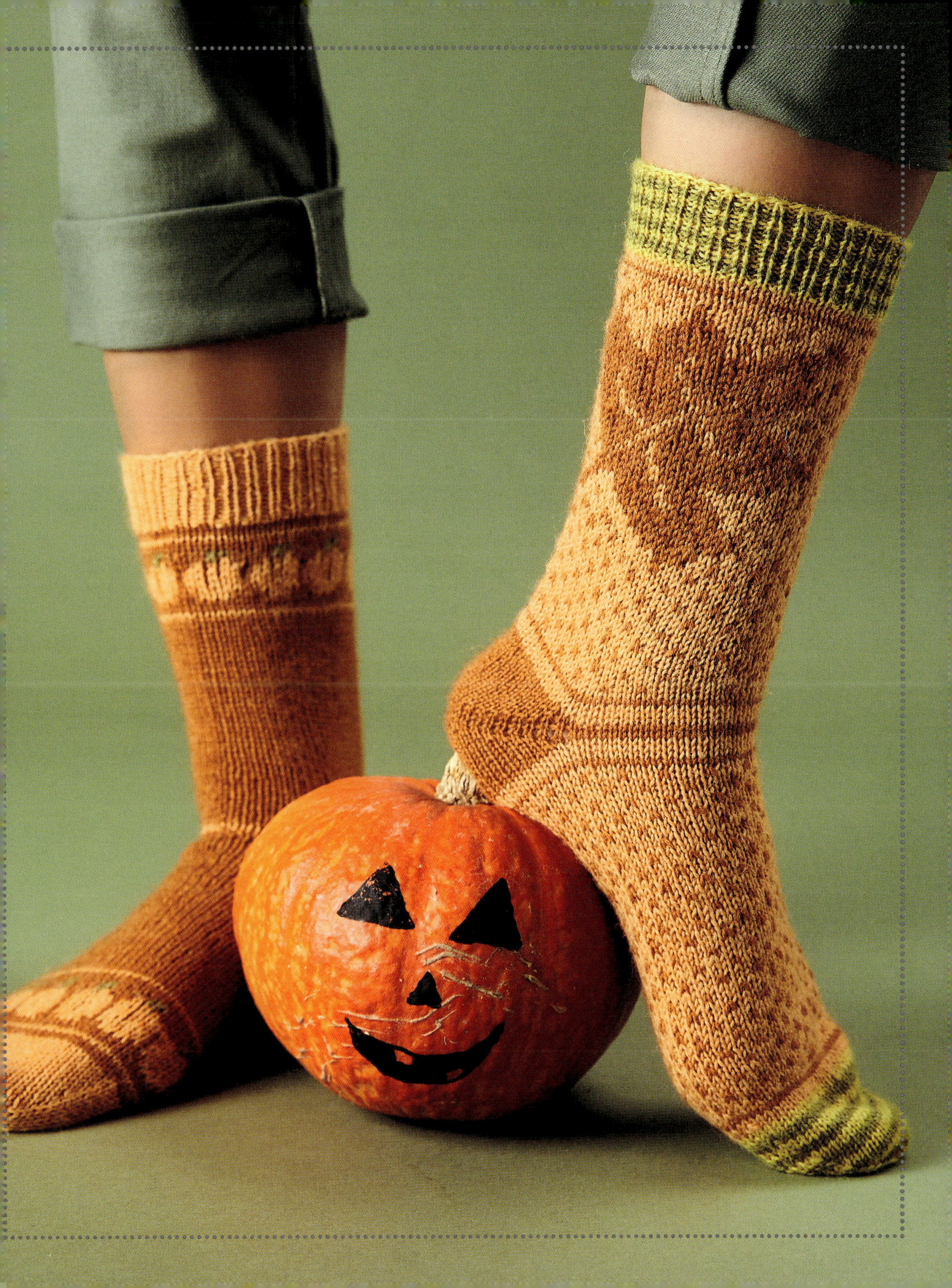

Rippenmuster

In Rd 1 M rechts, 1 M links im Wechsel str.

Glatt rechts

In Hinr rechte M, in Rückr linke M str. In Rd alle M rechts str.

Streifenfolge 1

2 Rd in Cardamom und 2 Rd in Butterscotch im Wechsel str.

Streifenfolge 2

2 Rd in Butterscotch und 2 Rd in Cardamom im Wechsel str.

Zählmuster

Glatt rechts in Rd in Jacquardtechnik str, dabei ist Turmaric die Hintergrund-Fb. Den Faden der nicht benötigten Fb hinter dem Gestrick mitführen, dabei auf eine gleichmäßige, weder zu feste noch zu lockere, Fadenspannung achten und beim Spannen über mehr als 5 M den Faden am besten einweben.
Den Rapport 2x wdh. Die 1.-39. Rd 1x str, dann die 36.-39. Rd noch 3x wdh.

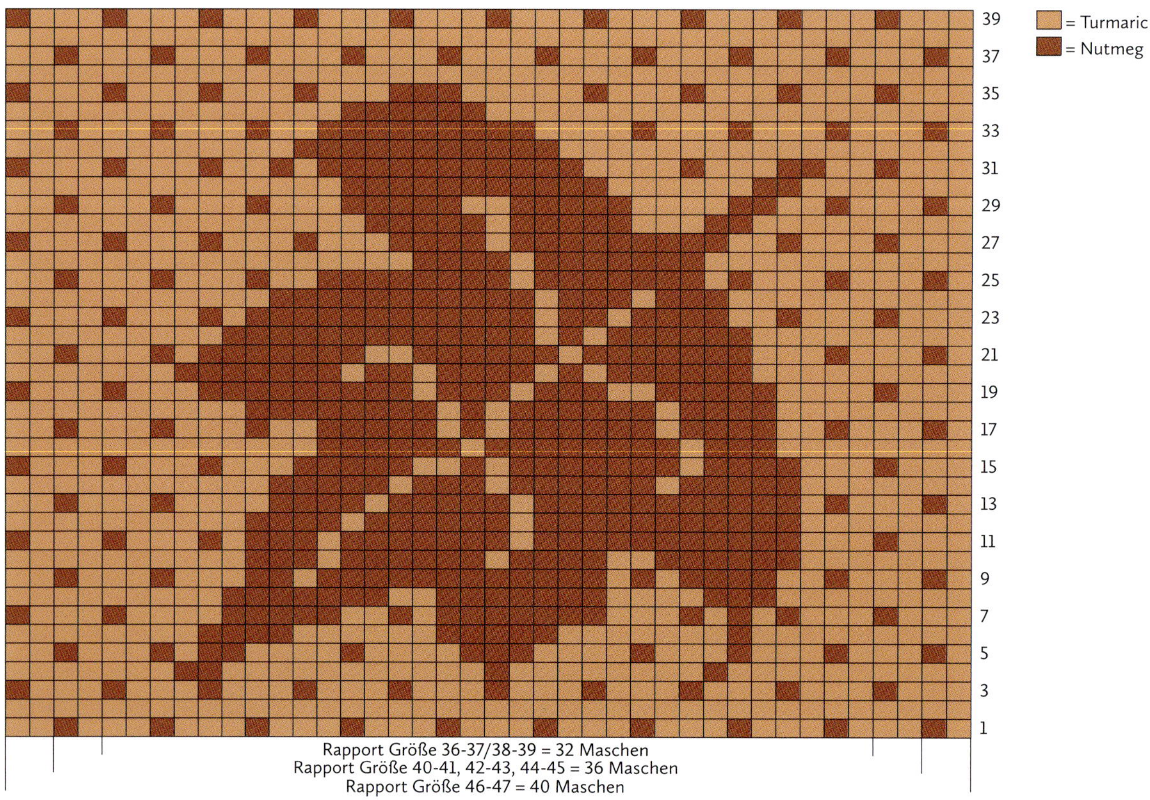

Anleitung

Für das Bündchen in Butterscotch 64/64/68/68/72/76 M anschl, gleichmäßig auf die 4 Nd verteilen (= 16/16/17/17/18/19 M je Nd) und zur Rd schließen. Im Rippenmuster 1 Rd str. Weiter 4x die Streifenfolge 1 str. Der Rd-Wechsel befindet sich in der hinteren Mitte. Für Größe 40-41, 42-43 und 46-47 in der letzten Rd 4 M gleichmäßig verteilt zunehmen (= 64/64/72/72/72/80 M). Die Fäden in Buttercotch und Cardamom abschneiden.

Für den Schaft glatt rechts 2 Rd in Turmaric, 1 Rd in Nutmeg und 1 Rd in Turmaric str. Weiter in Jacquardtechnik nach dem Zählmuster arb. Die 1.-39. Rd 1x str, dann die 36.-39. Rd noch 3x wdh. 1 Rd in Turmaric str, dabei für Größe 40-41, 42-43 und 46-47 gleichmäßig verteilt 4x 2 M rechts zusammenstr (= 64/64/68/68/72/76 M). 1 Rd in Nutmeg und 3 Rd in Turmaric str. Dann den Faden in Turmaric abschneiden.

Die Bumerangferse (siehe Grundanleitung S. 148 f) in Nutmeg str.

Für den Fuß 3 Rd in Turmaric, 1 Rd in Nutmeg str. Weiter die 36.-39. Rd fortlaufend wdh, bis zu einer Länge von 18,5/19,5/20,5/22/22,5/23,5 cm. Für Größe 40-41 bzw. 42-43 den Rapport der Größe 36-37 bzw. 38-39, für Größe 46-47 den Rapport der Größe 44-45 bei der Wiederholung um weitere 4 M mustergemäß verlängern. 1 Rd in Turmaric, 1 Rd in Nutmec und 2 Rd in Turmaric str. Die Fäden in Nutmec und Turmaric abschneiden.

Die Bandspitze (siehe Grundanleitung S. 150) in der Streifenfolge 2 str.

Fertigstellen

Alle Fäden vernähen. Die Socke anfeuchten, in Form ziehen und trocknen lassen.

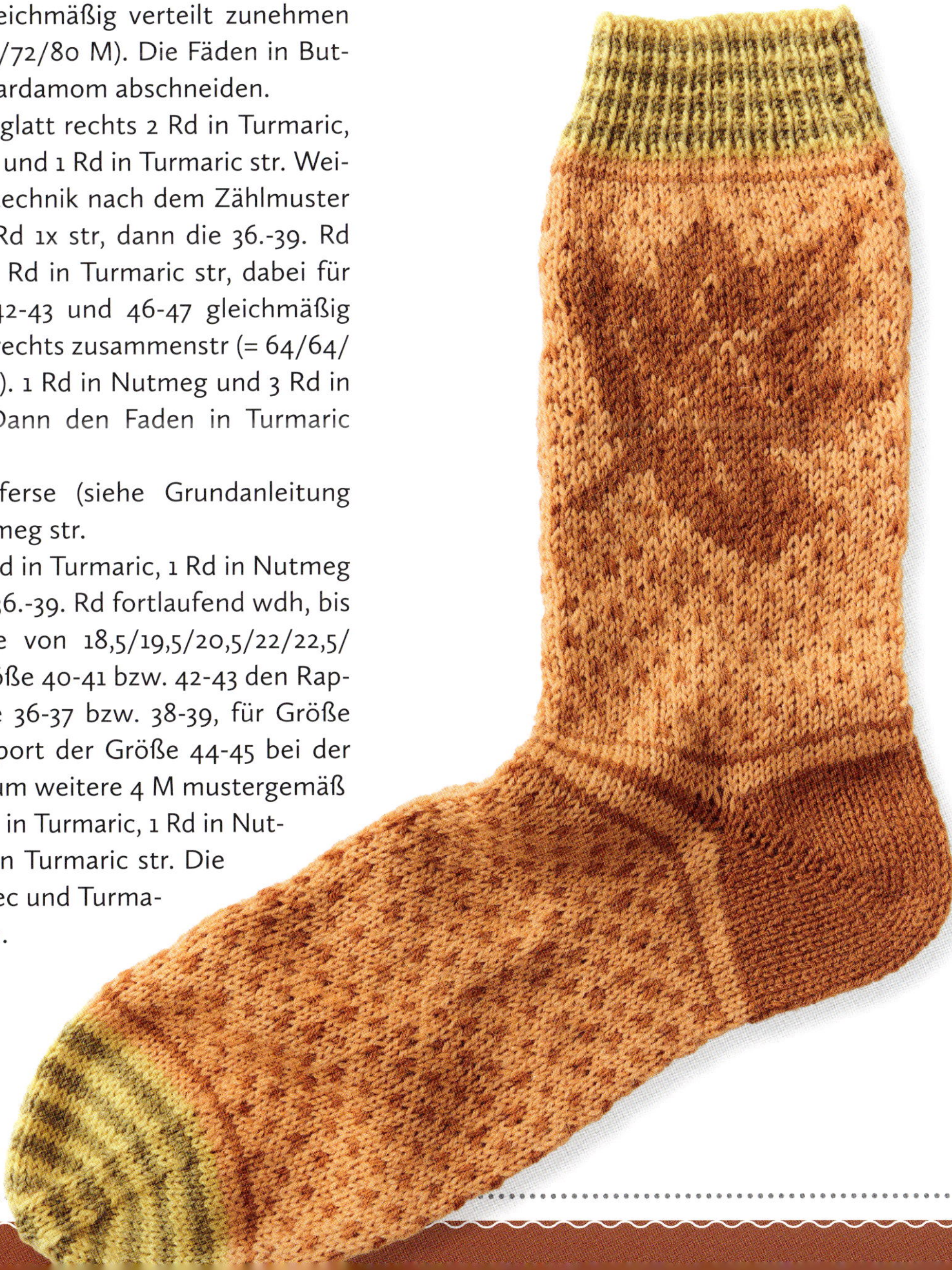

Kürbis-girlande

SCHWIERIGKEIT 2

GRÖSSEN

36-37/38-39/40-41/42-43/44-45/46-47
Die Angaben für die verschiedenen Größen sind durch Schrägstriche voneinander getrennt. Steht nur eine Angabe, gilt diese für alle Größen.

MATERIAL

- Westyorkshire Spinners Signature (LL 400 m/100 g) in Cardamom (Fb 351), Turmaric (Fb 358) und Nutmeg (Fb 620), je 100 g
- Nadelspiel 2,5-3,0 mm
- Wollnadel

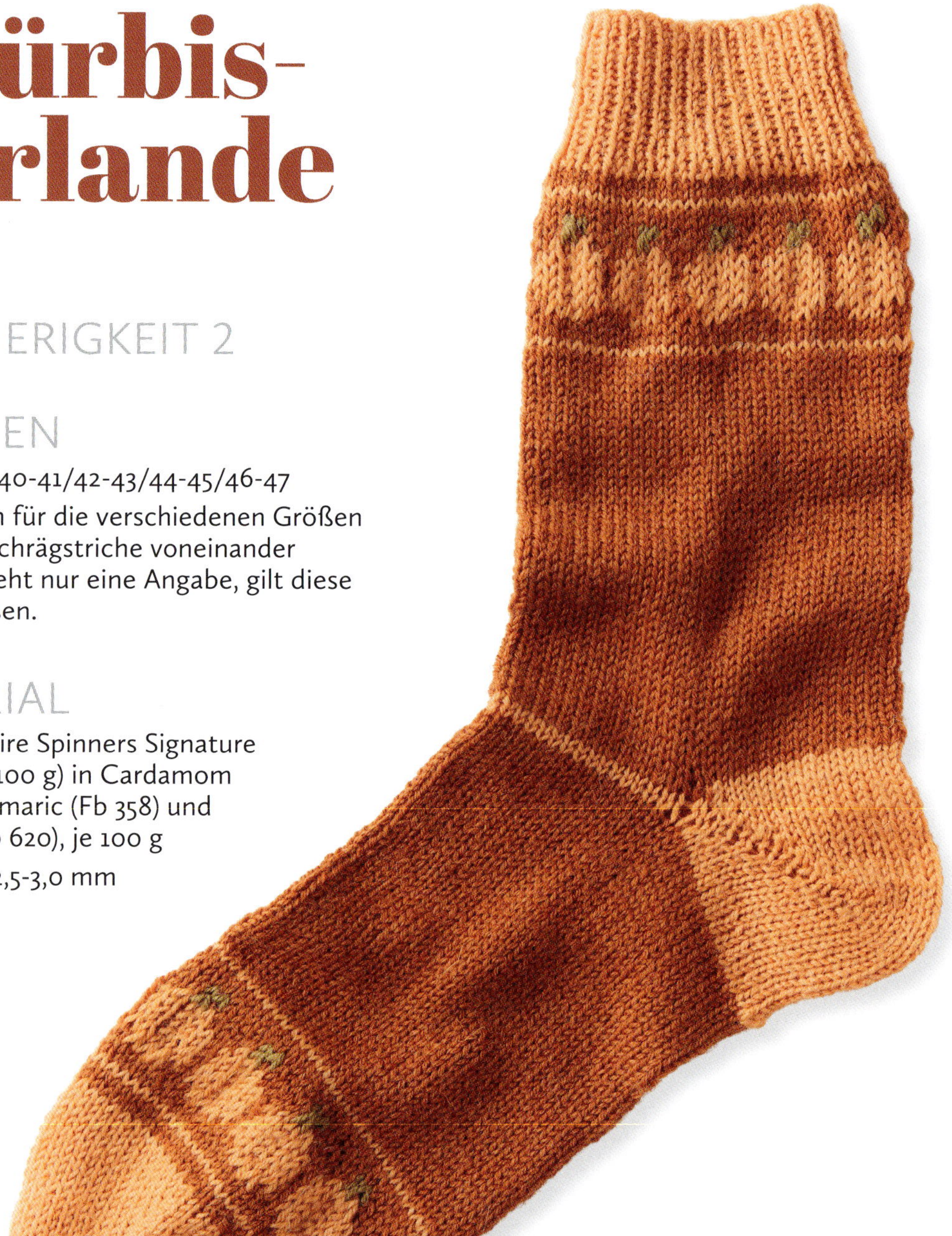

MASCHENPROBE

Glatt rechts mit Nd 2,5-3,0 mm
30 M und 42 Rd = 10 cm x 10 cm

Rippenmuster

In Rd 1 M rechts, 1 M links im Wechsel str.

Glatt rechts

In Hinr rechte M, in Rückr linke M str. In Rd alle M rechts str.

Zählmuster

Glatt rechts in Rd in Jacquardtechnik str, dabei ist Nutmeg die Hintergrund-Fb. Den Faden der nicht benötigten Fb hinter dem Gestrick mitführen, dabei auf eine gleichmäßige, weder zu feste noch zu lockere, Fadenspannung achten und beim Spannen über mehr als 5 M den Faden am besten einweben.

Den Rapport fortlaufend wdh. Die 1.-8. Rd 1x str.

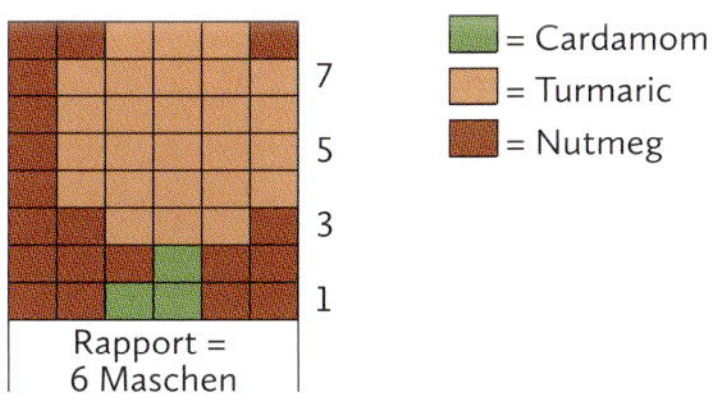

Anleitung

In Turmaric 60/60/60/66/66/72 M anschl, gleichmäßig auf die 4 Nd verteilen (= 15/15/15/16-17-16-17/16-17-16-17/18 M je Nd) und zur Rd schließen. Im Rippenmuster 17 Rd (= 4 cm) str. Der Rd-Wechsel befindet sich in der hinteren Mitte.

Für den Schaft glatt rechts 2 Rd in Nutmeg, 1 Rd in Turmaric und 2 Rd in Nutmeg str. Weiter in Jacquardtechnik im Zählmuster die 1.-8. Rd 1x str. Den Faden in Cardamom abschneiden. Dann 2 Rd in Nutmeg und 1 Rd in Turmaric glatt rechts arb. Den Schaft bis zu einer Länge von 20 cm in Nutmeg glatt rechts str. Den Faden in Nutmeg abschneiden.

Die Bumerangferse (siehe Grundanleitung S. 148 f) in Turmaric str, dabei die 66 M der Größen 42-43 und 44-45 für die Fersenmaschen in 11/11/11 M aufteilen Den Fuß bis zu einer Gesamtlänge von 15/16/17/18,5/19/20 cm in Nutmeg glatt rechts str. Weiter 1 Rd in Turmaric und 2 Rd in Nutmeg arb. Dann in Jacquardtechnik im Zählmuster die 1.-8. Rd 1x str. Den Faden in Cardamom abschneiden. 2 Rd in Nutmeg, 1 Rd in Turmaric und 2 Rd in Nutmeg glatt rechts str, dabei für Größe 42-43 in der letzten Rd gleichmäßig verteilt 2x 2 M rechts zusammenstr (= 64 M). Den Faden in Nutmeg abschneiden.

Die Bandspitze (siehe Grundanleitung S. 150) in Turmaric str, dabei für Größe 44-45 in der 1. Abnahme-Rd nur die M der 1. und 3. Nd rechts zusammenstr (= 64 M).

Fertigstellen

Alle Fäden vernähen. Die Socke anfeuchten, in Form ziehen und trocknen lassen.

Herbst-Ringel

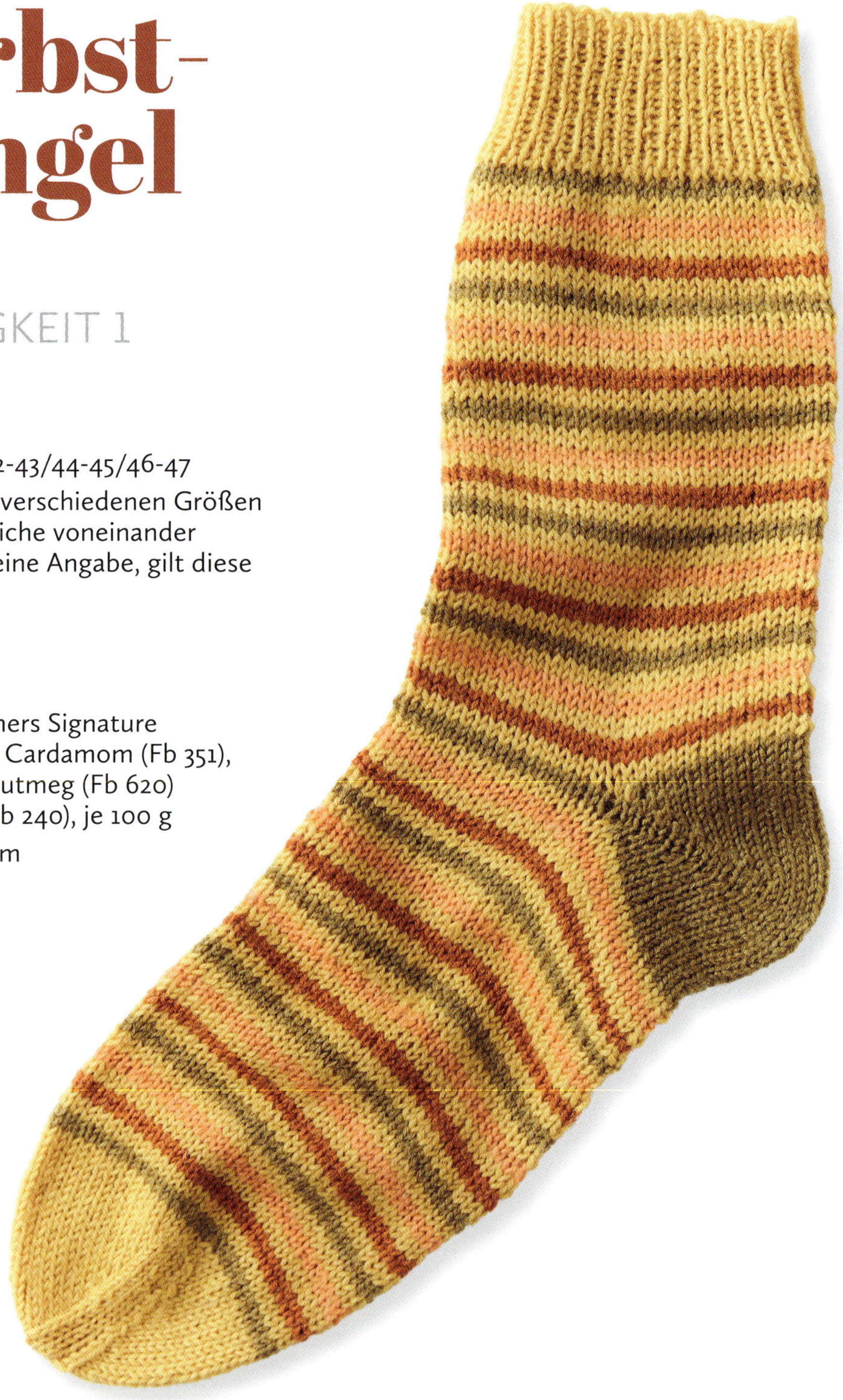

SCHWIERIGKEIT 1

GRÖSSEN

36-37/38-39/40-41/42-43/44-45/46-47
Die Angaben für die verschiedenen Größen sind durch Schrägstriche voneinander getrennt. Steht nur eine Angabe, gilt diese für alle Größen.

MATERIAL

- Westyorkshire Spinners Signature (LL 400 m/100 g) in Cardamom (Fb 351), Turmaric (Fb 358), Nutmeg (Fb 620) und Butterscotch (Fb 240), je 100 g
- Nadelspiel 2,5-3,0 mm
- Wollnadel

MASCHEN-PROBE

Glatt rechts
mit Nd 2,5-3,0 mm
30 M und 42 Rd
= 10 cm x 10 cm

Rippenmuster
In Rd 1 M rechts, 1 M links im Wechsel str.

Glatt rechts
In Hinr rechte M, in Rückr linke M str. In Rd alle M rechts str.

Streifenfolge
2 Rd Cardamom
2 Rd Butterscotch
2 Rd Turmaric
2 Rd Butterscotch
2 Rd Nutmeg
2 Rd Butterscotch

Anleitung
In Butterscotch 60/60/64/64/68/72 M anschl, gleichmäßig auf die 4 Nd verteilen (= 15/15/16/16/17/18 M je Nd) und zur Rd schließen. Im Rippenmuster 17 Rd (= ca. 4 cm) str. Der Rd-Wechsel befindet sich in der hinteren Mitte.
Für den Schaft in glatt rechts die Streifenfolge 5x arb. Die Fäden in Butterscotch, Nutmeg, und Turmaric abschneiden.
Die Bumerangferse (siehe Grundanleitung S. 148 f) in Cardamom str.
Den Fuß nach der Streifenfolge arb. Die Streifenfolge bis zu einer Fußlänge von 19,5/20,5/21,5/23/23,5/24,5 cm fortlaufend wdh und mit beliebiger Fb enden.
Die Bandspitze (siehe Grundanleitung S. 150) in Butterscotch str.

Fertigstellen
Alle Fäden vernähen. Die Socke anfeuchten, in Form ziehen und trocknen lassen.

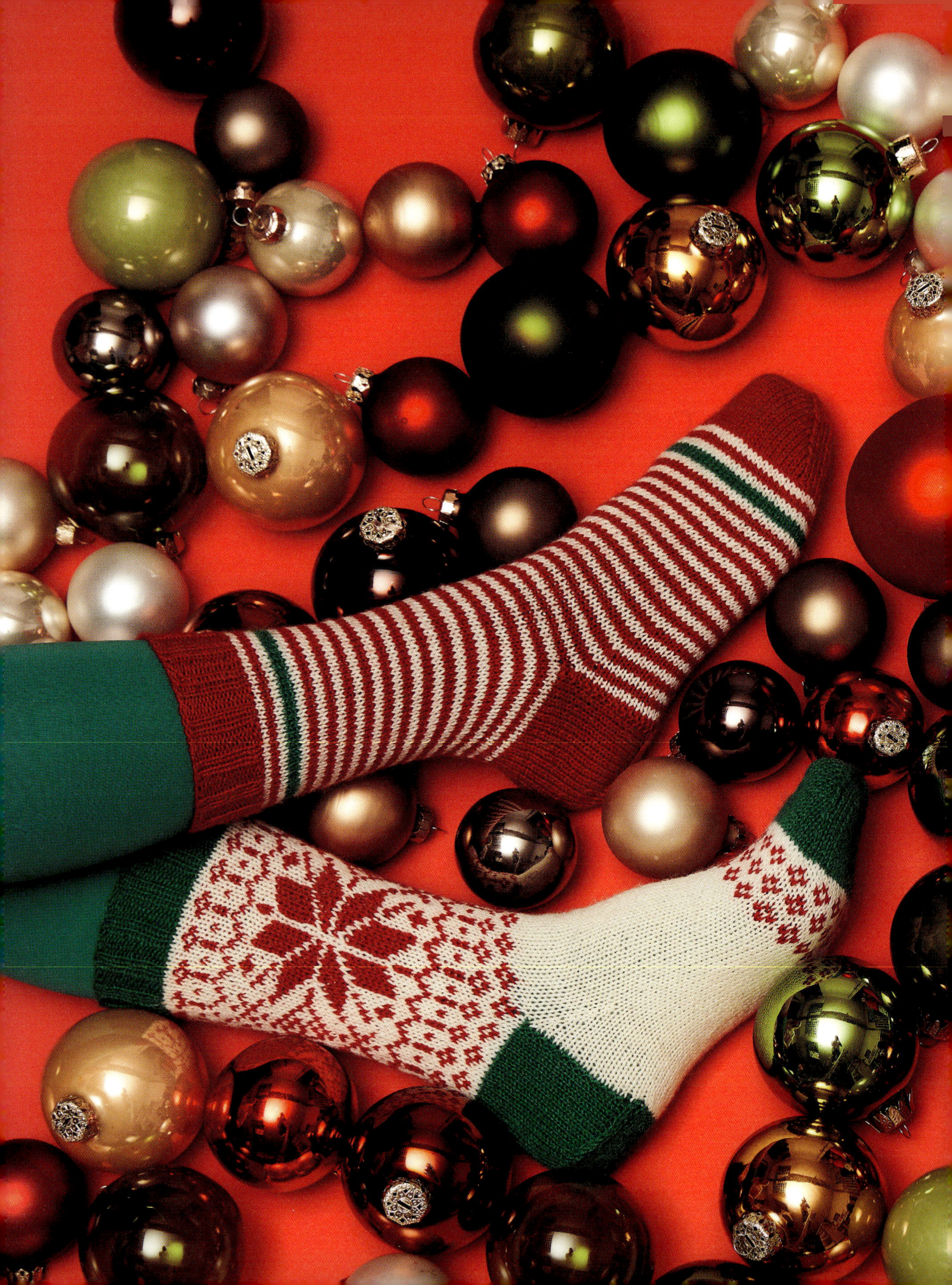

Kuschelwarme WINTERLIEBE

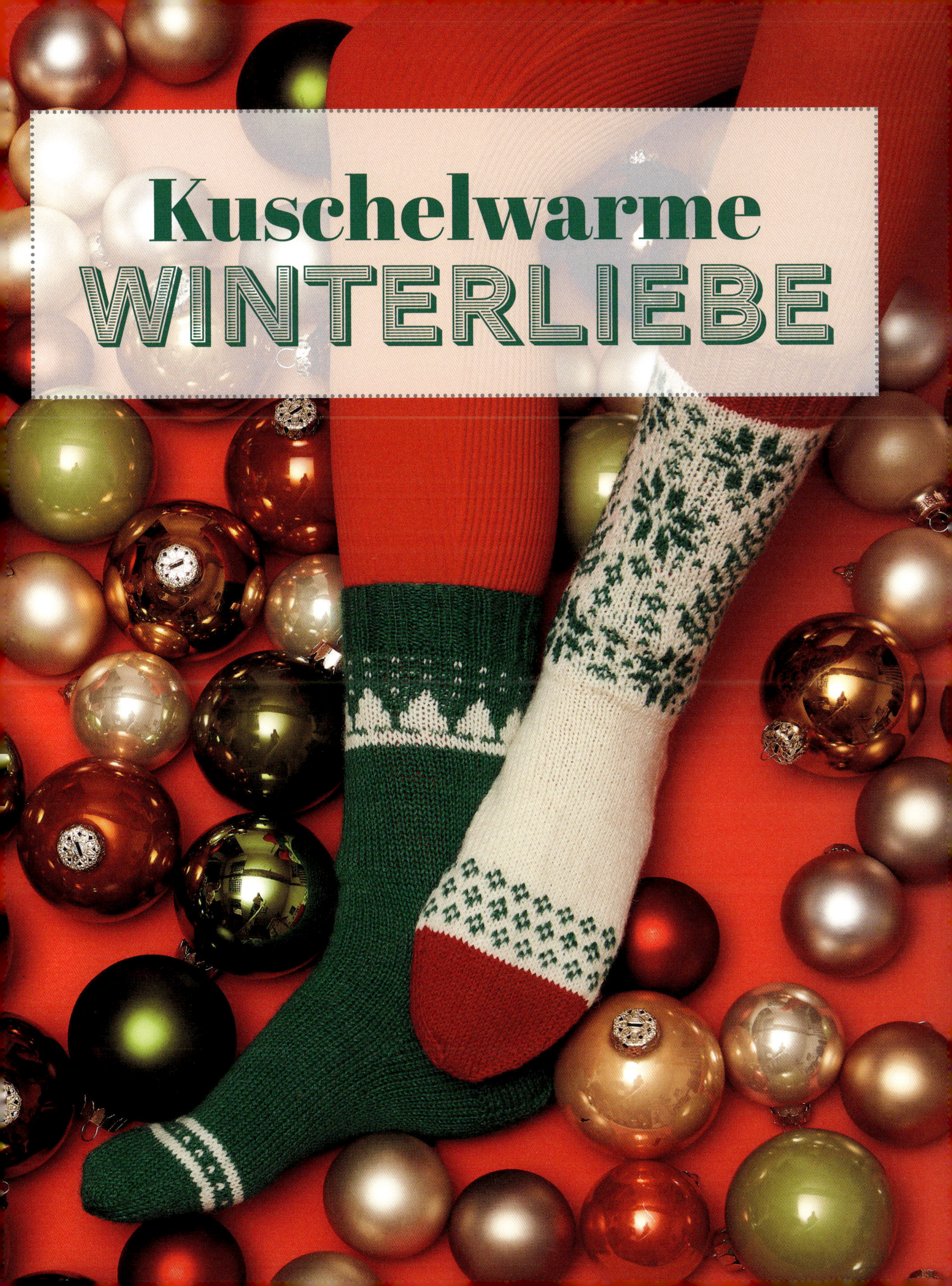

Norwegerstern

SCHWIERIGKEIT 3

GRÖSSEN

36-37/38-39
Die Angaben für die verschiedenen Größen sind durch Schrägstriche voneinander getrennt. Steht nur eine Angabe, gilt diese für alle Größen.

MATERIAL

- Schachenmayr Regia 4-fädig 50 (LL 210 m/ 50 g) in Blatt (Fb 2082), Kirschrot (Fb 2002) und Natur (Fb 1992), je 50 g
- Nadelspiel 2,0-3,0 mm
- Wollnadel

MASCHENPROBE

Glatt rechts mit Nd 2,0-3,0 mm
30 M und 42 Rd = 10 cm x 10 cm

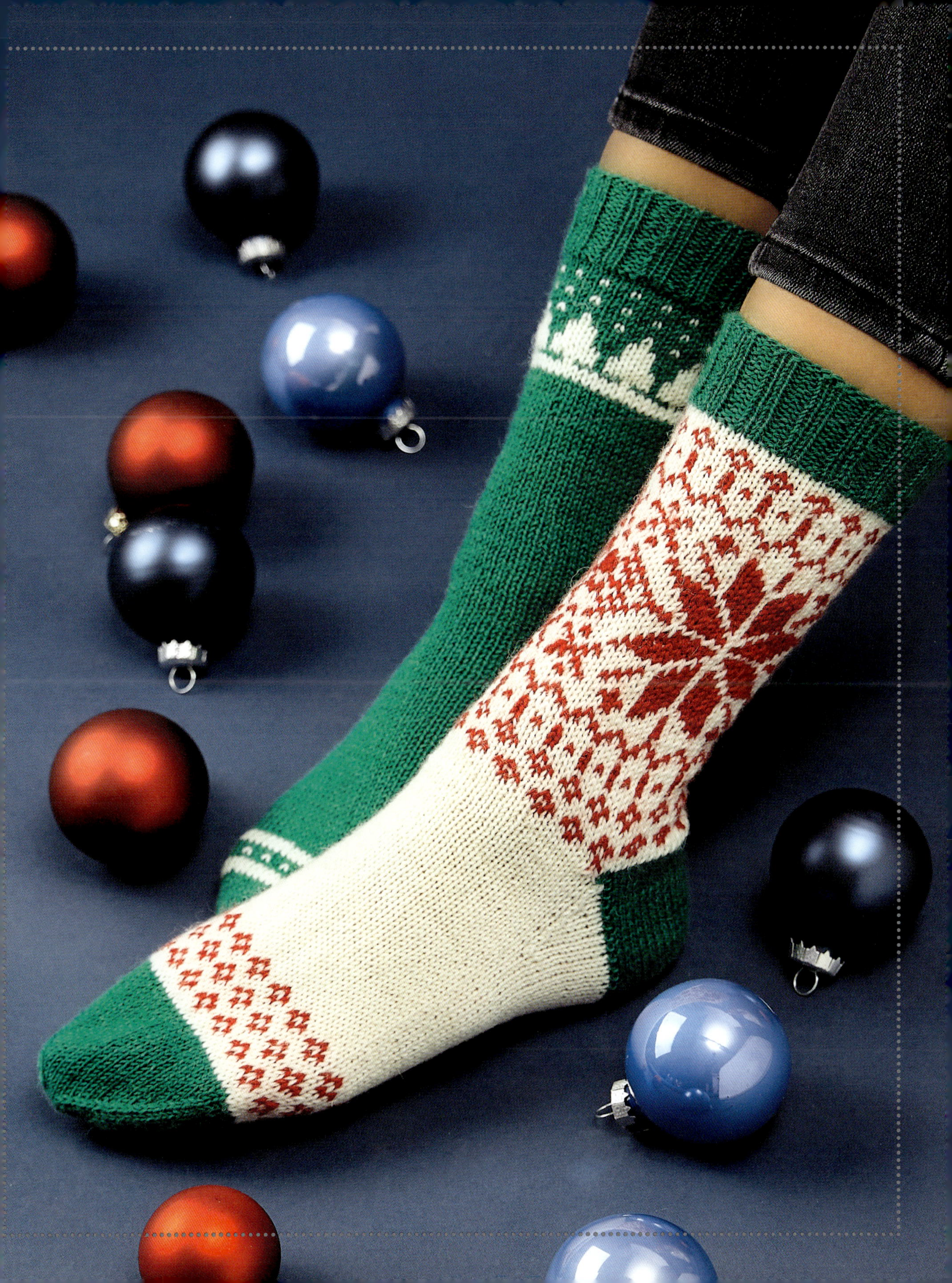

Rippenmuster

In Rd 2 M rechts, 2 M links im Wechsel str.

Glatt rechts

In Hinr rechte M, in Rückr linke M str. In Rd alle M rechts str.

Zählmuster

Glatt rechts in Rd in Jacquardtechnik str, dabei ist Natur die Hintergrund-Fb. Den Faden der nicht benötigten Fb hinter dem Gestrick mitführen, dabei auf eine gleichmäßige, weder zu feste noch zu lockere, Fadenspannung achten und beim Spannen über mehr als 5 M den Faden am besten einweben.

Den Rapport 2x wdh. Die 1.-55. Rd 1x str.

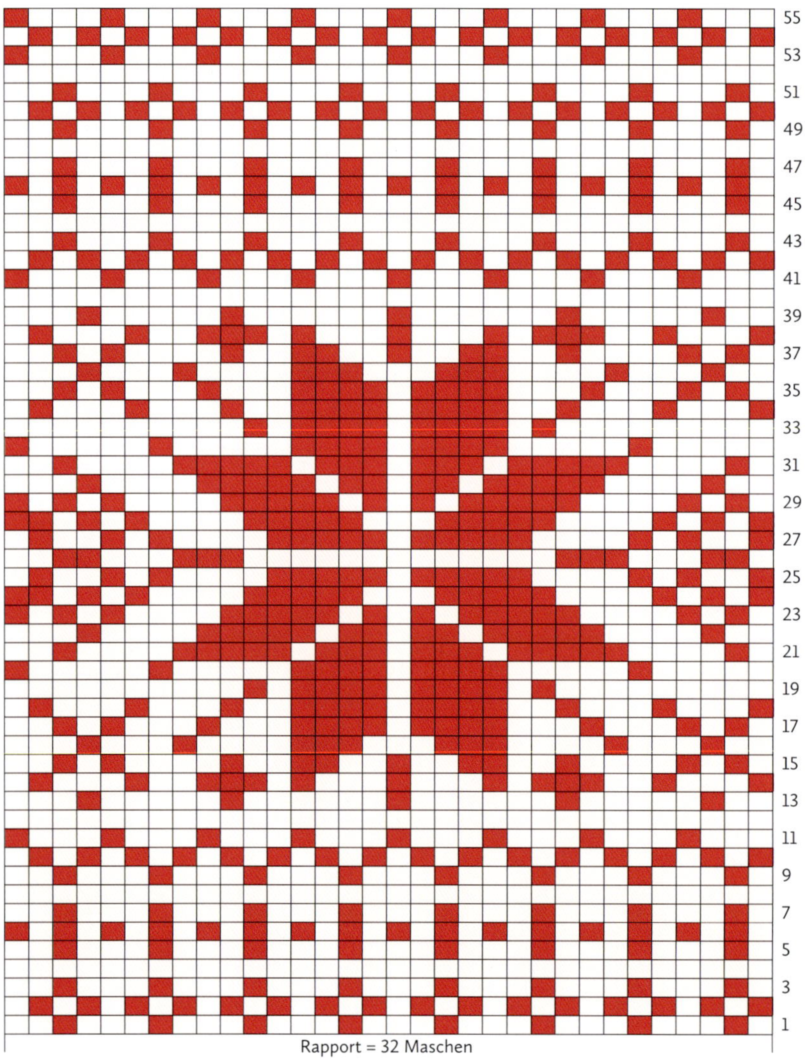

□ = Natur

■ = Kirschrot

Anleitung

Für das Bündchen in Blatt 64 M anschl, gleichmäßig auf die 4 Nd verteilen (= 16 M je Nd) und zur Rd schließen. Im Rippenmuster 17 Rd (= ca. 4 cm) str. Der Rd-Wechsel befindet sich in der hinteren Mitte. Den Faden in Blatt abschneiden.

Für den Schaft glatt rechts in Natur 2 Rd str. Weiter in Jacquardtechnik nach dem Zählmuster arb. Die 1.-55. Rd 1x str, dann 2 Rd in Natur glatt rechts str. Die Fäden in Natur und Kirschrot abschneiden.

Die 3-teilige Käppchenferse (siehe Grundanleitung S. 145 ff) in Blatt str. Den Faden in Blatt abschneiden.

Für den Fuß in Natur bis zu einer Fußlänge von 16/17 cm str. Weiter in Jacquardtechnik die 49.-55. und die 48.-51. Rd des Zählmusters 1x str. Weiter glatt rechts in Natur bis zu einer Fußlänge von 19,5/20,5 cm str. Die Fäden in Natur und Kirschrot abschneiden.

Die Bandspitze (siehe Grundanleitung S. 150) in Blatt str.

Fertigstellen

Alle Fäden vernähen. Die Socke anfeuchten, in Form ziehen und trocknen lassen.

Weitere Größen

Für eher schmale Füße kann in Größe 40-41 ebenfalls mit 64 M gearbeitet werden. Dafür den Fuß in Natur bis zu einer Länge von 18 cm str, dann weiter in Jacquardtechnik wie in der Anleitung beschrieben str und nach einer Fußlänge von 21,5 cm die Bandspitze in Blatt str.

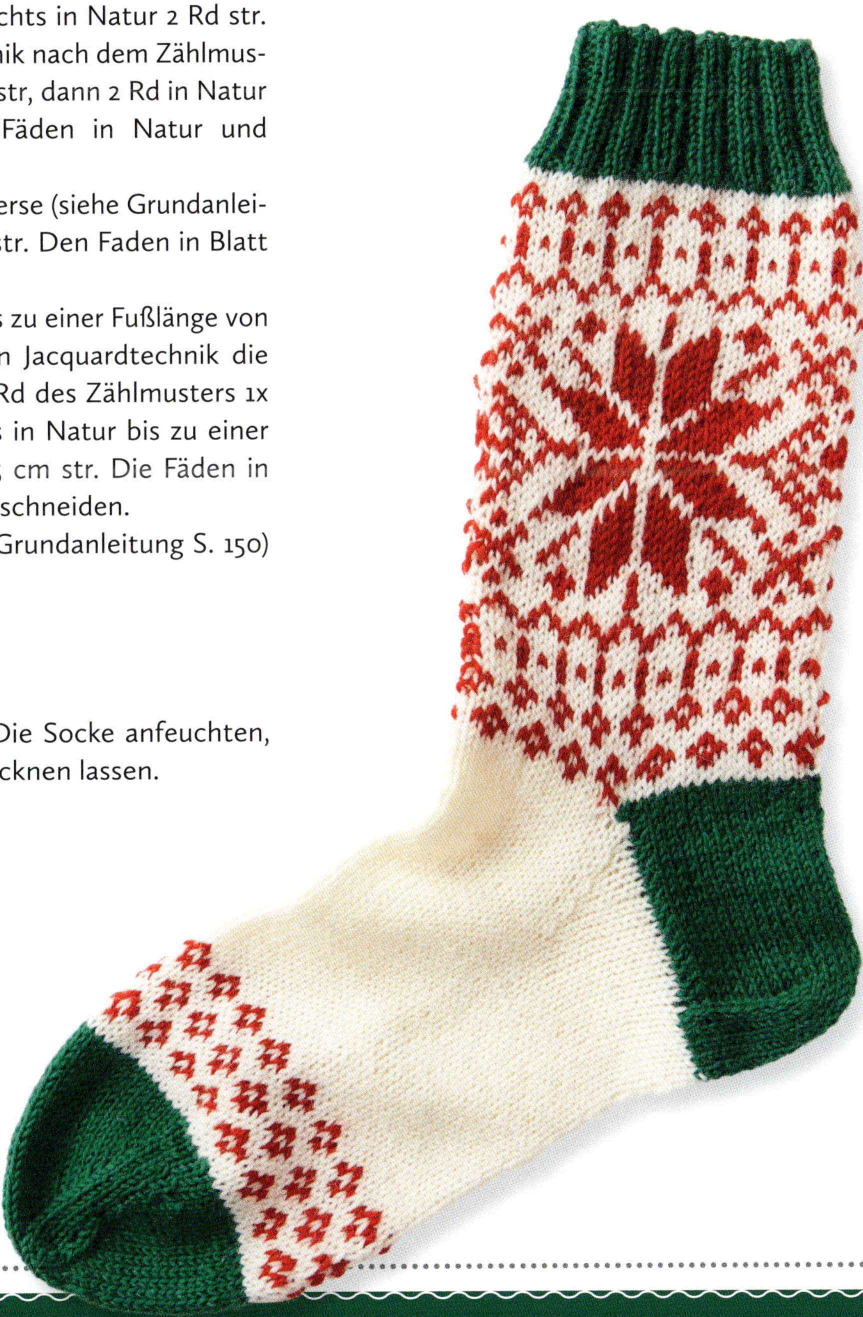

Weihnachtszauber

SCHWIERIGKEIT 3

GRÖSSEN

36-37/38-39

Die Angaben für die verschiedenen Größen sind durch Schrägstriche voneinander getrennt. Steht nur eine Angabe, gilt diese für alle Größen.

MATERIAL

- Schachenmayr Regia 4-fädig (LL 210 m/50 g) in Blatt (Fb 2082), Kirschrot (Fb 2002) und Natur (Fb 1992), je 50 g
- Nadelspiel 2,0-3,0 mm
- Wollnadel

MASCHENPROBE

Glatt rechts mit Nd 2,0-3,0 mm
30 M und 42 Rd = 10 cm x 10 cm

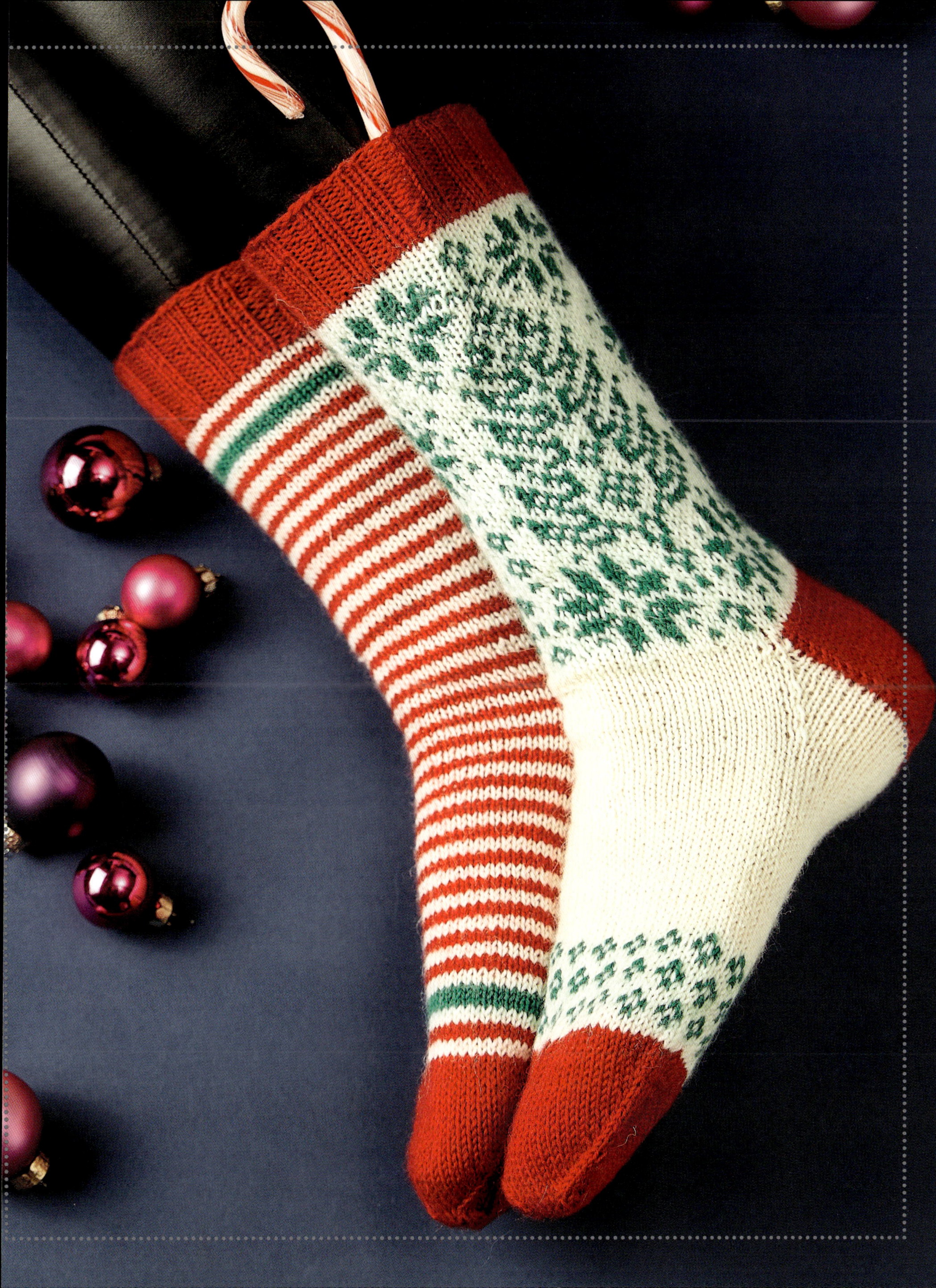

Rippenmuster

In Rd 2 M rechts, 2 M links im Wechsel str.

Glatt rechts

In Hinr rechte M, in Rückr linke M str. In Rd alle M rechts str.

Zählmuster

Glatt rechts in Rd in Jacquardtechnik str, dabei ist Natur die Hintergrund-Fb. Den Faden der nicht benötigten Fb hinter dem Gestrick mitführen, dabei auf eine gleichmäßige, weder zu feste noch zu lockere, Fadenspannung achten und beim Spannen über mehr als 5 M den Faden am besten einweben.
Den Rapport 2x wdh. Die 1.-55. Rd 1x str.

Anleitung

Für das Bündchen in Kirschrot 64 M anschl, gleichmäßig auf die 4 Nd verteilen (= 16 M je Nd) und zur Rd schließen. Im Rippenmuster 17 Rd (= ca. 4 cm) str. Der Rd-Wechsel befindet sich in der hinteren Mitte. Den Faden in Kirschrot abschneiden.

Für den Schaft glatt rechts in Natur 2 Rd str. Weiter in Jacquardtechnik nach dem Zählmuster arb. Die 1.-55. Rd 1x str, dann 2 Rd in Natur glatt rechts str. Die Fäden in Natur und Blatt abschneiden.

Die 3-teilige Käppchenferse (siehe Grundanleitung S. 145 ff) in Kirschrot str. Den Faden in Kirschrot abschneiden.

Für den Fuß in Natur bis zu einer Fußlänge von 16/17 cm str. Weiter in Jacquardtechnik nach dem Zählmuster der Socke Norwegerstern (S. 122) mit Garn in Natur und Blatt arb. Die 49.-55. und die 48.-51. Rd 1x str. Weiter in Natur bis zu einer Fußlänge von 19,5/20,5 cm str. Die Fäden in Natur und Blatt abschneiden.

Die Bandspitze (siehe Grundanleitung S. 150) in Kirschrot str.

Fertigstellen

Alle Fäden vernähen. Die Socke anfeuchten, in Form ziehen und trocknen lassen.

Weitere Größen

Für eher schmale Füße kann in Größe 40-41 ebenfalls mit 64 M gearbeitet werden. Dafür den Fuß in Natur bis zu einer Länge von 18 cm str, dann weiter in Jacquardtechnik wie in der Anleitung beschrieben str und in einer Fußlänge von 21,5 cm die Bandspitze in Kirschrot str.

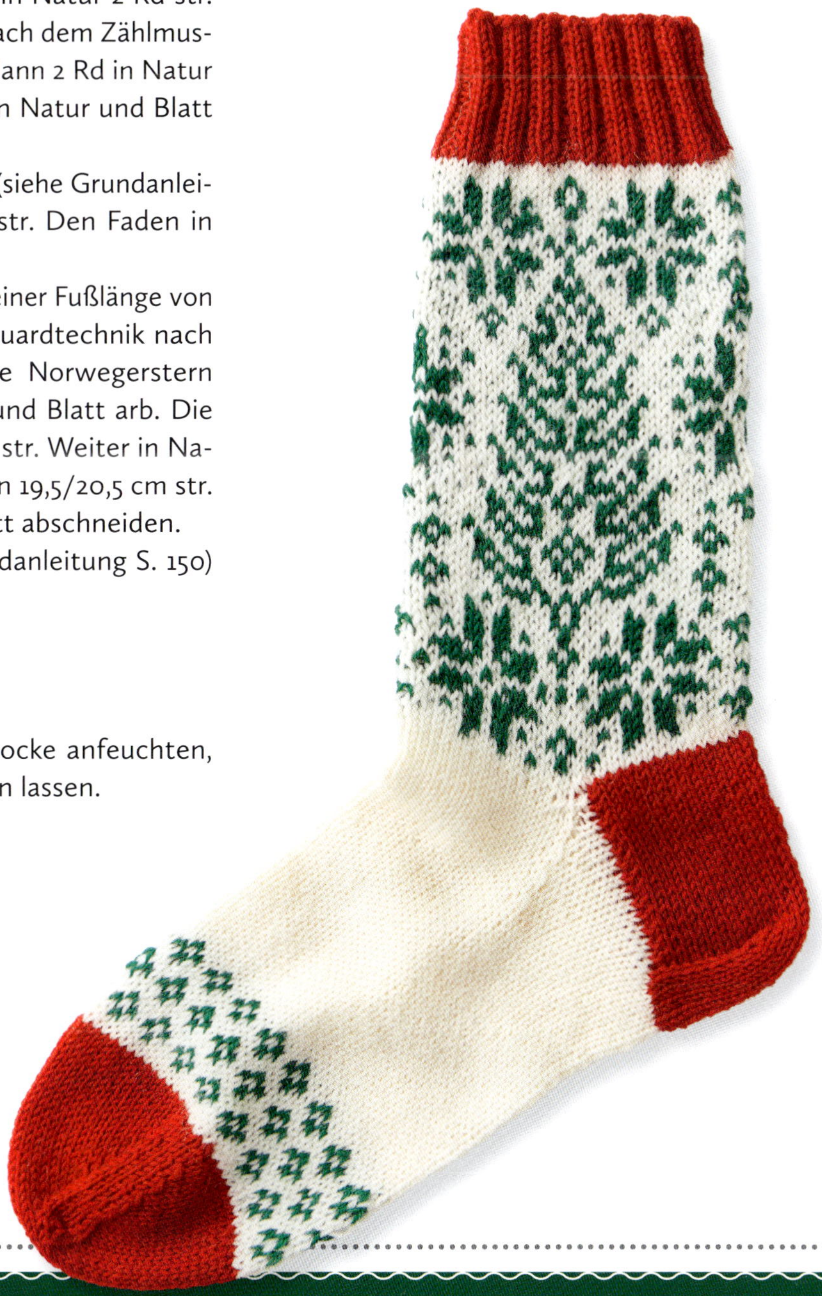

Winter-wald

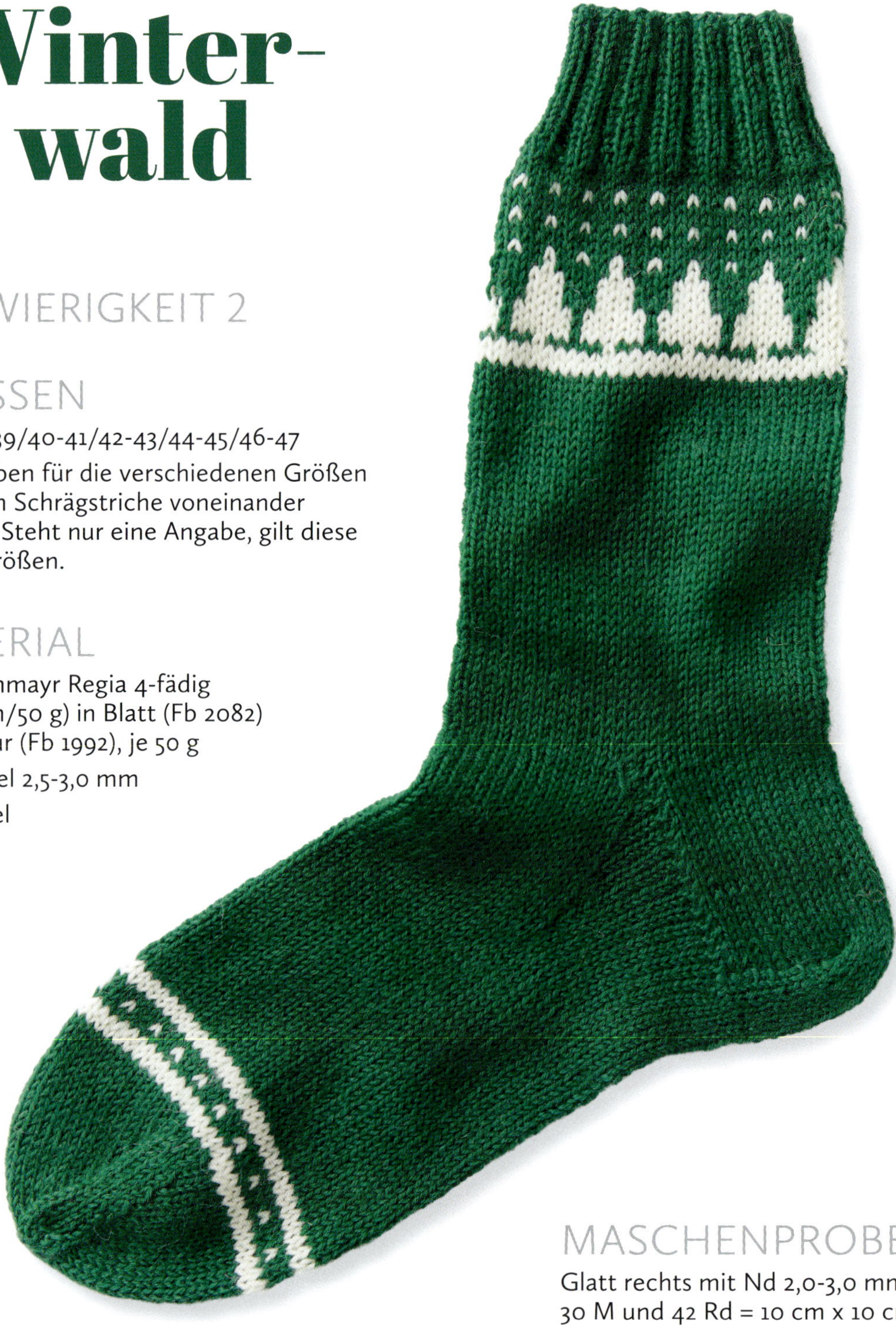

SCHWIERIGKEIT 2

GRÖSSEN

36-37/38-39/40-41/42-43/44-45/46-47
Die Angaben für die verschiedenen Größen sind durch Schrägstriche voneinander getrennt. Steht nur eine Angabe, gilt diese für alle Größen.

MATERIAL

- Schachenmayr Regia 4-fädig (LL 210 m/50 g) in Blatt (Fb 2082) und Natur (Fb 1992), je 50 g
- Nadelspiel 2,5-3,0 mm
- Wollnadel

MASCHENPROBE

Glatt rechts mit Nd 2,0-3,0 mm
30 M und 42 Rd = 10 cm x 10 cm

Rippenmuster

In Rd 2 M rechts, 2 M links im Wechsel str.

Glatt rechts

In Hinr rechte M, in Rückr linke M str. In Rd alle M rechts str.

Zählmuster

Glatt rechts in Rd in Jacquardtechnik str, dabei ist Blatt die Hintergrund-Fb. Den Faden der nicht benötigten Fb hinter dem Gestrick mitführen, dabei auf eine gleichmäßige, weder zu feste noch zu lockere, Fadenspannung achten und beim Spannen über mehr als 5 M den Faden am besten einweben.

Den Rapport fortlaufend wdh. Die 1.-16. Rd 1x str.

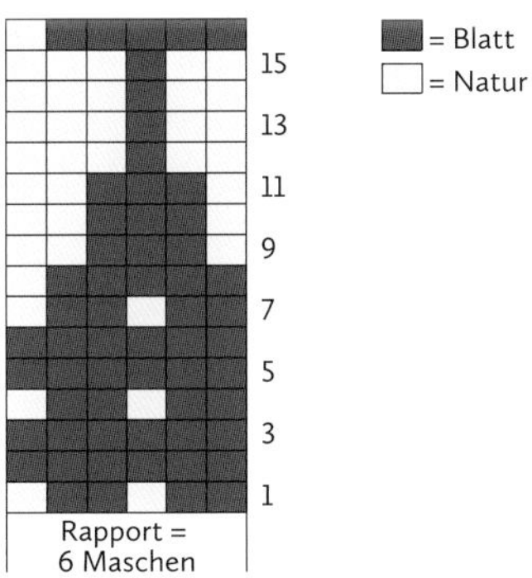

Anleitung

In Blatt 60/60/60/66/66/72 M anschl, gleichmäßig auf die 4 Nd verteilen (= 15/15/15/16-17-16-17/16-17-16-17/18 M je Nd) und zur Rd schließen. Im Rippenmuster 17 Rd (= 4 cm) str. Der Rd-Wechsel befindet sich in der hinteren Mitte.

Für den Schaft in glatt rechts 2 Rd str. Weiter in Jacquardtechnik im Zählmuster die 1.-16. Rd 1x str. Den Faden in Natur abschneiden.

Den Schaft bis zu einer Länge von 20 cm in Blatt glatt rechts str.

Die 3-teilige Käppchenferse (siehe Grundanleitung S. 145 ff) in Blatt str, dabei die M für die Käppchenferse für Größe 42-43 und 44-45 wie folgt einteilen: 11/11/11 M.

Den Fuß bis zu einer Gesamtlänge von 17,5/18,5/19,5/21/21,5/22,5 cm in Blatt glatt rechts str. Weiter 2 Rd in Natur, dann in Jacquardtechnik nach dem Zählmuster die 3.-5. Rd str. Weitere 2 Rd in Natur str. Den Faden in Natur abschneiden.

In Blatt bis zu einer Fußlänge von 19,5/20,5/21,5/23/23,5/24,5 cm str, dabei für Größe 42-43 in der letzten Rd gleichmäßig verteilt 2x 2 M rechts zusammenstr (= 64 M).

Die Bandspitze (siehe Grundanleitung S. 150) in Blatt str, dabei für Größe 44-45 in der 1. Abnahme-Rd nur die M der 1. und 3. Nd rechts zusammenstr (= 64 M).

Fertigstellen

Alle Fäden vernähen. Die Socke anfeuchten, in Form ziehen und trocknen lassen.

Weitere Größen

Für Größe 40-41 sind in der Anleitung 60 M angegeben. Wird für einen eher breiten Fuß gestrickt, werden 66 M empfohlen. Hierfür ergibt sich eine Maschenteilung für die 3-teilige Käppchenferse von 11/11/11 M. In der letzten Rd des Fußes gleichmäßig verteilt 2x 2 M rechts zusammenstr (= 64 M).

X-Mas-Ringel

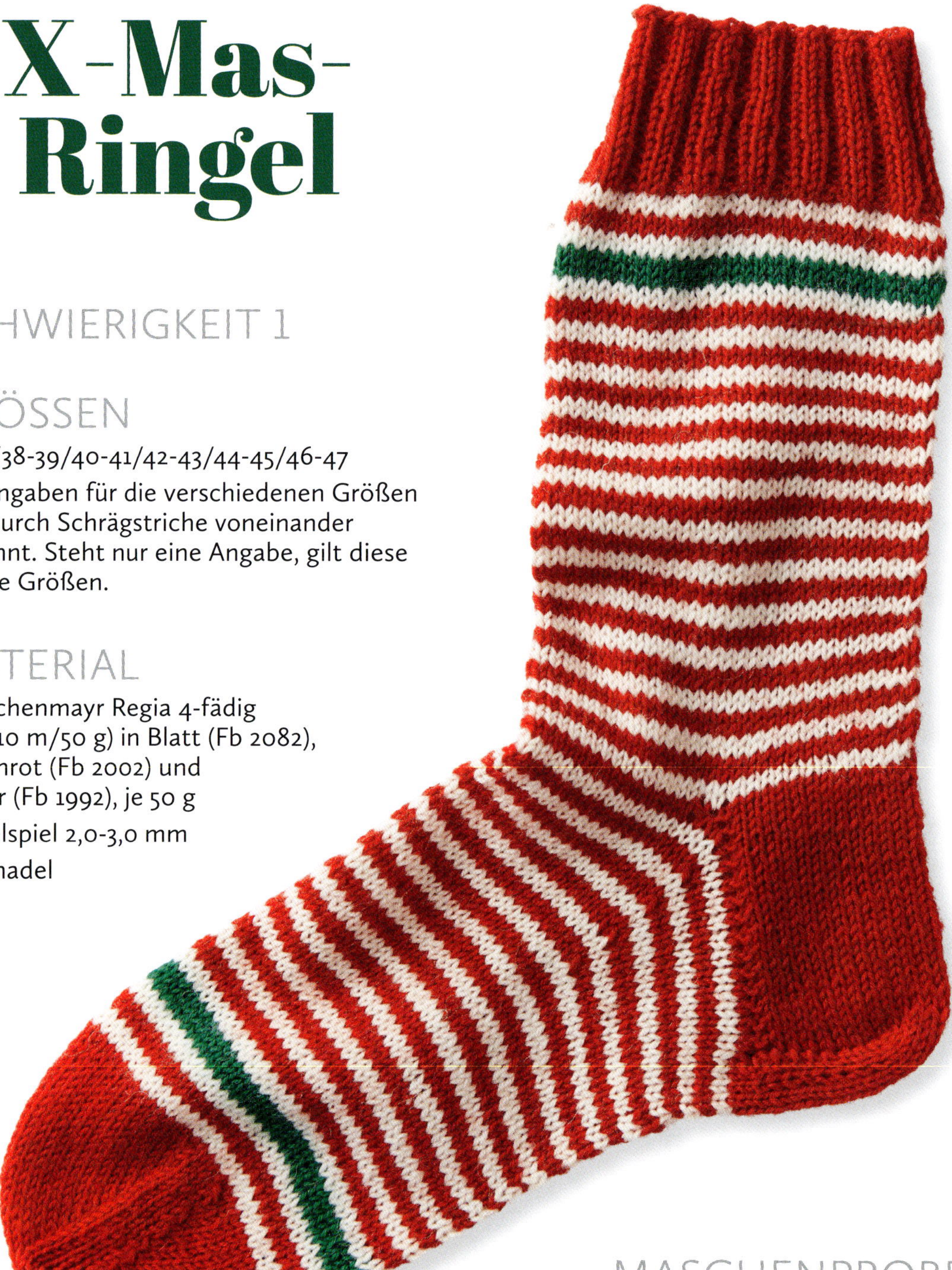

SCHWIERIGKEIT 1

GRÖSSEN

36-37/38-39/40-41/42-43/44-45/46-47
Die Angaben für die verschiedenen Größen sind durch Schrägstriche voneinander getrennt. Steht nur eine Angabe, gilt diese für alle Größen.

MATERIAL

- Schachenmayr Regia 4-fädig (LL 210 m/50 g) in Blatt (Fb 2082), Kirschrot (Fb 2002) und Natur (Fb 1992), je 50 g
- Nadelspiel 2,0-3,0 mm
- Wollnadel

MASCHENPROBE

Glatt rechts mit Nd 2,0-3,0 mm
30 M und 42 Rd = 10 cm x 10 cm

Rippenmuster

In Rd 2 M rechts, 2 M links im Wechsel str.

Glatt rechts

In Hinr rechte M, in Rückr linke M str. In Rd alle M rechts str.

Streifenfolge 1

2 Rd in Natur, 2 Rd in Kirschrot, 2 Rd in Natur, 3 Rd in Blatt, 2 Rd in Natur

Streifenfolge 2

2 Rd in Kirschrot und 2 Rd in Natur im Wechsel str.

Streifenfolge 3

3 Rd in Blatt, 2 Rd in Natur, 2 Rd in Kirschrot, 2 Rd in Natur

Anleitung

In Kirschrot 60/60/64/64/68/72 M anschl, gleichmäßig auf die 4 Nd verteilen (= 15/15/16/16/17/18 M je Nd) und zur Rd schließen. Im Rippenmuster 17 Rd (= ca. 4 cm) str. Der Rd-Wechsel befindet sich in der hinteren Mitte.

Für den Schaft glatt rechts 1x die Streifenfolge 1 str. Den Faden in Blatt abschneiden. Weiter in der Streifenfolge 2 bis zu einer Schaftlänge von ca. 20 cm str.

Die 3-teilige Käppchenferse (siehe Grundanleitung S. 145 ff) in Kirschrot str.

Für den Fuß in der Streifenfolge 2 bis zu einer Fußlänge von 17/18/19/20,5/21/22 cm str. Nun 1x die Streifenfolge 3 str. Die Fäden in Blatt und Natur abschneiden.

Weiter bis zu einer Fußlänge von 19,5/20,5/21,5/23/23,5/24,5 cm in Kirschrot glatt rechts str.

Die Bandspitze (siehe Grundanleitung S. 150) in Kirschrot str.

Fertigstellen

Alle Fäden vernähen. Die Socke anfeuchten, in Form ziehen und trocknen lassen.

GRUND-
ANLEITUNG

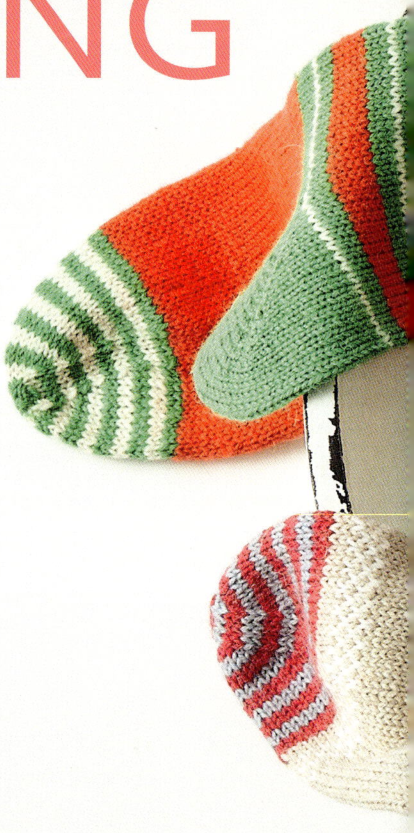

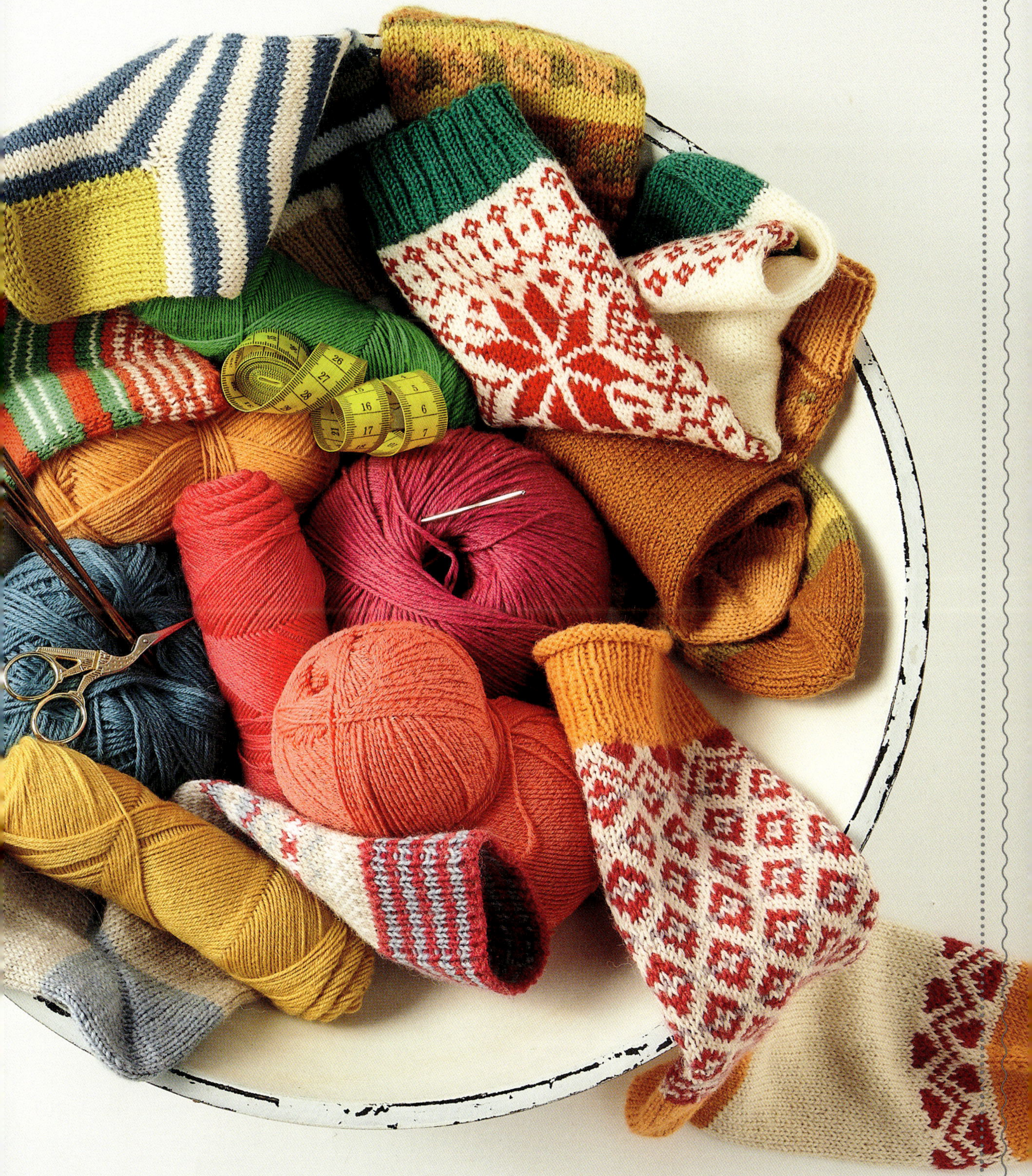

Garnauswahl

Um möglichst lange Freude an den Socken zu haben, empfiehlt es sich, mit einem klassischen Sockengarn zu arbeiten. Am weitesten verbreitet ist eine Mischung aus ca. 75 % Schurwolle und ca. 25 % Polyamid. Dabei dient die Polyamid-Beimischung der Strapazierfähigkeit der Socken.

Es gibt auf dem Markt mittlerweile eine Vielzahl von sehr hochwertigen Zusammensetzungen z.B. mit Alpaka, Kaschmir, Yak oder Kamel. Auch diese Garne kann man sehr wohl benutzen.

Bei Sockengarnen mit Baumwolle sollte darauf geachtet werden, dass sich ein kleiner elastischer Teil im Garn befindet, damit die Socken lange ihre Form behalten.

Stricknadeln

Auf dem Markt gibt es viele verschiedene Stricknadeln. Sie unterscheiden sich in Material und Eigenschaften: fein geschliffene Holznadeln, Bambusnadeln und Metallnadeln. Testen Sie Ihre Favoriten und achten Sie auf eine gute Qualität. Sie macht sich auf Dauer bezahlt.

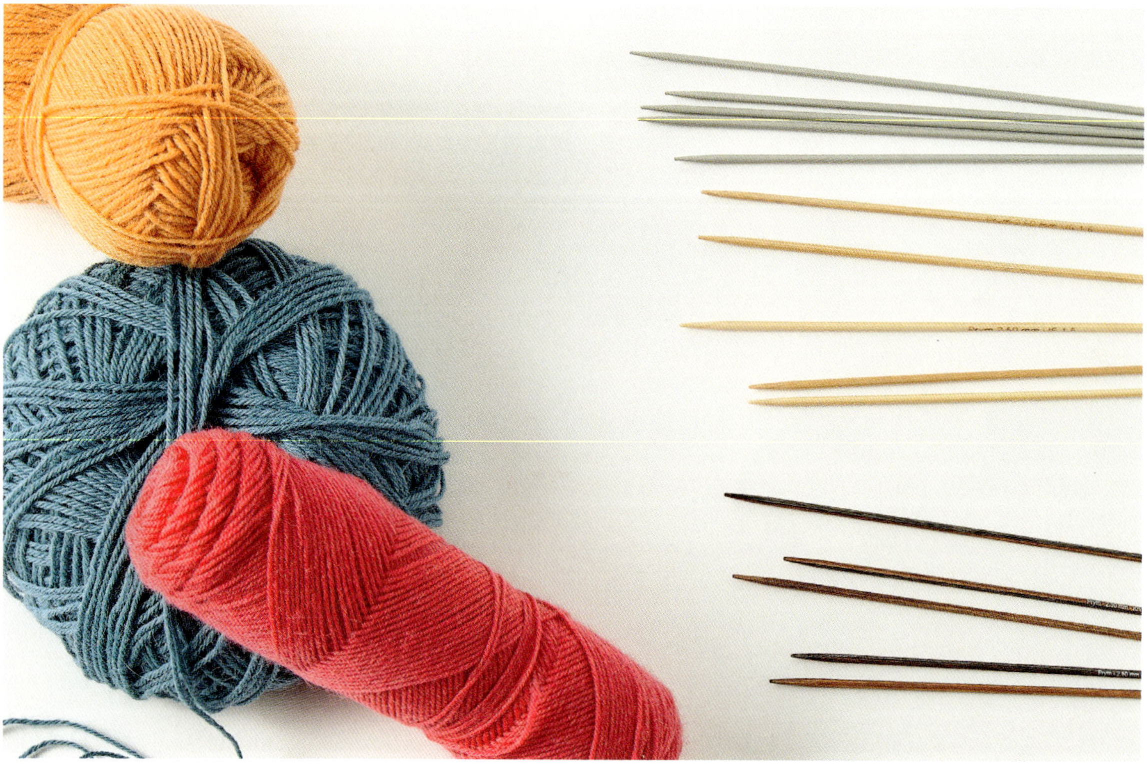

Maschen anschlagen

Die Grundschlinge

Vor Beginn der Arbeit etwas Garn abwickeln. Man rechnet bei 4-fädigem Sockengarn etwa 1 cm pro anzuschlagende Masche. Für eine Maschenzahl von 64 Maschen werden entsprechend ca. 64 cm abgewickelt.

Den Faden zwischen Mittel- und Zeigefinger nach hinten führen, hinten um den Zeigerfinger führen und nach vorne um den Daumen legen. Mit Ringfinger und kleinem Finger den Faden fixieren.

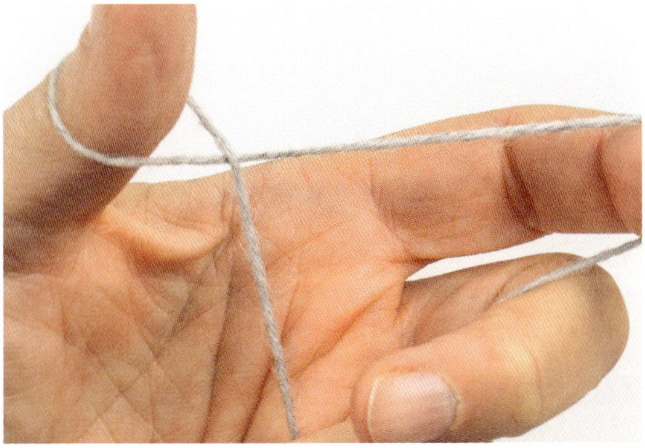

Mit der Nadel von unten in die Daumenschlinge gehen.

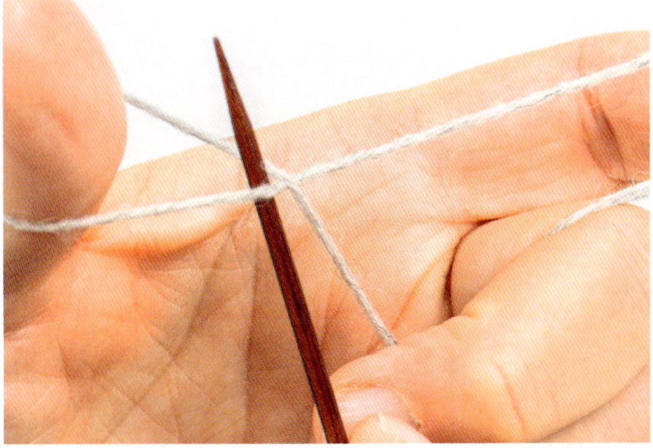

Dann mit der Nadel von oben den Faden des Zeigefingers durch die Daumenschlinge ziehen.

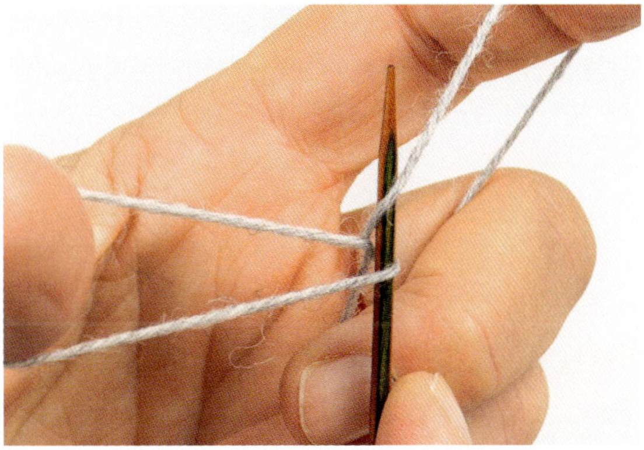

Den Daumen aus der Schlinge ziehen und die Schlinge festziehen. Die Grundschlinge liegt auf der Nadel.

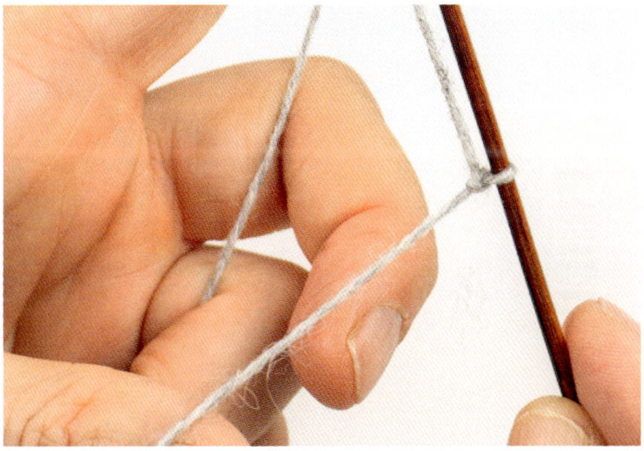

Kreuzanschlag

Mit Daumen und Zeigefinger die beiden Fäden der Grundschlinge spannen. Die Nadel nach unten ziehen und von unten in die so entstandene Daumenschlinge einstechen.

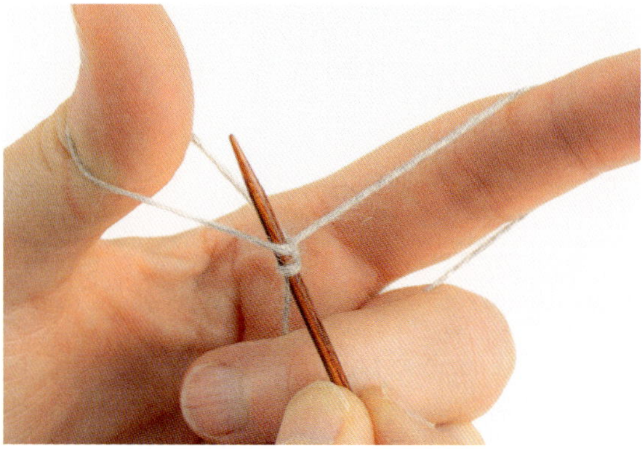

Mit der Nadel von oben den Faden des Zeigefingers erfassen...

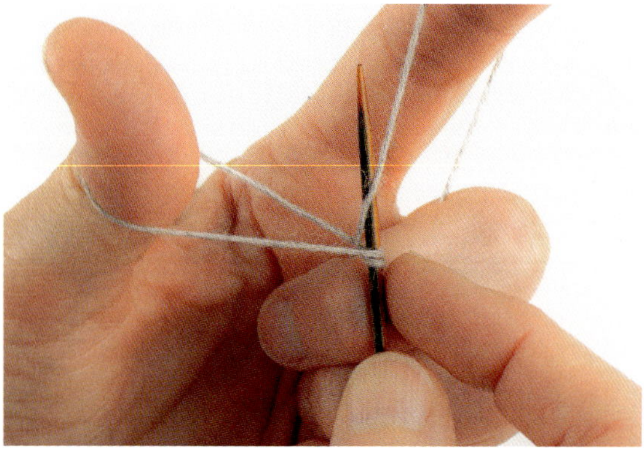

... und durch die Daumenschlinge ziehen.

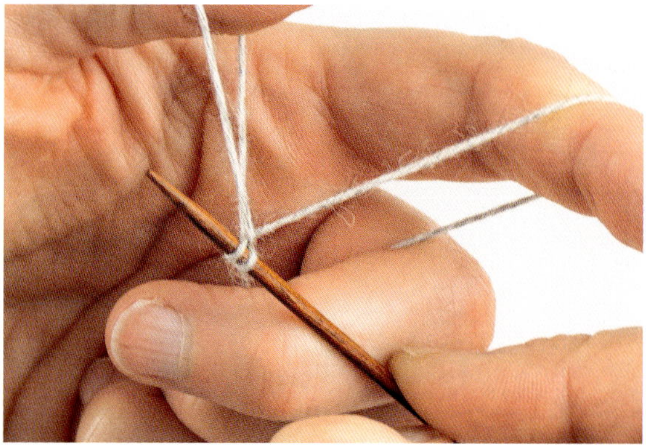

Den Daumen aus der Schlinge ziehen und die Schlinge festziehen.

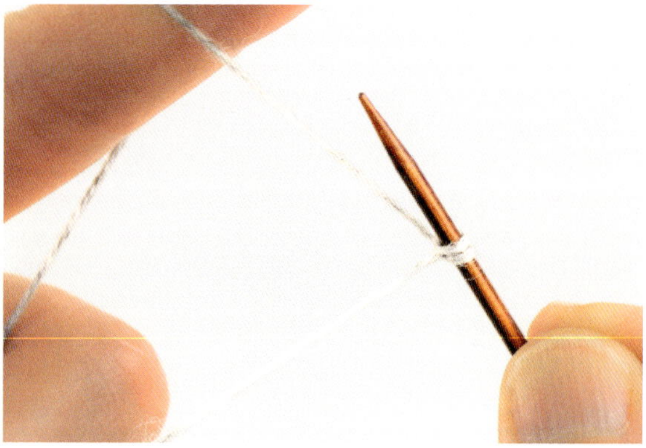

Auf diese Weise nacheinander die in der Größentabelle angegebene Maschenzahl auf die Nadeln des Nadelspiels anschlagen.

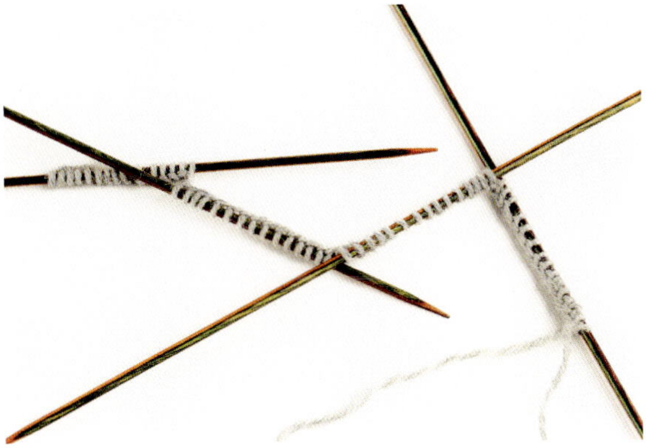

Die Nadeln nacheinander so ausrichten, dass sich die Maschen darauf nicht verdrehen. Die Nadeln werden im Uhrzeigersinn nummeriert. Dafür ist die 1. Nadel, diejenige, auf die zuerst die Maschen angeschlagen wurden.

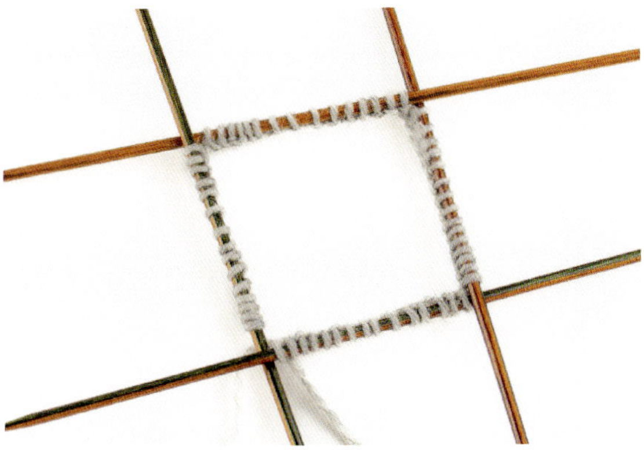

Nun im entsprechenden Muster zuerst über die Maschen der 1., dann der 2., 3. und der 4. Nadel stricken.

Rechte Maschen stricken

Mit der rechten Nadel von links nach rechts in die nächste Masche einstechen, die Nadel von oben um den Arbeitsfaden legen ...

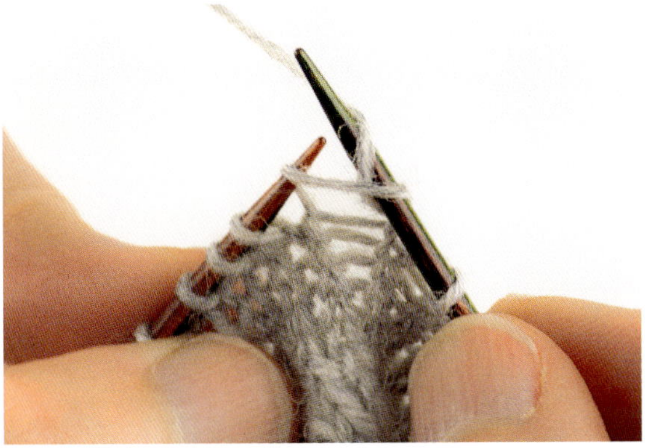

... und durch die Masche ziehen.

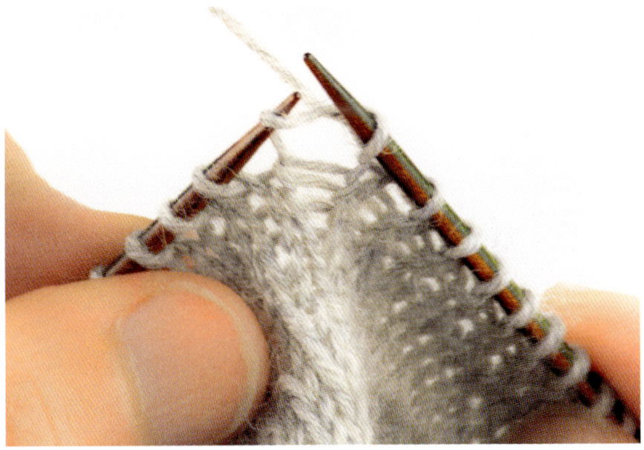

Die Masche von der linken Nadel gleiten lassen.

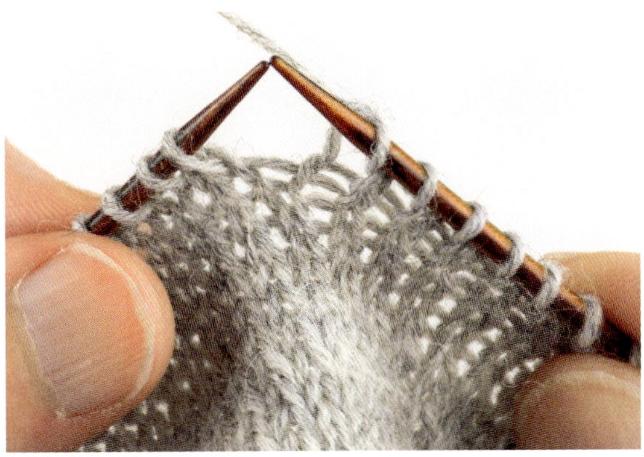

Linke Maschen stricken

Den Arbeitsfaden vor die Masche der linken Nadel holen. Mit der rechten Nadel von rechts nach links hinter dem Arbeitsfaden in die nächste Masche einstechen.

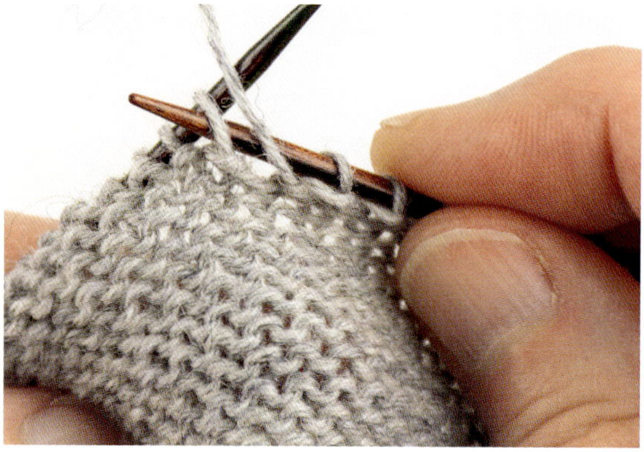

Die Nadel von oben um den Arbeitsfaden legen und ...

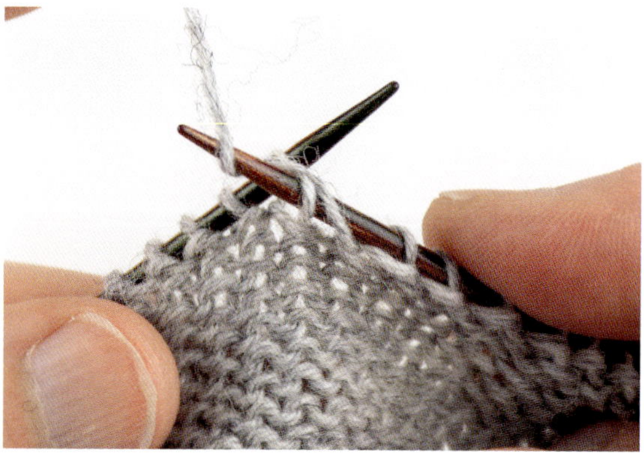

... durch die Maschen ziehen.

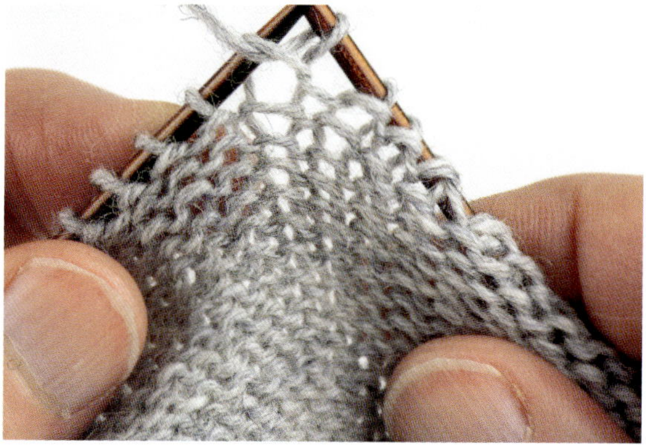

Die Masche von der linken Nadel gleiten lassen.

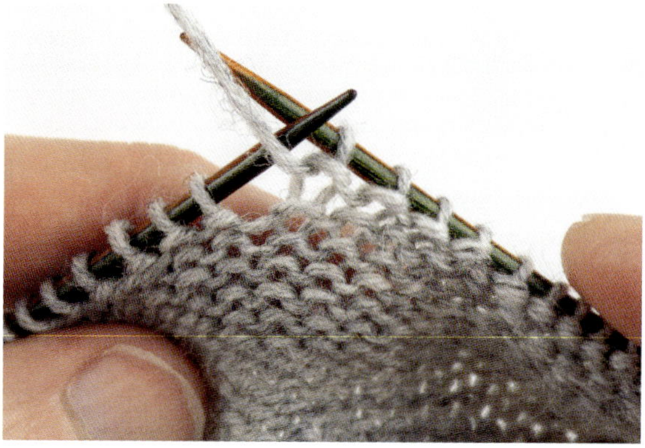

2 Maschen rechts zusammenstricken

Mit der rechten Nadel wie zum Rechtsstricken von links nach rechts in die beiden folgenden Maschen einstechen. Den Arbeitsfaden holen ...

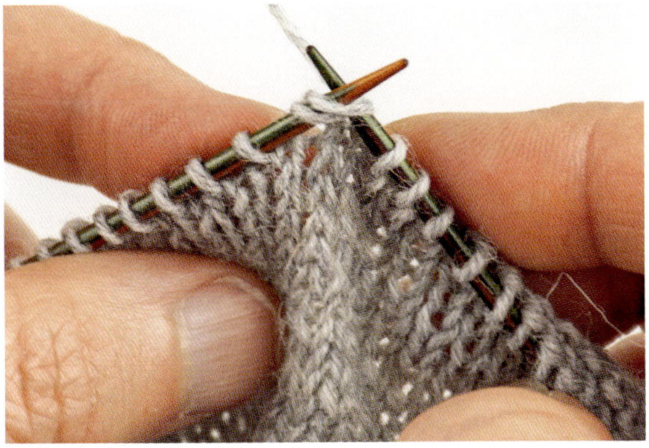

... und beide Maschen rechts zusammenstricken. Die Abnahme neigt sich nach rechts.

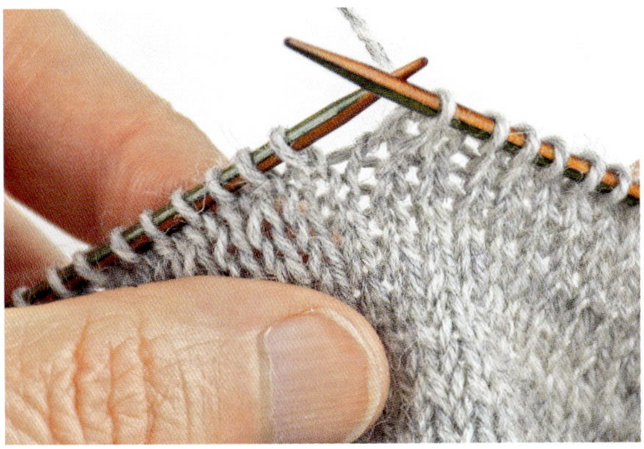

2 Maschen links zusammenstricken

Mit der rechten Nadel wie zum Linksstricken von rechts nach links in die beiden folgenden Maschen einstechen. Den Arbeitsfaden holen...

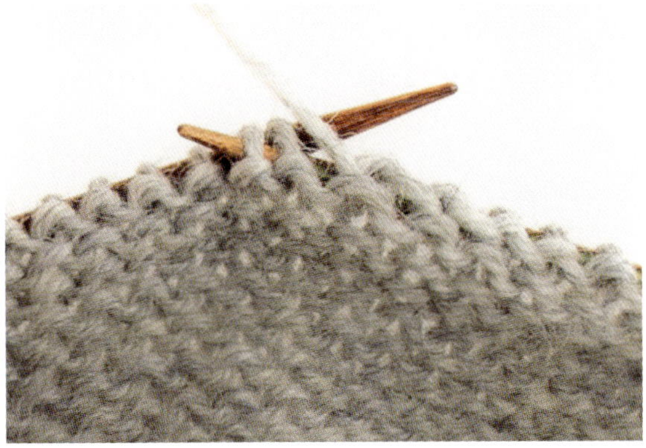

... und beide Maschen links zusammenstricken.

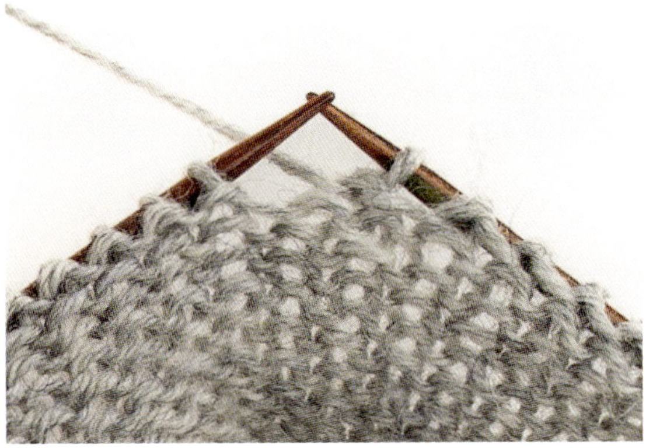

2 Maschen rechts überzogen zusammenstricken

Die 1. Masche wie zum Rechtsstricken abheben.

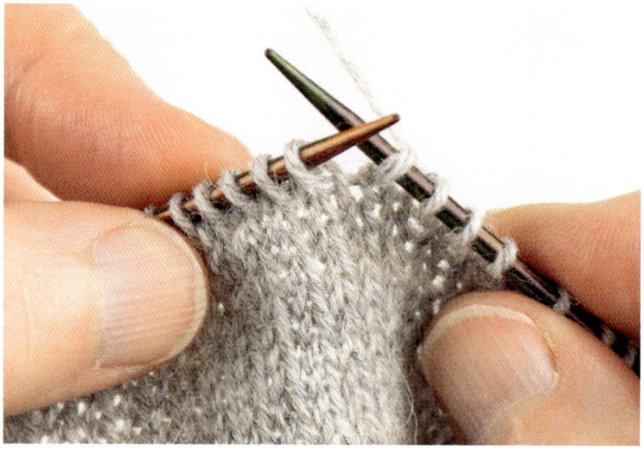

Die 2. Masche rechts stricken.

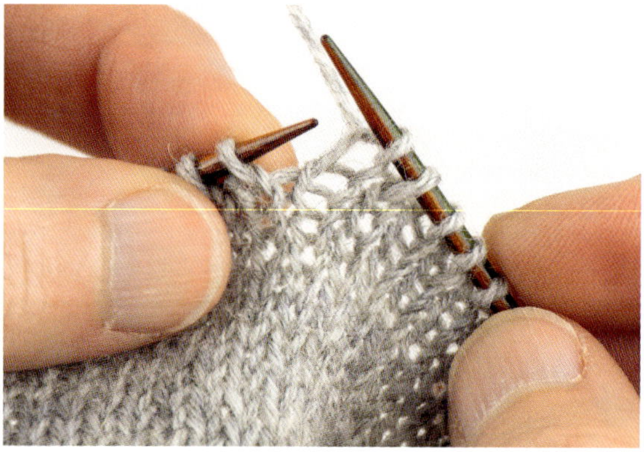

Mit der rechten Nadel die abgehobene Masche über die gestrickte Masche ziehen.

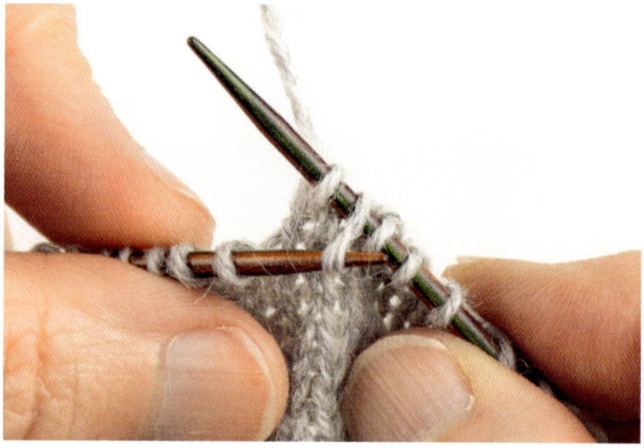

Die Abnahme neigt sich nach links.

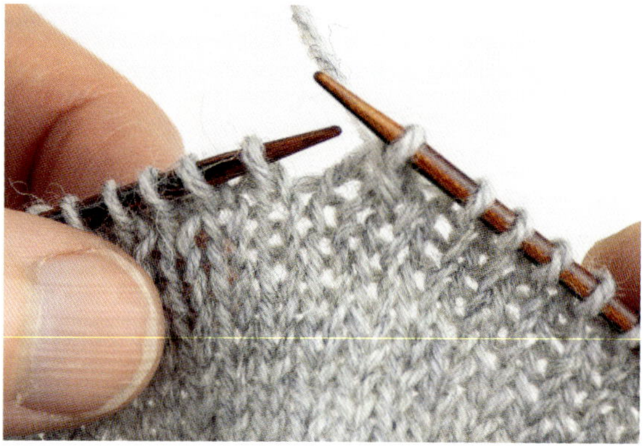

Doppelmasche stricken

Rechts gestrickte Reihen verkürzen

Die Masche wie zum Linksstricken mit dem Faden vor der Nadel abheben.

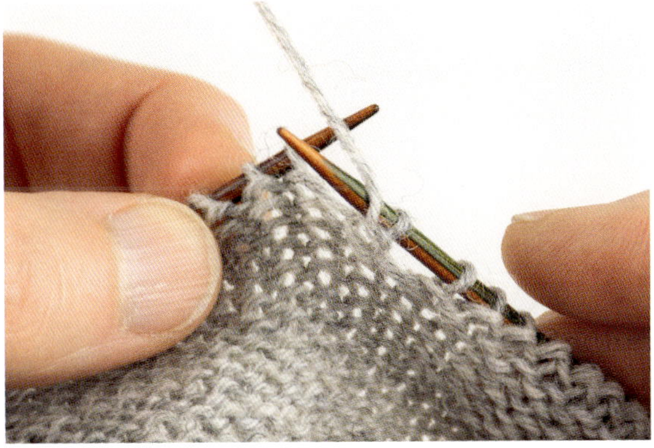

Den Faden über die Masche so weit nach hinten ziehen, dass sich beide Maschenschenkel über die Nadel legen und so wie eine doppelte Maschen aussehen.

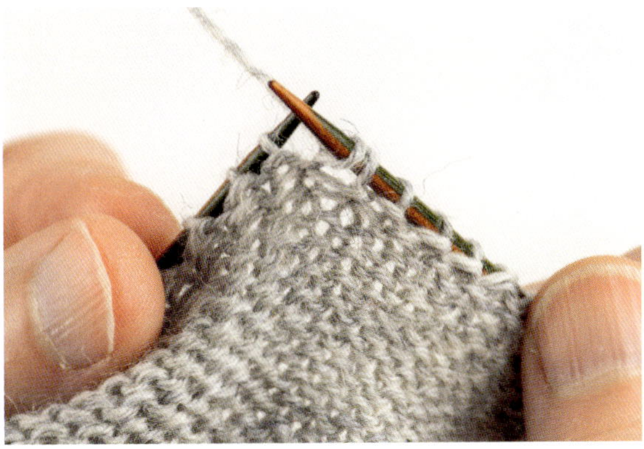

Links gestrickte Reihen verkürzen

Die Masche wie zum Linksstricken abheben. Den Faden über die Masche so weit nach hinten ziehen, dass sich beide Maschenschenkel über die Nadel legen und so wie eine doppelte Masche aussehen.

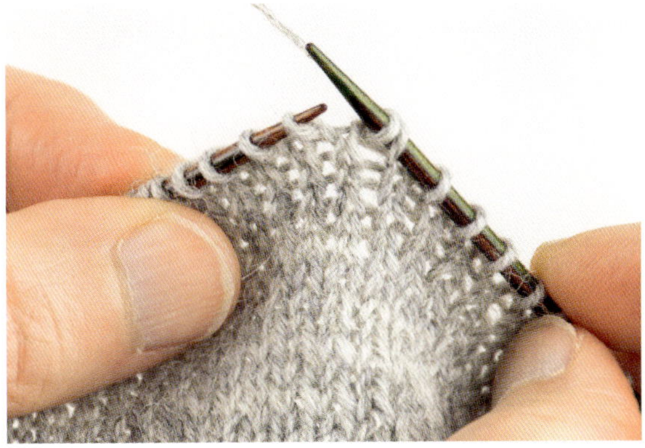

1 Masche aus dem Querfaden rechtsgeneigt zunehmen

Mit der linken Nadel von hinten unter dem Querfaden zur nächsten Masche einstechen. So entsteht auf der linken Nadel eine neue Masche.

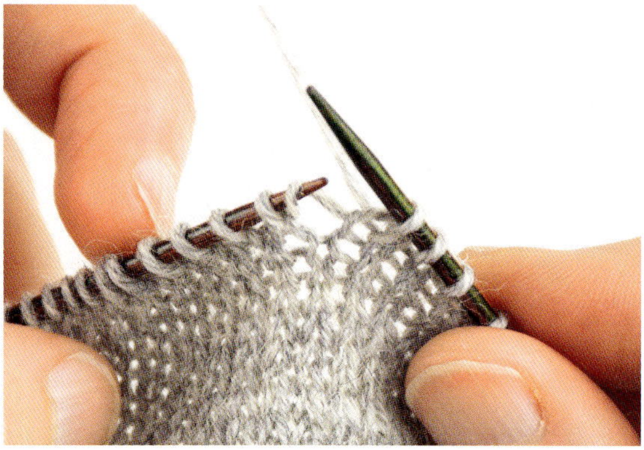

Diese Masche rechts stricken. So neigt sich die Zunahme nach rechts.

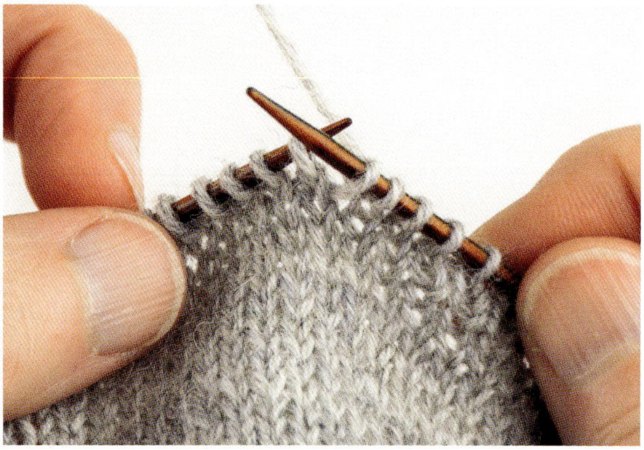

1 Masche aus dem Querfaden linksgeneigt zunehmen

Mit der linken Nadel von vorne unter dem Querfaden zur nächsten Masche einstechen. So entsteht auf der linken Nadel eine neue Masche.

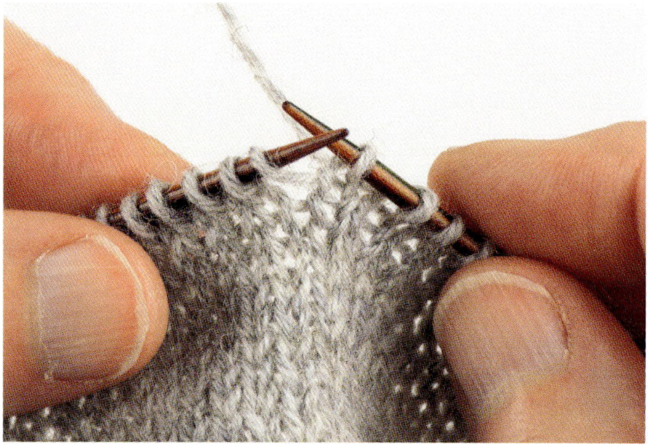

Diese Masche rechts verschränkt stricken. So neigt sich die Zunahme nach links.

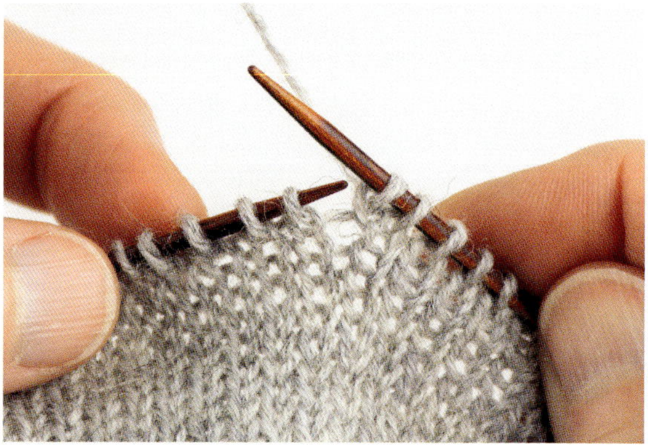

Jacquardtechnik

Die Jacquardmuster in diesem Buch werden in Runden glatt rechts gestrickt. In Jacquardtechnik gestrickte Teile fallen in der Regel etwas kompakter aus und sind nicht so elastisch wie einfarbig gestrickte Teile. Deshalb unterscheidet sich teilweise die anzuschlagende Maschenzahl innerhalb einer Größe.
Es gibt unterschiedliche Arten, die Fäden beim Jacquardstricken zu halten. Man sollte durch Probieren seine bevorzugte Art herausfinden. Wichtige Aspekte dabei sind ein möglichst gleichmäßiges Maschenbild und eine entspannte Fadenhaltung beim Arbeiten. Bei allen Techniken ist es sehr wichtig, auf eine gleichmäßige, weder zu feste noch zu lockere Fadenspannung zu achten.

Einfache Fadenhaltung

Beide Fäden laufen über den linken Zeigefinger. Wenn der Unterschied zwischen der Maschenzahl der beiden Farben sehr groß ist, zieht sich der eine Faden stärker als der andere zusammen. Zum Spannungsausgleich beide Fäden von den Fingern fallen lassen und wieder aufnehmen.

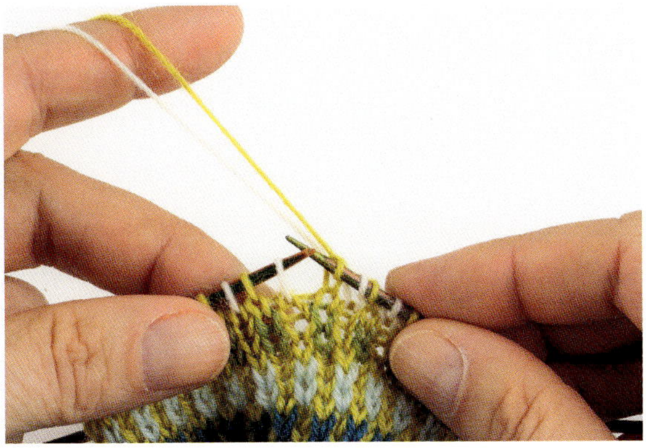

TIPP: Um das Verdrehen der Fäden auf dem linken Zeigefinger zu vermeiden und mit einer möglichst gleichmäßigen Fadenspannung zu stricken, eignen sich sogenannte Strickfingerhüte, die im Handel in unterschiedlichen Ausführungen erhältlich sind.

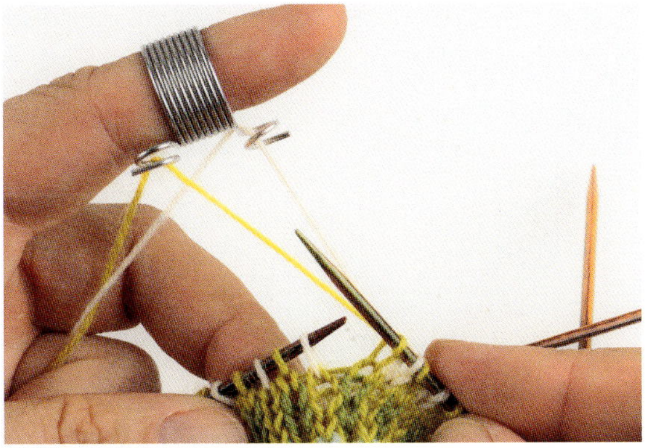

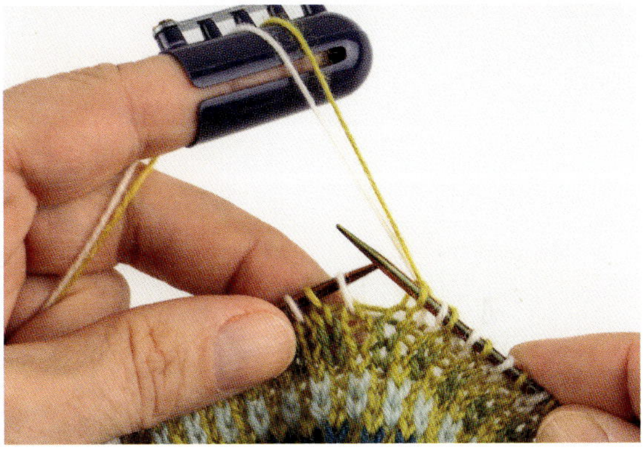

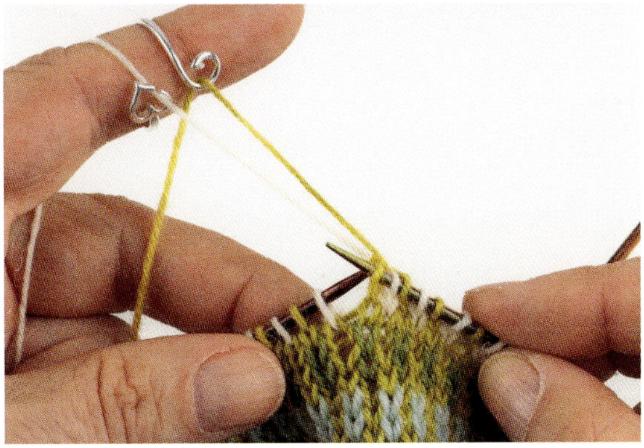

Gekreuzte Fadenhaltung

Die gekreuzte Fadenhaltung ermöglicht eine einfache Definition der Vorder- und Hintergrundfarbe ohne, dass sich die Fäden verdrehen. Man legt zunächst beide Fäden von vorne nach hinten über den linken Zeigefinger und dreht dann mit der rechten Hand den Faden der Vordergrundfarbe um, sodass er von hinten nach vorne über den Finger läuft.

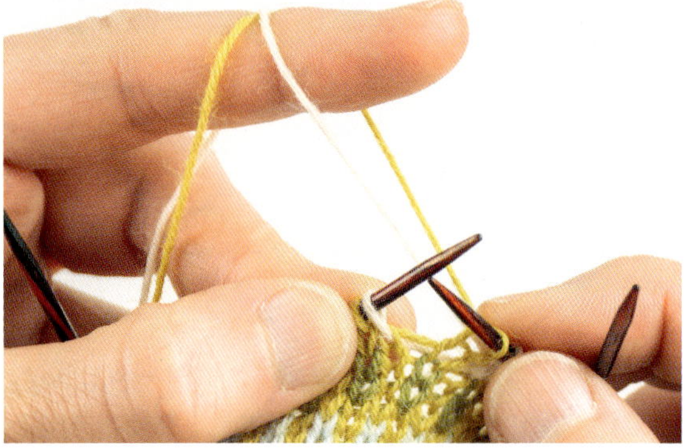

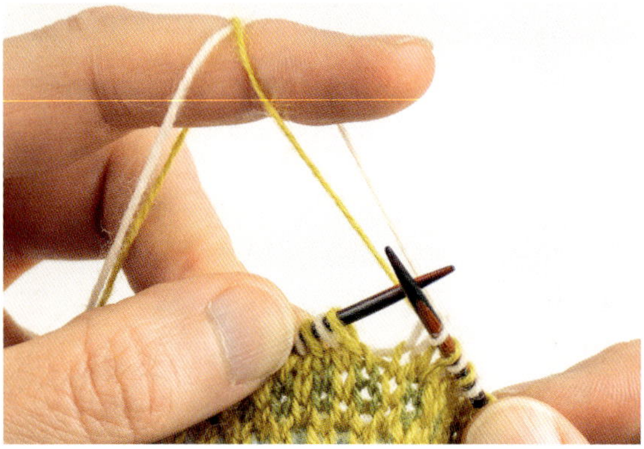

HINWEIS: Beim Stricken von glatt rechts in Jacquardtechnik kann sich eine andere Maschenprobe als beim Stricken in einer Unifarbe oder in Ringeln ergeben. Beim Mixen von Socken mit unterschiedlichen Designs, immer die Länge der Socken vergleichen und ggf. anpassen. Um ein optimales Ergebnis zu erlangen, ist es besser, zuerst die Socke mit dem größten Jacquardmuster-Anteil zu stricken und die Socken mit weniger Jacquard-Anteil darauf abzustimmen.

Fäden einweben

Beim Spannen über mehr als 5 M den Faden am besten einweben.

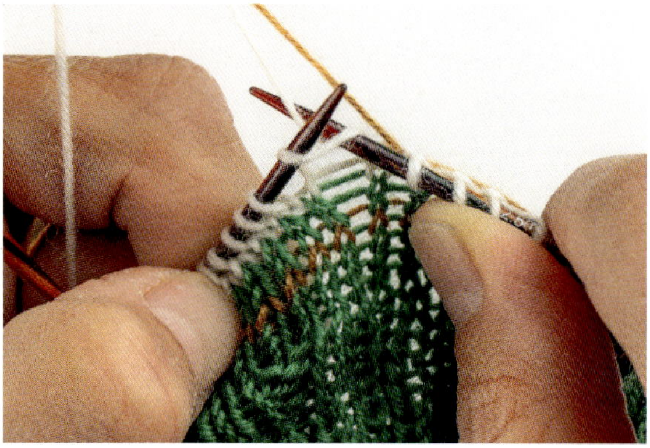

Zum Einweben des hinteren Fadens die rechte Nadel unter dem vorderen Faden entlangführen, von oben die Nadel um den Faden führen und rechts stricken.

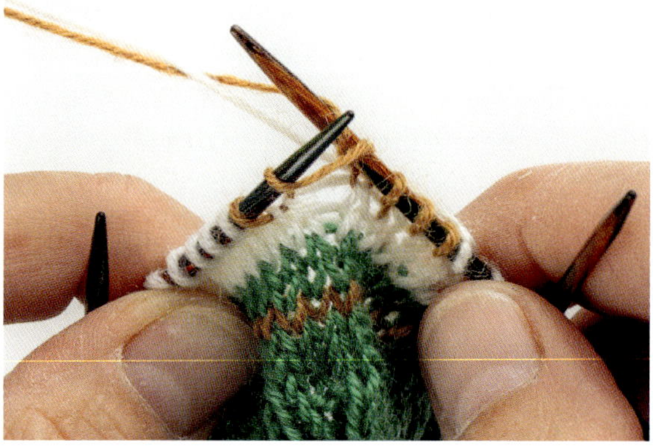

Zum Einweben des hinteren Fadens die rechte Nadel über beide Fäden nach hinten führen, dann die Nadel von vorne zwischen die beiden Fäden nach unten führen und so den vorderen Faden rechts stricken.

3-teilige Käppchenferse

Die Käppchenferse eignet sich besonders gut für normale bis eher breitere Füße und einen hohen Spann. Sie besteht aus drei Teilen: der Fersenwand, dem Käppchen und den Spickelabnahmen.

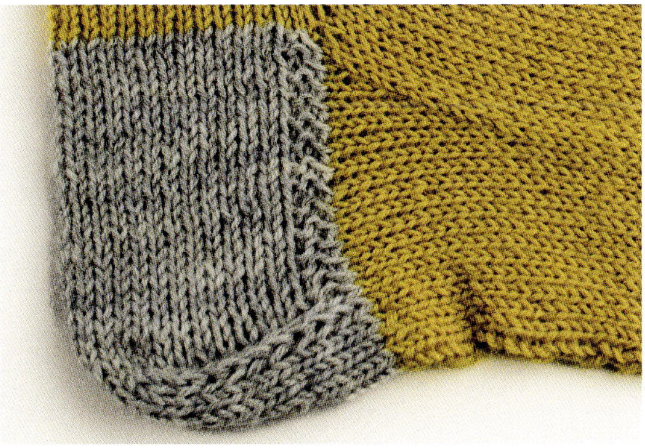

Fersenwand

Die Fersenwand wird in Reihen über die Maschen der 4. und 1. Nadel glatt rechts gestrickt. Die Maschen der 2. und 3. Nadel sind stillgelegt. Damit man später die Maschen aus den Seitenkanten der Fersenwand gut aufnehmen kann, werden die ersten und letzten beiden Maschen jeder Reihe rechts gestrickt. So bildet sich an den beiden Rändern ein kleiner Perlrand. Da sich der Rundenwechsel in der hinteren Mitte befindet, beginnt man die Fersenwand entsprechend mit einer halben Hinreihe rechte Maschen und strickt weiter wie folgt:

Rückreihe: 2 Maschen rechts, linke Maschen stricken bis 2 Maschen vor Reihenende, 2 Maschen rechts.

Hinreihe: Alle Maschen rechts stricken. So viele Reihen stricken, wie sich Maschen auf den Nadeln für die Fersenwand befinden. Die letzte Reihe (= Hinreihe) nur über die erste Hälfte der Maschen stricken (= 4. Nadel).

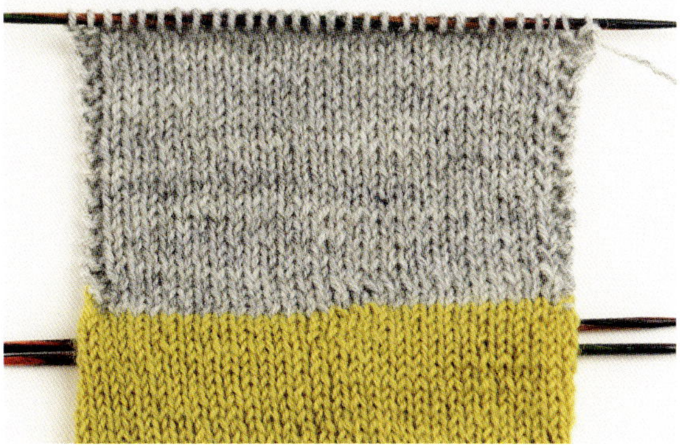

Käppchen

Das Käppchen wird über die Maschen der Fersenwand, also wieder über die Maschen der 4. und 1. Nadel gestrickt. Der Rundenwechsel befindet sich wieder in der hinteren Mitte. Man teilt die Maschen der Fersenwand in 3 Teile: Die beiden äußeren Teile sind immer gleich groß, ein möglicher Rest, der entsteht, wenn die Maschenzahl nicht durch 3 teilbar ist, wird dem mittleren Drittel zugeordnet. Die Aufteilung kann auch der Tabelle (S. 153) entnommen werden.

Bis zur letzten Masche des mittleren Drittels rechts stricken und dann die letzte Masche des mittleren Drittels mit der ersten Masche des letzten Drittels rechts überzogen zusammenstricken (= 1 Masche wie zum Rechtsstricken abheben, 1 Masche rechts stricken und die abgehobene Masche überziehen), wenden. Weiter wie folgt arbeiten:

Rückreihe: Die 1. Masche wie zum Linksstricken mit dem Faden vor der Nadel abheben, bis zur letzten Masche des mittleren Drittels links stricken und dann die letzte Masche des mittleren Drittels mit der ersten Masche des letzten Drittels links zusammenstricken, wenden.

Hinreihe: Die 1. Masche wie zum Rechtsstricken abheben, bis zur letzten Masche des mittleren Drittels rechts stricken und dann die letzte Masche des mittleren Drittels mit der ersten Masche des letzten Drittels rechts überzogen zusammenstricken, wenden.

Diese beiden Reihen fortlaufend wiederholen, bis alle Maschen der Seiten verstrickt sind. Die letzte Reihe ist wieder nur eine halbe Hinreihe, die bis zur Mitte des Käppchens gestrickt wird.

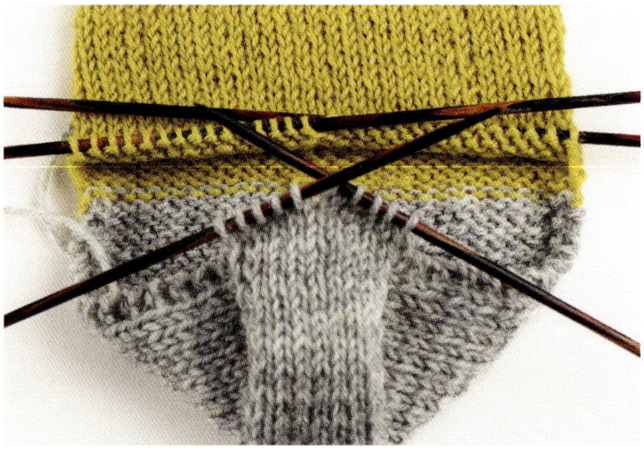

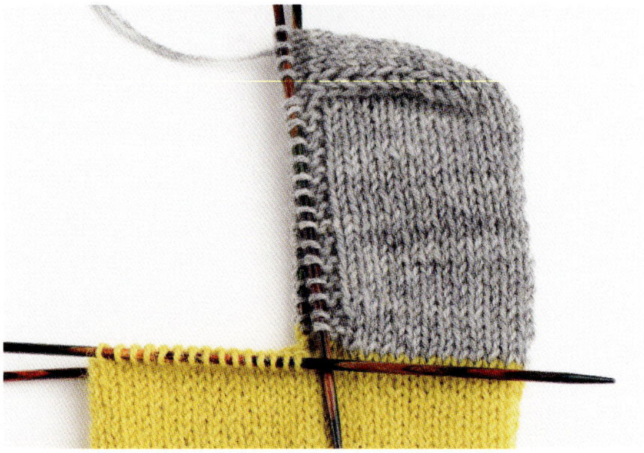

Maschen auffassen

Um den Fuß wieder in Runden stricken zu können, werden aus beiden Seiten der Fersenwand Maschen aufgefasst. Zuerst die Maschen der 1. Nadel (= 2. Hälfte der Käppchenmaschen) rechts str. Dann die freie Nadel durch die äußere Perlenkante der Fersenwand schieben und dabei Maschen auffassen. Diese ebenfalls rechts auf die 1. Nadel stricken. Damit im Übergang von der Fersenwand zum Fuß kein Loch entsteht, aus dem Querfaden zur ersten Masche der nächsten Nadel 1 Masche linksgeneigt zunehmen.

Weiter die Maschen der 2. und 3. Nadel rechts stricken. Dann wieder aus dem Querfaden nach der letzten Masche der 3. Nadel eine Masche rechtsgeneigt zunehmen. Die Nadel, auf der die erste Hälfte der Käppchenmaschen liegt, durch den Perlenrand der noch unbestrickten Fersenwand schieben, dabei Maschen auffassen und dann alle Maschen der 4. Nadel rechts stricken. Der Rundenwechsel liegt nun in der unteren Fußmitte.

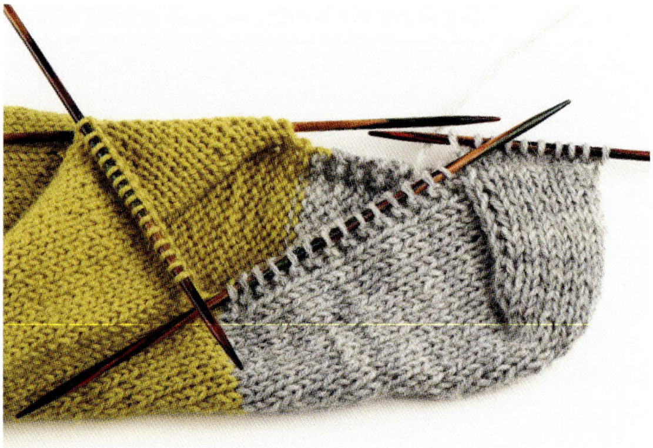

Spickelabnahmen

Auf der 1. und 4. Nadel befinden sich mehr Maschen als auf der 2. und 3. Nadel, das sind die sogenannten Spickelmaschen. Sie werden in den folgenden Runden wieder abgenommen:

1. und 2. Runde: Alle Maschen rechts str.

3. Runde: Die Maschen der 1. Nadel rechts stricken bis noch 3 Maschen auf der Nadel sind, 2 Maschen rechts zusammenstricken, 1 Masche rechts stricken, die Maschen der 2. und 3. Nadel rechts stricken, die 1. Masche der 4. Nadel rechts stricken, die nächsten beiden Maschen rechts überzogen zusammenstricken und bis zum Rundenende alle Maschen rechts str.

Die 1. bis 3. Runde fortlaufend wiederholen, bis wieder die urprüngliche Maschenzahl auf allen Nadeln liegt (siehe Tabelle Seite 153).

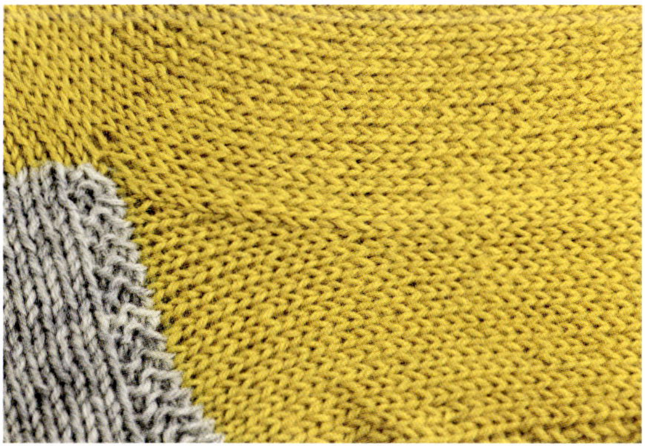

TIPP: Für einen besonders hohen Spann kann man die Spickelabnahmen anstatt in jeder 3. Runde auch in jeder 4. Runde und für einen besonders niedrigen Spann in jeder 2. Runde arbeiten.

Bumerangferse

Die Bumerangferse eignet sich besonders gut für eher schmale Füße mit einem niedrigen Spann. Sie wird im oberen Teil aus verkürzten und im unteren Teil aus verlängerten Reihen gestrickt. Die Wendemaschen werden jeweils als Doppelmasche gearbeitet.

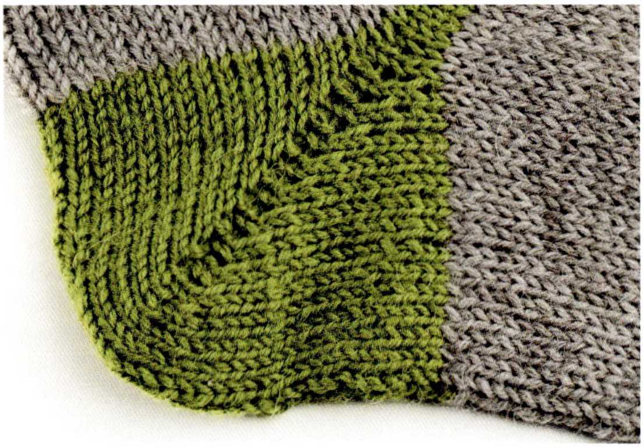

Die Maschenzahl für die Einteilung der Bumerangferse können der Tabelle (Seite 153) entnommen werden. Die Maschenzahl vor und nach dem Schrägstrich sind die seitlichen Maschen, die Zahl dazwischen ist die Maschenzahl für den mittleren Bereich.

Oberer Teil

Die Bumerangferse wird über die Maschen der 4. und 1. Nadel gestrickt. Begonnen wird mit dem oberen Teil am Rundenwechsel in der hinteren Mitte.

1. Reihe (= ½ Hinreihe): Die Maschen der 1. Nadel rechts mit auf die 4. Nadel stricken.

2. Reihe: 1 Doppelmasche arbeiten (= 1 Masche wie zum Linksstricken abheben, dann den Arbeitsfaden von vorne über die Nadel nach hinten ziehen bis sich beide Maschenschenkel über die Nadel legen), weiter bis Reihenende links stricken.

3. Reihe: 1 Doppelmasche arbeiten und bis zur Doppelmasche rechts stricken, wenden.

4. Reihe: 1 Doppelmasche arbeiten und bis zur Doppelmasche links stricken, wenden.

Die 3. und 4. Reihe fortlaufend wiederholen, bis alle in der Tabelle angegebenen seitlichen Maschen als Doppelmasche gearbeitet sind. Mit einer halben Hinreihe den oberen Teil beenden.

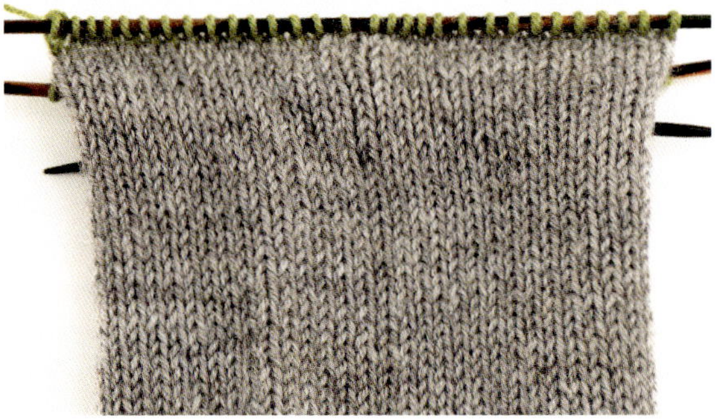

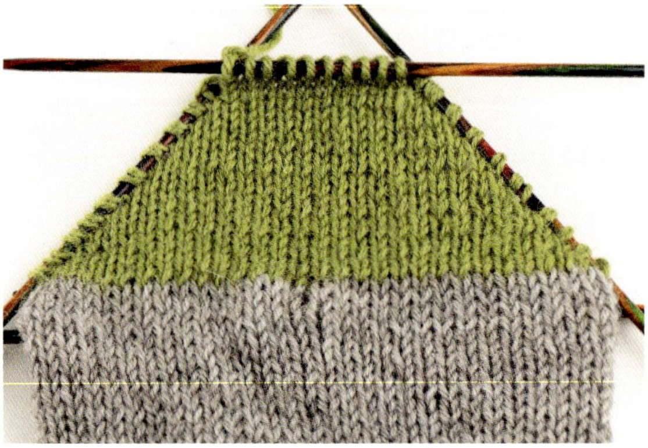

Zwischenrunden

Bevor der 2. Teil der Bumerangferse gearbeitet wird, werden 2 Zwischenrunden über alle Nadeln in Runden gestrickt. Dabei darauf achten, dass beim Abstricken der Doppelmaschen beide Fäden erfasst werden.

Um seitliche Löcher zu vermeiden, die ersten beiden Maschen der 2. Nadel auf die 1. Nadel heben. Einen Maschenmarkierer einhängen, um kenntlich zu machen, wo die offiziellen Maschen der 1. Nadel enden. Die letzten beiden Maschen der 3. Nadel auf die 4. Nadel heben, ebenfalls durch einen Maschenmarkierer trennen. So wird die unterschiedliche Fadenspannung beim Nadelwechsel verringert und der Übergang ist nicht sichtbar.

Unterer Teil

Nach den beiden Zwischenrunden wird der untere Teil der Bumerangferse gearbeitet.

1. Reihe (halbe Hinreihe): Die Maschen des mittleren Bereichs und 1 Masche der seitlichen Maschen rechts stricken, wenden.

2. Reihe: 1 Doppelmasche arbeiten, die Maschen des mittleren Bereichs und 1 Masche der seitlichen Maschen links stricken, wenden.

3. Reihe: 1 Doppelmasche arbeiten, bis zur nächsten Doppelmasche rechts stricken, die Doppelmasche und 1 seitliche Masche rechts stricken, wenden.

4. Reihe: 1 Doppelmasche arbeiten, bis zur nächsten Doppelmasche links stricken, die Doppelmasche und 1 seitliche Masche links stricken, wenden.

Die 3. und 4. Reihe fortlaufend wiederholen, bis die beiden äußeren Maschen als Doppelmaschen auf der Nadel liegen, dabei darauf achten, dass die beiden äußeren Maschen hinter bzw. vor den Maschenmarkierern zur Maschenzahl der 2. und 3. Nadel gehören. Die Arbeit wenden und mit einer halben Hinreihe in der Mitte die Ferse beenden.

Weiter über alle Maschen in Runden arbeiten, dabei in der 1. Runde die Doppelmaschen rechts stricken. Nach 2 bis 3 Runden die beiden Maschen der 1. und 4. Nadel wieder zurück auf die 2. und 3. Nadel heben und die Maschenmarkierer entfernen.

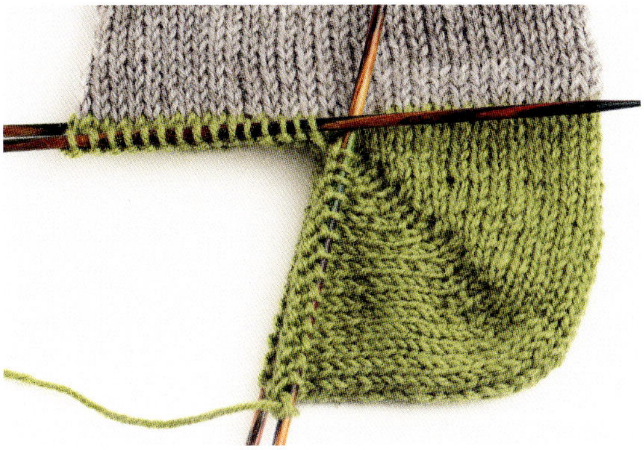

Bandspitze

Die Abnahmen der Bandspitze ziehen sich wie ein Band seitlich der Socken bis nach vorne zur Sockenspitze. Die Bandspitze ist die am meisten gestrickte Sockenspitze und passt sich nahezu jeder Fußform an.

Wenn die in der Tabelle (S. 153) angegebene Fußlänge erreicht ist, werden die Abnahmen für die Bandspitze gearbeitet. Dafür werden Abnahmerunden in immer kürzer werdenden Abständen gestrickt.

Die Anzahl der Runden ohne Abnahmen der Tabelle entnehmen. Die Abnahmerunden wie folgt stricken:

Die 2. und 3. letzte Masche der 1. und 3. Nadel rechts zusammenstricken und die 2. und 3. Masche der 2. und 4. Nadel rechts verschränkt zusammenstricken.

Am Ende der Abnahmen befinden sich auf jeder Nadel noch 2 Maschen. Den Faden abschneiden und mit einer Wollnadel 2 Runden durch alle Maschen ziehen. Den Faden fest nach innen ziehen und gut vernähen.

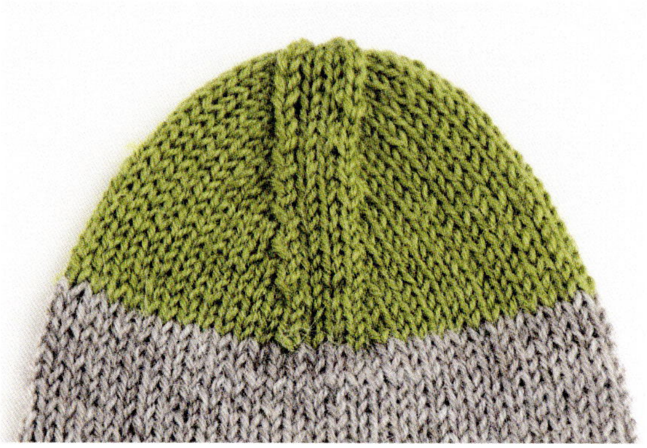

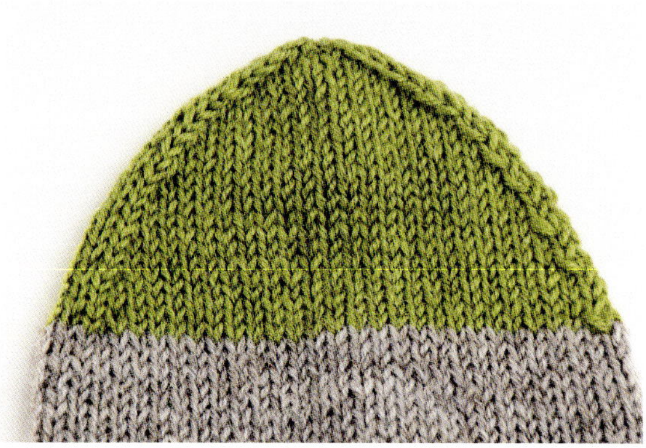

Maschenstich

Beim Sticken im Maschenstich wird der Verlauf einer Masche nachgestickt.
Die Nadel von innen nach außen in der Mitte der Masche herausführen. An der oberen rechten Kante der Masche wieder einstechen und an der oberen linken Kante wieder nach außen führen.

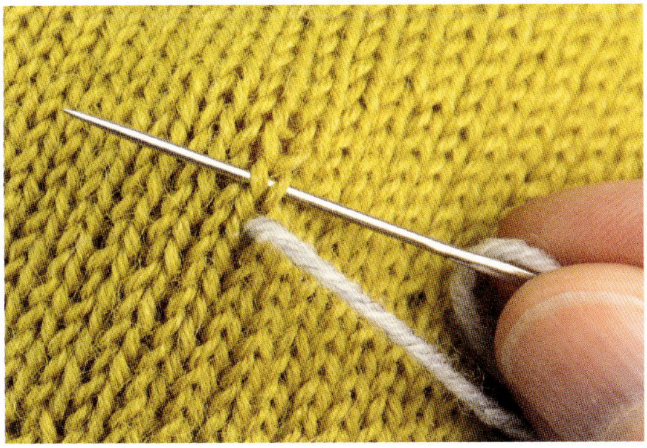

Dann die Nadel wieder in der unteren Mitte der Masche einstechen. So ist eine Masche nachgestickt.

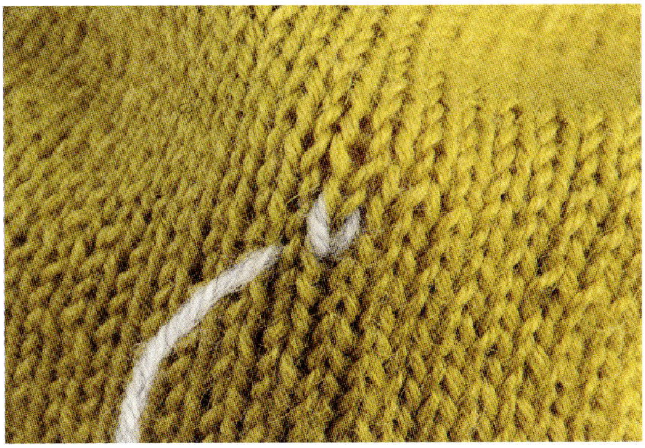

Knötchenstich

Der Knötchenstich liegt plastisch auf dem gestrickten und eignet sich gut, um bestimmte Punkte hervorzuheben.

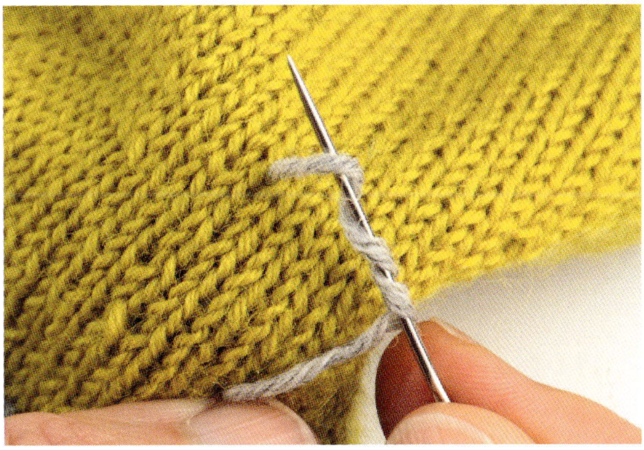

Die Nadel von innen nach außen an der Stelle herausführen, an der der Knötchenstich gearbeitet werden soll. Den Faden 3x um die Nadel wickeln, knapp neben der Ausstichstelle wieder einstechen und den Faden anziehen.

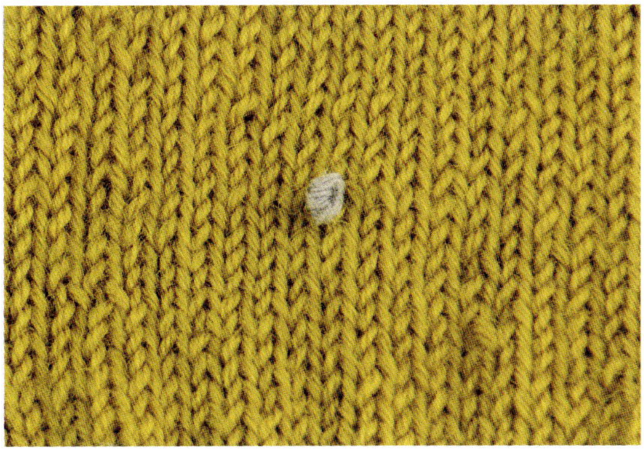

„Mix and match it"

Nach Belieben können die Socken individuell kombiniert werden: Entweder bilden, ganz klassisch, 2 gleiche Socken ein Paar, alternativ wird das gleiche Motiv in 2 unterschiedlichen Farbkombinationen gestrickt, in dem die Farbzuordnung bei der 2. Socke einfach ausgetauscht wird (siehe Foto) oder man mixt einfach 2 Socken aus einem der 4 zusammengehörigen Designs miteinander.

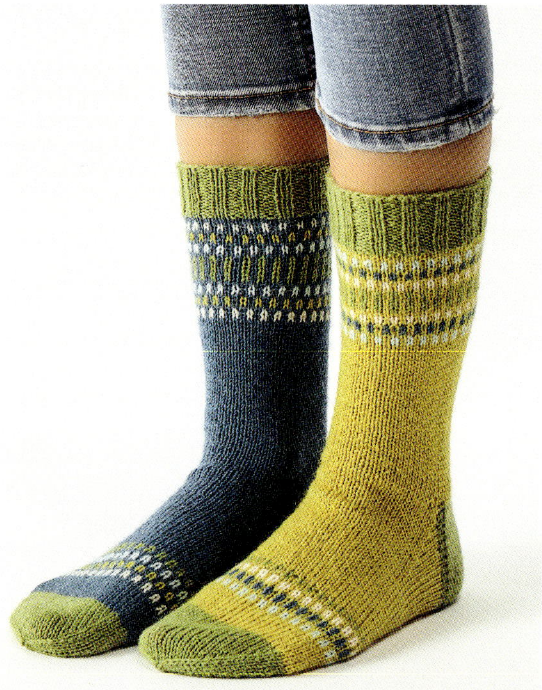

Abkürzungen

anschl = anschlagen
arb = arbeiten
Fb = Farbe(n)
Hinr = Hinreihe(n)
LL = Lauflänge
M = Masche(n)
Nd = Nadel(n)
R = Reihe(n)
Rd = Runde(n)
Rückr = Rückreihe(n)
str = stricken
wdh = wiederholen

Größentabelle für 4-fädiges Sockengarn

(LL = ca. 210 m/50 g, Maschenprobe 30 M und 42 R = 10 cm x 10 cm)

Größe	**20-21**	**22-23**	**24-25**	**26-27**	**28-29**	**30-31**	**32-33**	**34-35**	**36-37**	**38-39**	**40-41**	**42-43**	**44-45**	**46-47**
Maschenanschlag gesamt/Nadel	44/11	44/11	48/12	48/12	52/13	52/13	56/14	56/14	60/15	60/15	64/16	64/16	68/17	72/18
3-TEILIGE KÄPPCHENFERSE														
Fersenmaschen	22	22	24	24	26	26	28	28	30	30	32	32	34	36
Einteilung Käppchen-maschen	7/ 8/7	7/ 8/7	8/ 8/8	8/ 8/8	8/ 10/8	8/ 10/8	9/ 10/9	9/ 10/9	10/ 10/10	10/ 10/10	10/ 12/10	10/ 12/10	11/ 12/11	12/ 12/12
BUMERANGFERSE														
Fersenmaschen	7/ 8/7	7/ 8/7	8/ 8/8	8/ 8/8	8/ 10/8	8/ 10/8	9/ 10/9	9/ 10/9	10/ 10/10	10/ 10/10	10/ 12/10	10/ 12/10	11/ 12/11	12/ 12/12
BANDSPITZE														
Fußlänge bis Spitzen-beginn in cm	10,5	12	13	14	15	16,5	17	18,5	19,5	20,5	21,5	23	23,5	24,5
Abnahmen nach der 1. Abnahmerunde in...														
jeder 4. Runde									1x	1x	1x	1x	1x	1x
jeder 3. Runde	1x	1x	1x	1x	2x	2x	2x	2x	2x	2x	2x	2x	2x	2x
jeder 2. Runde	3x	3x	3x	3x	3x	3x	3x	3x	3x	3x	3x	3x	4x	4x
jeder Runde	4x	4x	5x	5x	5x	5x	6x	6x	6x	6x	7x	7x	7x	8x

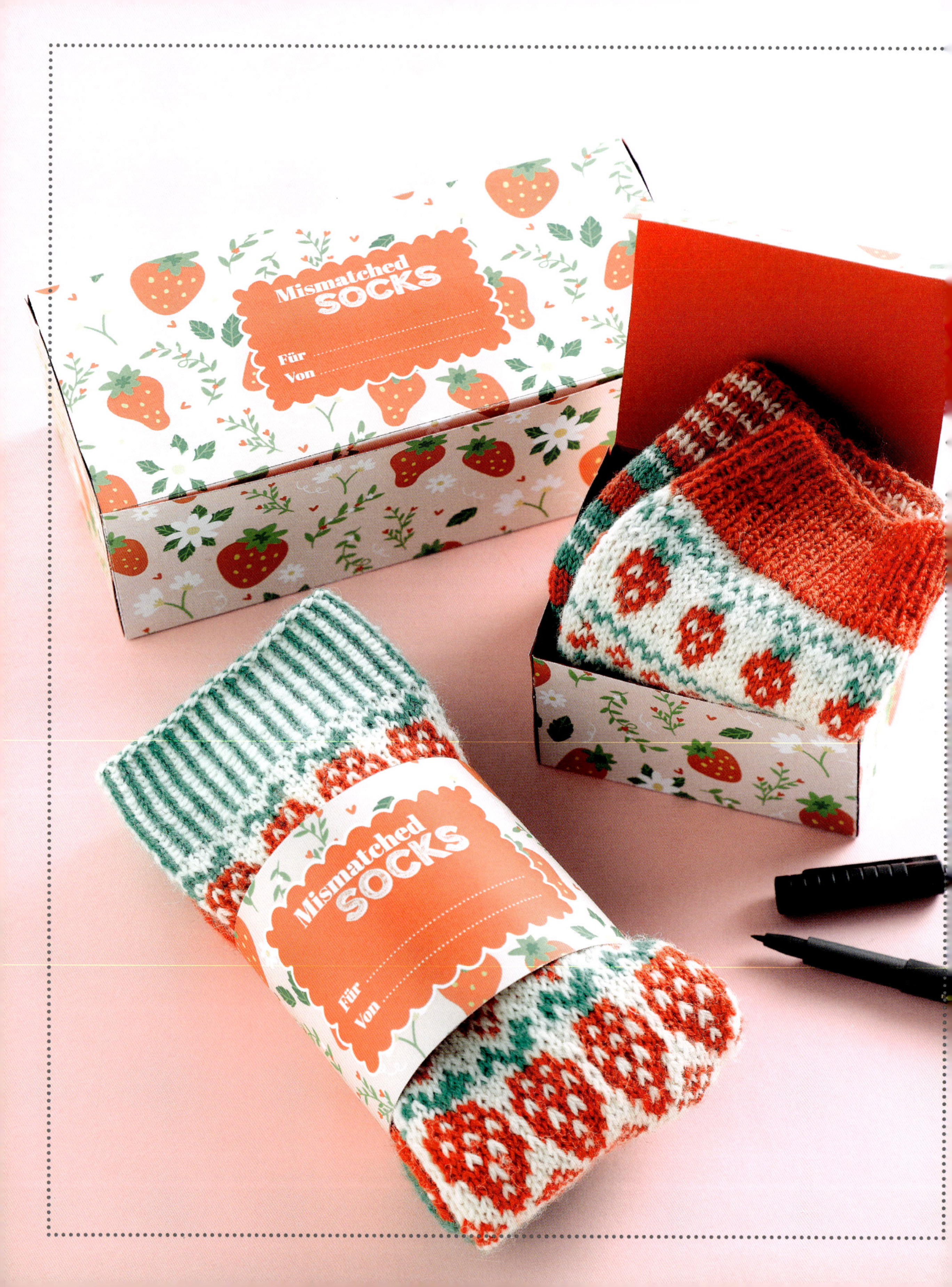
Mismatched
SOCKS
Für
Von
Mismatched
SOCKS
Für
Von

Über Socken freut sich doch jeder!

Die kunterbunten Mismatched Socks bereiten nicht nur beim Stricken große Freude, sie eignen sich auch super als Geschenk. Mit diesem großartigen Präsent sind dir bewundernde Blicke bestimmt sicher.

Damit das Verschenken gleich doppelt Freude macht, gibt es passend zu den 9 unterschiedlichen Designs folgende hübsche Verpackungsmöglichkeiten pro Design:

- **Sockenbanderole für die schnelle Geschenklösung**
- **Geschenkschachtel für 1 Paar Socken**
- **Geschenkschachtel für 2 Paar Socken**

Diese Verpackungsmöglichkeiten sind schnell gemacht und lassen sich auch in letzter Minute im Nu umsetzen.

DU BRAUCHST

- Drucker
- Normales oder dickeres Druckerpapier
- Tonkarton
- Falzbein
- Schere
- Klebstoff

So geht's

1 Die Vorlagen findest du in der TOPP Digitalen Bibliothek online. Hierfür besuchst du einfach die Homepage
www.topp-kreativ.de/digibib
Oder du folgst diesem QR-Code:

2 Dort gibst du den folgenden Download-Code ein, um zu den PDF-Dateien mit den Vorlagen zu gelangen: **55418**

3 Pro Design gibt es eine eigene Datei. Wähle dein Design und drucke dir die Vorlagen in Original-Größe auf Din-A4-Papier aus.

Für die kleine Geschenkschachtel (= 1 Sockenpaar) geht es wie folgt weiter:

4 Als nächstes klebst du deine ausgedruckte Vorlage auf einen Bogen Tonkarton, um der Schachtel etwas mehr Stabilität zu verleihen. Solltest du die Vorlagen schon auf dickerem Druckerpapier ausgedruckt haben, kannst du diesen Schritt nach eigenen Vorlieben auslassen.

5 Nun schneidest du die Schachtel an der Außenlinie aus. Am einfachsten ist es, wenn du jetzt schon dein „Für“ und „Von“ ausfüllst.

6 Falte die Schachtel an den vorgesehenen Linien nach innen zur Tonpapier-/Tonkarton-Seite. Du kannst die Faltlinien auf der Rückseite zur besseren Verarbeitung mit einem Falzbein vorrillen.

7 Bastle zunächst den Körper der Schachtel. Klebe dafür die Vorderseite und die Seitenwände mithilfe der Laschen zusammen.

8 Nimm jetzt die Rückwand des Schachtelkörpers und klebe die lange Lasche an den Boden und die kurzen Laschen an die Seitenwänden fest. Falls nicht schon geschehen, kannst du nun noch die Deckelklappe und die Verschlusslasche zum Schließen nach unten falten.

9 Dann lässt du alles gut trocknen.

Für die große Geschenkschachtel (= 2 Sockenpaare) geht es wie folgt weiter:

4 Als nächstes klebst du deine ausgedruckte Vorlage auf einen Bogen Tonkarton, um der Schachtel etwas mehr Stabilität zu verleihen. Solltest du die Vorlagen schon auf dickerem Druckerpapier ausgedruckt haben, kannst du diesen Schritt nach eigenen Vorlieben auslassen.

5 Nun schneidest du die Schachtel an der Außenlinie aus. Am einfachsten ist es, wenn du jetzt schon dein „Für“ und „Von“ ausfüllst.

6 Falte die Schachtel an den vorgesehenen Linien nach innen zur Tonpapier-/Tonkarton-Seite.

7 Bastle zunächst den Körper der Schachtel. Klebe dafür die Vorderseite und die Seitenwände mithilfe der Laschen zusammen bzw. verbinde so auch die separate linke Seitenwand mit Vorderseite und Boden des Körpers.

8 Nimm jetzt die Rückwand des Schachtelkörpers und klebe die kurzen Laschen an die Seitenwände und die lange Lasche des Bodens an der Rückwand fest. Falls nicht schon geschehen, kannst du nun noch die Deckelklappe und die Verschlusslasche zum Schließen nach unten falten.

9 Dann lässt du alles gut trocknen.

Mit der vorderen Lasche am Deckel kannst du deine Schachtel verschließen.
Nun noch schnell die Socken hineinlegen und schon kannst du einen lieben Menschen mit einem tollen Geschenk überraschen.

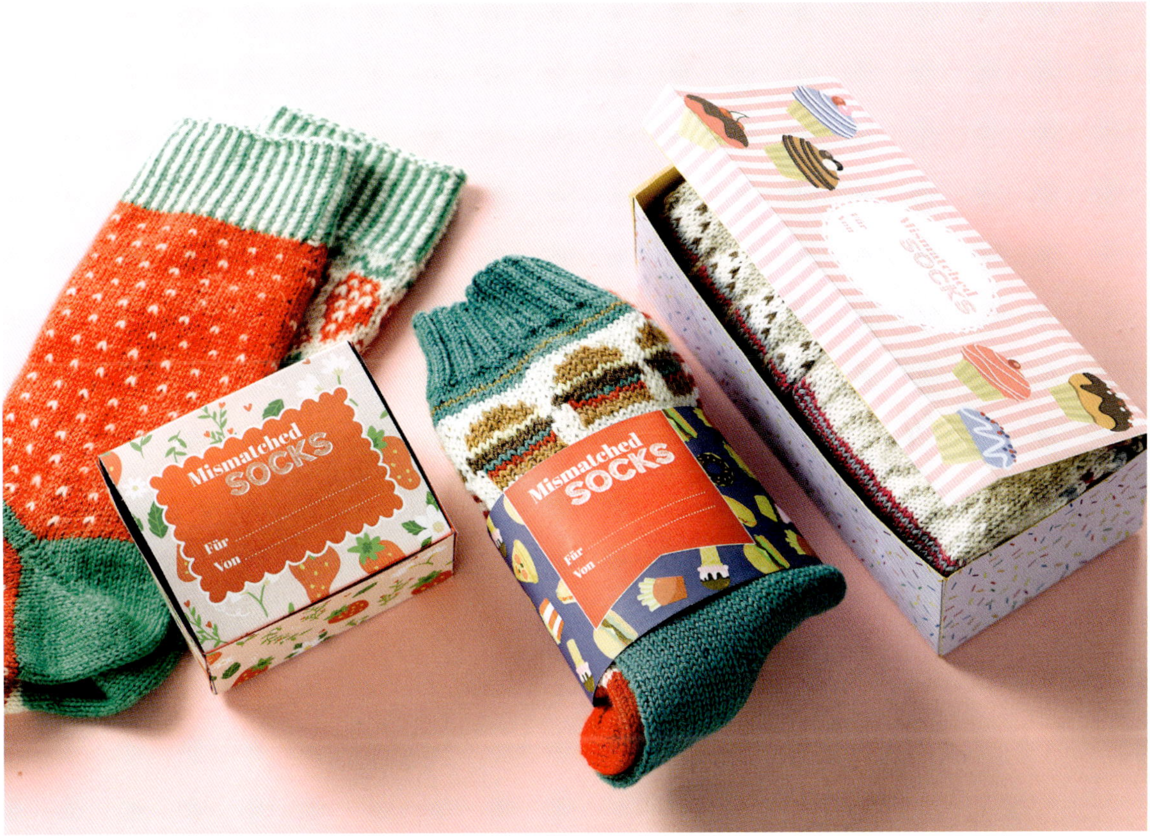

Für die Banderole geht es wie folgt weiter:

4 Du kannst die Banderole gleich so verwenden oder sie ebenfalls für mehr Stabilität auf Tonkarton aufkleben.

5 Schneide die Banderole an den Außenlinien aus. Am einfachsten ist es, wenn du jetzt schon dein „Für" und „Von" ausfüllst.

6 Klebe nun die gestrichelte Fläche mit der Rückseite der Banderole zusammen, sodass sie einen Kreis bildet.

7 Dann lässt du alles gut trocknen.

Jetzt noch dein in der Mitte einmal gefaltetes Sockenpaar in die Banderole schieben. Es kann sein, dass du es dafür ein bisschen zusammendrücken musst. Sobald die Banderole mittig um die gefalteten Socken liegt, kannst du sie vorsichtig in Form ziehen und fertig ist dein Geschenk.

Buchempfehlungen für dich

Noch mehr kreative Bücher zum gleichen Thema gesucht?

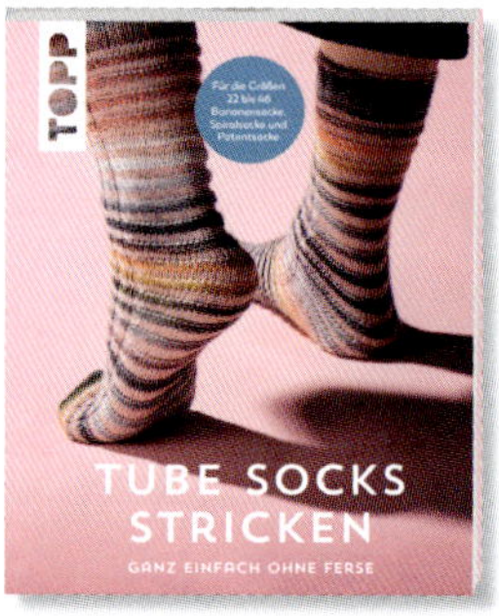

ISBN 978-3-7358-7076-6

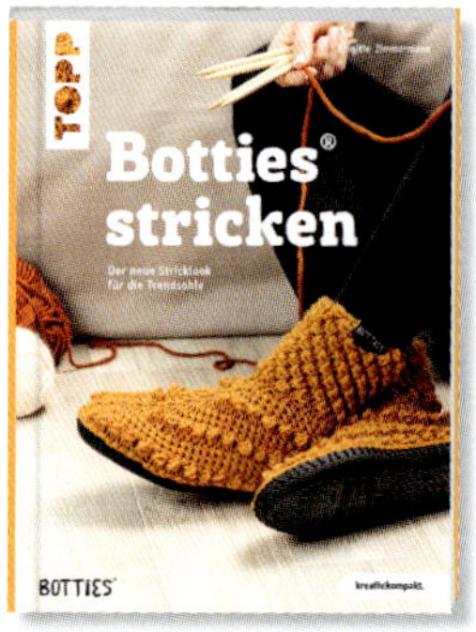

ISBN 978-3-7358-7019-3

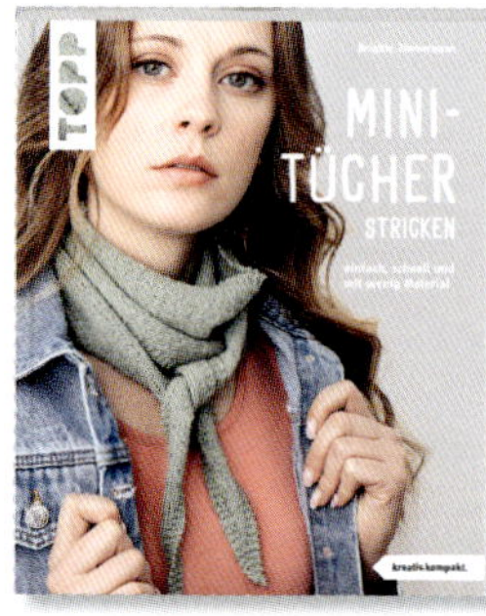

ISBN 978-3-7358-7065-0

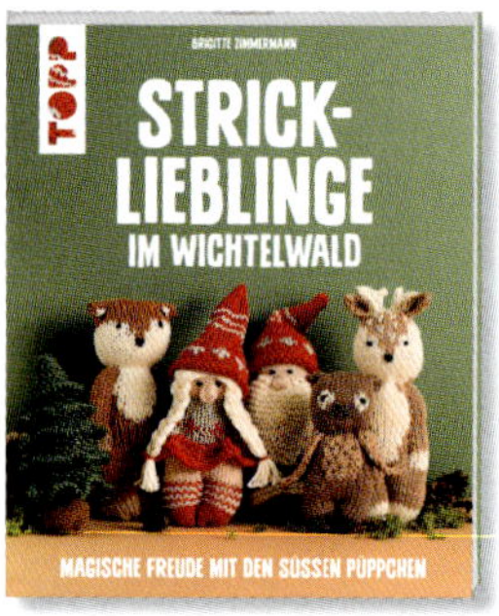

ISBN 978-3-7358-7074-2

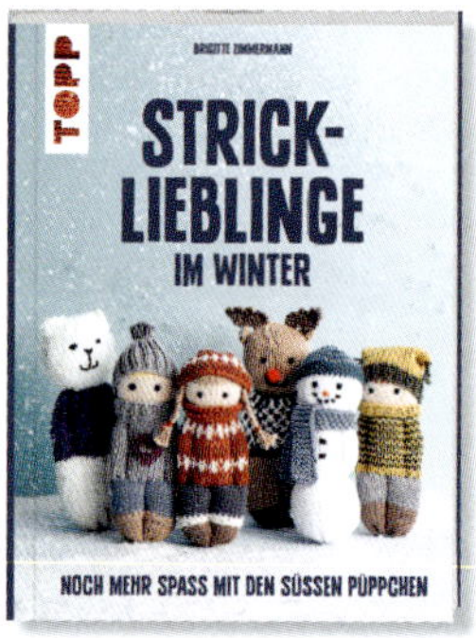

ISBN 978-3-7358-7025-4

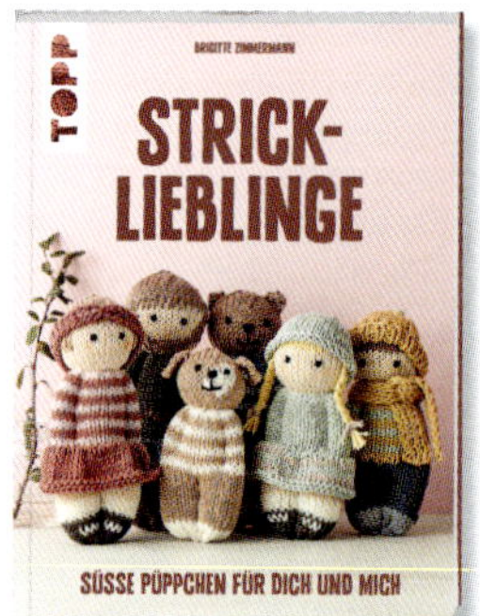

ISBN 978-3-7724-6858-2

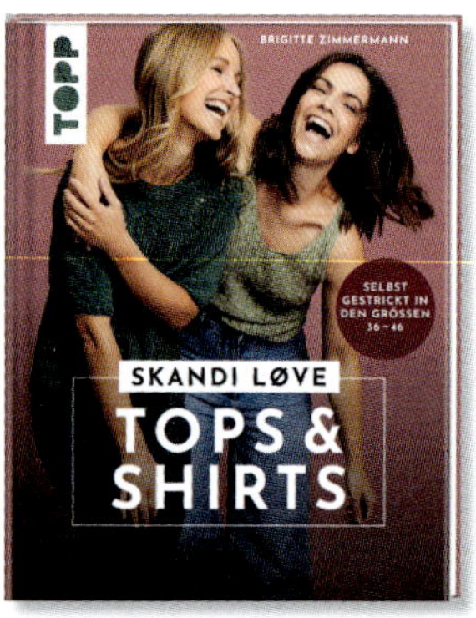

ISBN 978-3-7358-7039-1

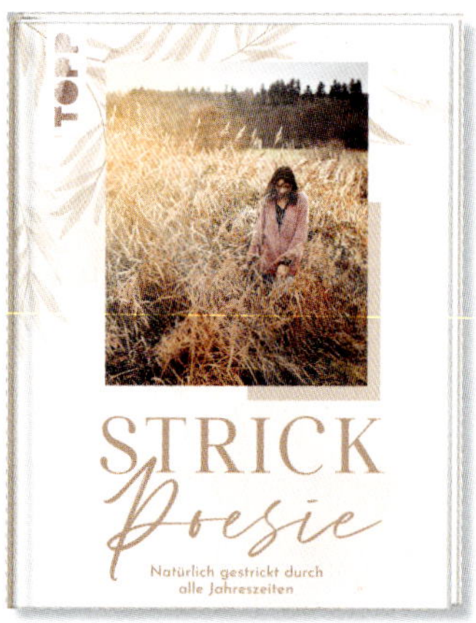

ISBN 978-3-7358-7006-3

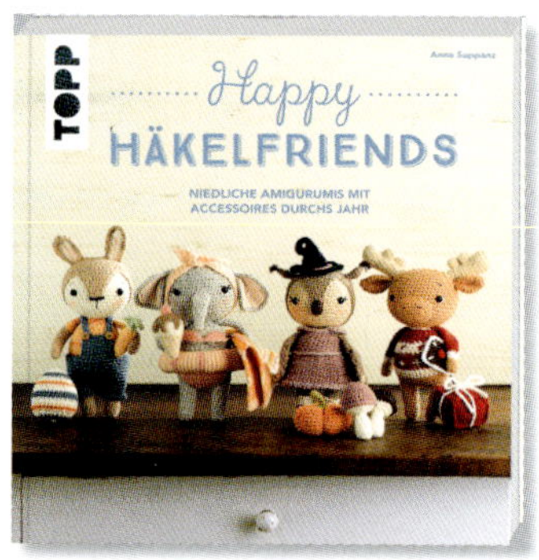

ISBN 978-3-7724-4853-6

Noch mehr Kreativ-Bücher findest du auf www.TOPP-kreativ.de

#TOPPPROJEKT

Die eigene Kreativität zeigen: TOPPprojekt mit anderen Kreativen teilen und Teil der Gemeinschaft werden.

DIY-begeistert und auf Instagram? Dann unbedingt mitmachen! Hier gibt's Tipps und Feedback zu den eigenen Projekten. Außerdem verlosen wir jeden Monat ein Überraschungspaket. Um am Gewinnspiel teilzunehmen, einfach ein Bild vom Kreativ-Projekt aus unseren Büchern mit #TOPPprojekt posten und unserem Account @frechverlag folgen. Mehr Infos auf TOPP-kreativ.de/TOPPprojekt

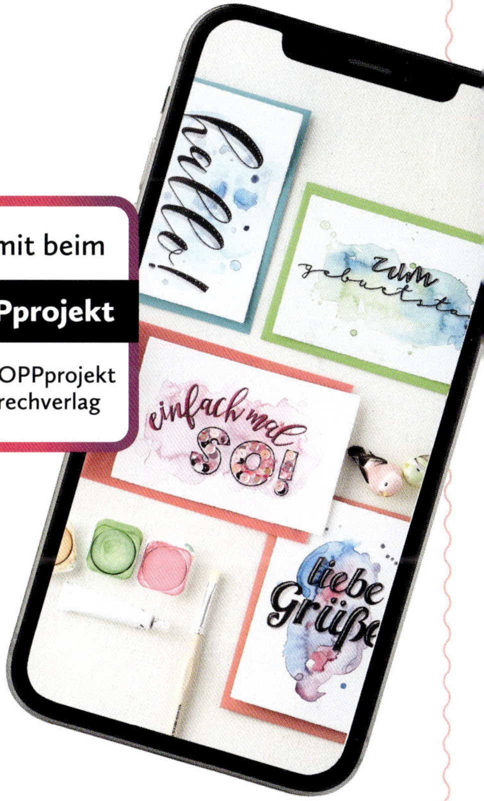

Mach mit beim
#TOPPprojekt
#TOPPprojekt
@frechverlag

Webseite

Auf TOPP-kreativ.de gibt es ein riesiges Angebot von über 1.000 Kreativbüchern, Sets und mehr zu entdecken.

Newsletter

Immer als Erstes von unseren Neuheiten und Sonderaktionen erfahren:
TOPP-kreativ.de/newsletter

Instagram

@frechverlag

Pinterest

pinterest.com/frechverlag

Facebook

facebook.com/frechverlag

DigiBib

Hier gibt es zusätzlich zu einigen unserer Bücher digitale Extras, wie Video-Tutorials, Plotter-Dateien, Vorlagen, Übungsblätter und vieles mehr. Einfach im Impressum eines TOPP-Buchs nachschauen, ob dort ein Code vorhanden ist, und exklusive Inhalte freischalten.
TOPP-kreativ.de/digibib

Youtube

youtube.com/frechverlag

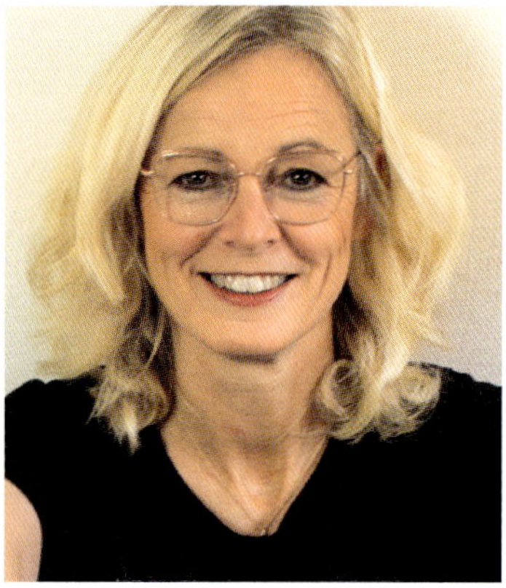

Brigitte Zimmermann strickt und häkelt für ihr Leben gern und hat das große Glück, ihr Hobby zum Beruf gemacht zu haben. Nach 15 Jahren als Produktentwicklerin und -designerin im Bereich Handstrickgarne entwickelt sie nun unter dem Pseudonym „knittygitti“ eigene Designs, entwirft Strickteile für Magazine, leitet Workshops und Strickkurse und bietet Lektorate an.

Dankeschön

Ganz herzlichen Dank für die großzügige und sehr unkomplizierte Unterstützung mit Garn und Zubehör an die Firmen Lana Grossa GmbH, Lang & Co.AG, MEZ GmbH, Woolhouse MHS Gmbh und Gustav Selter GmbH & Co.KG.
Ein weiteres Dankeschön geht an Bianca Koslowski (instagram: bianka.koslowski) und Anne Haack (instagram: annehaack64), die fleißig mitgestrickt haben.

Impressum

FOTOS: frechverlag GmbH, 70839 Gerlingen; lichtpunkt, Michael Ruder, Stuttgart
PRODUKTMANAGEMENT: Claudia Mack
LEKTORAT: Petra Puster, Niederpöcking
COVER: Petra Schmidt
GESTALTUNG: Petra Theilfarth
DRUCK: BALTO print, Litauen

2. Auflage 2024

ISBN 978-3-7358-7092-6 • Best.-Nr. 27092

MIX
Papier aus verantwortungsvollen Quellen
FSC® C107574

Penguin Random House Verlagsgruppe FSC® N001967